노인복지상담

원영희 · 전혜정 · 김주현 · 한은주 · 이호선 · 김원경
정미경 · 김미령 · 손화희 · 이민홍 · 배나래 · 김유진

한국노년학포럼 엮음

KNOWLEDGE COMMUNITY 공동체

평균수명의 연장과 노인인구의 급속한 증가는 저출산 현상과 함께 21세기 모든 국가가 직면하고 있는 현상이다. 전 생애발달의 측면에서 볼 때 노년기는 생을 아름답게 마무리해야 하는 단계이면서 고통이 따르는 단계이기도 하다. 노년기의 문제는 흔히 빈곤, 질병, 역할상실, 고독이라는 4중고(四重苦)로 표현되고, 이들이 복합적으로 나타나는 특징을 지닌다고 본다. 여기에 현대가족의 변화와 개인주의적 가치관의 확대, 세대 간의 차이 심화, 그리고 디지털 시대에서의 적응에 이르기까지 노인들이 겪는 어려움은 점차 가중되고 있다.

노인의 삶의 질에 관한 문제는 노인 자신만 아니라 우리 사회가 갖는 공동의 과제이다. 『회색쇼크』의 저자 테드 피시먼은 "고령화는 노인의 문제이기 전에 오늘을 살고 있는 당신의 문제"라고 언급한 바 있다. 우리는 노인의 삶을 이해하고 그들이 보다 나은 내일을 살 수 있도록 돕는 방법을 모색해야 하며, 그런 의미에서 노인복지상담은 사회복지 서비스 프로그램 중에서도 중요하게 다루어져야 하는 영역이다. 노인복지상담은 노인들이 인생의 발달단계에서 경험하고 있는 변화에 적절히 대처하도록 돕는 역할을 하여, 향후 발생할 수 있는 문제들을 예방하는 역할을 한다. 이는 개인의 삶의 질 향상뿐 아니라 사회적 비용 감소에도 도움을 주는 것으로 예방적 차원의 사회복지서비스 제공의 의미를 갖는다.

이 책은 크게 3부로 구성되어 있다. 제1부는 현대사회의 노인에 대한 이해와 노인복지상담의 이해를 돕기 위한 내용으로 구성되어 있다. 현대사회의 변화와 노년기에 대한 이해를 정리해 보고 현대사회가 처해 있는 노인문제를 통합적인 시각에서 볼 수 있도록 하였으며, 더불어 성공적 노화 및 노인 인권의 개념과 이를 돕기 위한 상담의 방법을 소개하였다. 제2부에서는 노인복지상담의 기본이 되는 내용들을 다루고 있다. 노인복지상담의 지침과 기법, 그리고 여러 가지 활용가능한 심리검사들을 소개하였다. 특히 치매에 대한 이해를 돕기 위해 신경 심리검사에 대한 소개를 따로 마련하였다. 제3부는 노인복지상담의 실천에 대해 다루고 있다. 우울한 노인, 배우자와 사별한 노인, 치매노인, 학대노인, 자살을 생각하는 노인, 가족문제를 호소하는 노인들을 위한 상담활동에 실질적인 도움을 제공할 수 있도록 상담기술 및 개입, 사례들을 제시하였다.

이 책은 한국노년학 포럼이라는 노년학 소장학자 모임의 연구사업으로 진행되어 총 12명의 연구자가 참여하였다. 각 장의 집필은 제1장 원영희, 제2장 전혜정, 제3장 김주현, 제4장 한은주, 제5장 이호선, 제6장 김원경, 제7장 정미경, 제8장 김미령, 제9장 손화희, 제10장 이민홍, 제11장 배나래, 제12장 김유진 교수님에 의해 이루어졌다. 본 저서의 발간을 위해 함께 참여하신 모든 교수님들께 감사 드린다. 특히 이 책의 발간계획 처음부터 마무리까지 주도적 역할을 해주신 원영희 교수님과 편집 전반에 대해 많은 수고를 아끼지 않으신 이호선 교수님, 김원경 교수님께 깊은 감사의 마음을 전한다.

우리는 이 책이 대학에서 강의를 위한 교재로 사용될 뿐만 아니라 노인복지상담 관련시설의 종사자를 비롯하여 노인복지상담에 관심을 가진 많은 분들에게도 널리 활용되어 노인복지상담의 지침서가 되기를 기대한다.

마지막으로, 이 책이 발간될 수 있도록 여러 지원을 아끼지 않으신 공동체 출판사 김동훈 대표님, 김동근 전무이사님 그리고 편집부 관계자 분들의 노고에 감사를 드린다.

저자대표 손화희

PART 03 노인복지상담의 실천

PART 1 노인복지상담의 이해

CHAPTER

01 현대사회의 노인에 대한 이해

학·습·목·표

1. 인구고령화 현상을 이해하고 개인적 · 사회적 차원에서 이의 영향을 살펴본다.
2. 노인의 개념 및 노년기 변화를 신체적 · 심리적 · 사회적 측면에서 이해할 수 있다.
3. 현대사회 노인문제의 양상에 대해 설명할 수 있다.

1. 인구고령화의 진전과 영향

1) 인구고령화의 진전

현대사회에 있어서 저출산 및 평균수명 연장 등으로 인구고령화(aging population) 현상이 현저하다. 유엔(UN)은 21세기 인류사회를 '호모 헌드레드(Homo Hundred)'라고 지칭하였는데, 이는 100세 장수가 보편화된 시대가 곧 도래하며 향후 다가올 장수시대를 맞아 이에 대한 인식을 새롭게 해야 함을 시사하고 있다. 인구고령화는 전체인구 중 노인인구의 비율이 높아지는 것을 의미하는데, 이외에도 전체인구 내 평균연령 상승 및 노인인구 중 후기고령자의 비율이 증가하는 현상을 포괄할 수 있다. 인구고령화로 인해 인간의 장수 및 노년기 확대에 대한 기대와 더불어, 노년부양비와 노령화지수가 계속 상승할 것으로 예견되는 등 사회적 부담이 우려되고 있다.

(1) 인구고령화의 원인 : 저출산과 평균수명의 연장

한 사회의 인구고령화는 출산율 및 평균수명에 영향을 받는다. 우리 사회에서는 현대화와 더불어 핵가족화, 가족규범의 변화 그리고 양성평등의식의 확산, 여성의 사회진출 확대, 혼인연령 상승, 자녀의 양육·교육비 부담 증가 등으로 저출산 현상이 현저하다. 합계출산율(여성 1명이 평생 낳을 것으로 예상되는 평균 출생아 수)은 1960년 6.0명이던 것이, 1970년 4.53명, 1983년에는 2.06명으로 낮아져, 한 사회가 현재 인구를 증감 없이 유지하는 대체출산율인 2.10명 미만으로 하락하였다. 이후 출산율 저하는 계속되어 2005년에는 1.08명으로 최저출산율을 기록하였는데, 이는 세계 최저수준으로 출산율 하락을 의미한다. 2010년에 출산율은 1.23명으로 다소 상승하였고 2040년 1.42명으로 증가할 것으로 예상되지만 여전히 대체출산율인 2.10명에는 크게 못 미치는 수준이다.

〈표 1-1〉 합계출산율 및 출생아 수

	1983년	1990년	2000년	2010년	2020년	2030년	2040년
합계출산율(명)	2.06	1.57	1.47	1.23	1.35	1.41	1.42
출생아 수(천 명)	769	650	635	470	451	409	325

출처 : 통계청(2012a). 대한민국 인구 5천만 명, p. 4.

우리 사회의 평균수명은 계속 연장되는 추세로, 이는 생활환경의 개선, 식생활·영양상태의 개선, 의학기술의 발전, 보건수준의 향상 등 여러 요인에서 기인한다. 전체인구의 평균수명을 살펴보면, 1960년 52.4세였지만, 1960년대 및 1970년대 산업화를 거치면서 급속히 증가해 1970년 61.9세가 되었다. 이후 평균수명은 1980년 65.7세, 1990년에는 71.3세, 2000년에는 76.0세, 그리고 2010년에는 80.8세가 되었고, 2060년에는 88.5세에 이를 전망이다(통계청, 2011a).

〈표 1-2〉 **평균수명 추이** (단위 : 세, %)

구 분	1960	1970	1980	1990	2000	2010	2020	2030	2040	2050	2060
평균수명	52.4	61.9	65.7	71.3	76.0	80.8	82.5	84.2	85.8	87.2	88.5
남자(%)	51.1	58.7	61.8	67.3	72.3	77.2	79.3	81.4	83.4	85.1	86.6
여자(%)	53.7	65.6	70.0	75.5	79.4	84.1	85.7	87.0	88.2	89.3	90.3

출처 : 통계청(2011a). 장래인구추계 : 2010~2060년.

(2) 노인인구의 증가

그동안 우리나라 노인인구는 지속적으로 증가하였는데, 1960년 73만 명이었던 것이, 1980년 146만 명, 2010년 535만 명이었고, 2030년에는 1,269만 명, 2050년 1,799만 명으로 급격히 증가할 것으로 예상되고 있다. UN은 세계의 인구고령화에 주목하면서 65세 이상 인구의 비율이 7% 이상일 경우 고령화(aging)사회, 14% 이상일 경우 고령(aged)사회, 그리고 20% 이상일 경우 초고령(super-aged)사회로 분류하고 있다. 우리나라는 1960년 노인인구가 전체인구의 2.9%에 불과하였으나 2000년에는 7.2%로 고령화사회에 진입하였고, 2010년 11.0%에 해당하였다. 특히 베이비붐 세대의 은퇴가 막바지에 달하는 2018년에는 14.3%로 고령사회로, 그리고 2026년에는 20.7%로 초고령사회로 진입할 것으로 예견된다. 이후에도 노인인구 증가는 계속될 것으로, 2030년 24.3%, 2050년 37.4%, 2060년에는 40.1%로 증가할 전망이다(통계청, 2011a).

〈표 1-3〉 **연령계층별 인구 및 구성비 추이** (단위 : 천 명, %)

구 분	1960	1970	1980	1990	2000	2010	2018	2020	2026	2030	2040	2050	2060
총인구	25,012	32,241	38,124	42,869	47,008	49,220	49,934	51,435	49,771	52,160	51,091	48,121	43,959
0~14세	10,588	13,709	12,951	10,974	9,911	8,013	6,495	6,788	5,796	6,575	5,718	4,783	4,473
15~64세	13698	17,540	23,717	29,701	33,702	35,852	36,276	36,563	33,618	32,893	28,873	25,347	21,865
65세+	726	991	1,456	2,195	3,395	5,354	7,162	8,084	10,357	12,691	16,501	17,991	17,622
구성비	100.0	100.0	100.0	100.0	100.0	100.0	100.0	100.0	100.0	100.0	100.0	100.0	100.0
0~14세	42.3	42.5	34.0	25.6	21.1	16.3	13.0	13.2	11.6	12.6	11.2	9.9	10.2
15~64세	54.8	54.4	62.2	69.3	71.7	72.8	72.6	71.1	67.5	63.1	56.5	52.7	49.7
65세+	2.9	3.1	3.8	5.1	7.2	10.9	14.3	15.7	20.8	24.3	32.3	37.4	40.1

출처 : 통계청 홈페이지(www.nso.go.kr).
통계청(2011a). 장래인구추계 : 2010~2060년.

전체인구 중 연소인구 또는 생산인구의 비율이 감소하는 반면, 노인인구 비율이 증가하면서 전체인구의 평균연령이 상승되고 있다. 우리나라 전체인구의 평균연령은 1960년에는 23.6세에 불과하였으나, 1980년 25.9세, 2010년 37.9세로 지속적으로 증가하였다. 향후 2020년에 42.4세, 2040년 49.7세, 2060년에는 53.5세가 될 것으로 예상하고 있다. 인구고령화는 노인인구 내 전기고령층(65~74세)에 비해 중기고령층(75~84세) 및 후기고령층(85세 이상) 비율이 높은 경우에서도 그 특성을 찾아볼 수 있다. 2010년 전체인구 중 중기고령층 비율은 3.4%였으며, 2060년 14.8%로 지속적인 증가추세를 보인다. 또한 전체인구 대비 후기고령층 비율 역시 증가추세로 2010년 0.7%였으나 2060년 10.2%에 도달할 것으로 예측된다. 전기고령층 비율은 2010년 6.9%에서 2040년 15.8%로 증가하다가 이후 2060년에는 15.1%로 감소할 것으로 예견된다(통계청, 2011a).

〈표 1-4〉 **노인인구 구조 변동 전망** (단위 : 명)

구 분	노인인구구조			총인구대비비율		
	전기(65~74세)	중기(75~84세)	후기(85세~)	전기(65~74세)	중기(75~84세)	후기(85세~)
2000	2,303	918	173	4.9	2.0	0.4
2010	3,405	1,677	370	6.9	3.4	0.7
2020	4,653	2,621	810	9.1	5.1	1.6
2030	7,616	3,759	1,316	14.6	7.2	2.5
2040	8,063	6,359	2,079	15.8	12.5	4.1
2050	7,345	6,947	3,700	15.3	14.4	7.7
2060	6,636	6,505	4,480	15.1	14.8	10.2

출처 : 통계청 홈페이지(www.nso.go.kr).
통계청(2011a). 장래인구추계 : 2010~2060년.

(3) 노년부양비와 노령화지수의 상승

노년부양비(65세 이상 인구/15~64세 인구)는 1960년 5.3, 1980년 6.1, 2000년 10.1, 2010년 15.2에 이르렀다. 이후 노년부양비는 2020년 22.1로, 2040년 57.2, 2060

년에는 80.6으로 증가할 것으로 예상된다. 이에 근거할 때 노인 1인당 부양 생산가능 인구는 1960년 18.9명, 1980년 16.4명에서 2000년 9.9명으로 급감하고, 2010년 6.6명, 2020년 4.5명, 2040년 1.7명, 2060년에는 1.2명의 부양인구가 노인 1명을 부양해야 할 것으로 예측된다. 노령화지수(65세 이상 인구/0~14세 인구)는 더욱 증가추세를 보이는데, 1960년 6.9, 1980년 11.2, 2000년에는 34.3에 이르렀다. 2010년에는 노령화지수가 68.4로 유소년인구(0~14세 인구) 100명당 65세 이상 인구가 68.4명이 되었지만, 2017년에 이르면 104.1로 노인인구가 연소인구를 초과할 것으로 예상된다. 이의 증가추세는 더욱 급격히 나타날 것으로 2040년 288.6, 그리고 2060년에는 394.0으로 전망된다(통계청, 2011a).

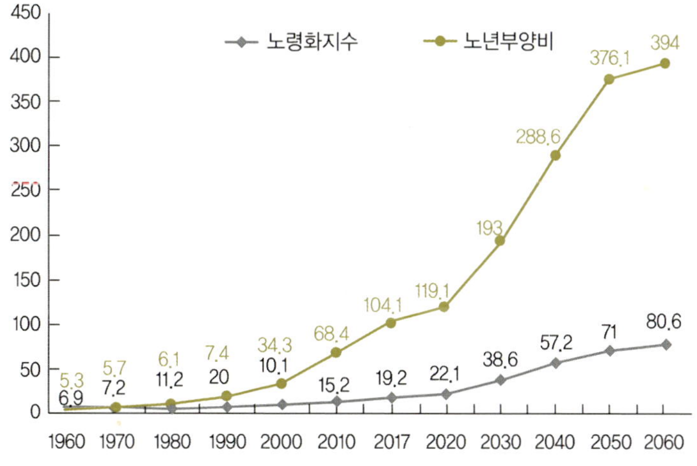

그림 1-1 노년부양비 및 노령화지수

2) 인구고령화의 영향

인구고령화는 사회 전반에 크나큰 충격을 줄 수 있는데 월리스(Wallace)는 '고령화지진(Agequake : age+earthquake)'이라고 하였다. 이는 인구구조의 변화가 지진(earthquake)과 같이 세계경제에 큰 충격을 가져올 것임을 시사하는 것이다. 우리나라는 세계에서 가장 빠른 속도의 인구고령화를 경험하고 있기 때문에 인구구조의 변화가 미칠 파급효과는 더욱 크다고 할 수 있다.

인구고령화는 단순히 노인인구의 증가만을 의미하는 것이 아니라, 개개인의 삶에까지 광범위하게 영향을 미치며, 노동시장과 사회보장을 포함한 사회 전반의 변화를 가져올 수 있다. 인구고령화에 따른 영향을 개인적 차원과 사회적 차원으로 대별하여 이를 각각 양적 측면과 질적 측면에서 살펴볼 수 있다(한정란, 2005).

(1) 개인적 차원

개인적 양적 고령화는 노년기 개인의 차원에서 볼 때 평균수명 연장과 더불어 노년기의 확대를 의미한다. 즉, 사회구성원 개인은 오래 살고 인생의 성숙 및 지혜의 완성기로서 노년기를 향유할 수 있다는 점에서 긍정적 측면을 지닌다. 그러나 과거와 달리 오랜 기간 동안 노인부양에 대한 책임 연장, 노년기 경제적 부담, 노후준비 미진으로 인한 경제적 어려움, 유병기간의 연장 가능성 등 부정적 측면도 간과할 수 없다.

개인적 질적 고령화는 인생 전반에 있어서 노년기가 차지하는 의미와 중요성 증가를 의미한다. 새로운 제2의 인생을 영위할 기회 및 가족과 직장에 대한 의무로부터 벗어나 지역사회를 위한 자원봉사활동 기회를 얻게 되는 등 긍정적 측면을 지닌다. 그러나 노년기 역할 부재 내지 노후준비 미비 등으로 인해 역할 없는 역할을 강요당한 채 무위 및 고독에서 생활할 가능성이 높아진다는 점에서 부정적 측면을 찾을 수 있다.

(2) 사회적 차원

사회적 양적 고령화는 노인인구의 증가로 인한 변화에서 찾아볼 수 있다. 인구고령화는 인류가 염원해 온 장수를 실현시켜 주고 어느 정도 죽음의 두려움에서 완화 내지 해방될 가능성에서 긍정적 측면을 지닌다. 그러나 노인인구가 많아지고 연소인구가 줄어드는 등 인구성장률이 둔화되면 생산인구 감소로 인해 노동력 부족현상이 나타나게 된다. 즉, 노인층의 노동공급이 증가하는 한편 출산율 하락으로 새로운 지식과 기술을 지닌 청년층 노동력은 감소하게 됨으로써 노동생산성이 저하되고 경제성장이 저해될 수 있다. 노인 부양비의 증가는 연금수급자 증가, 의료비 및 복지비용 상승을 가져와 사회보장비용을 급속히 증가시키며, 궁극적으로 국가재정 부담을 가중시킬 것이라는 부정적 전망 또한 가능하다.

사회적 질적 고령화는 노인의 수적 증가에 따른 영향력 증대에 주목한다. 오늘날 노인층은 과거에 비교하여 보다 나은 건강 및 교육, 문화를 비롯한 생활수준 향상으로 이들 세대의 사회적 영향력이 증대될 수 있는 가능성을 높인다. 그러나 노인층의 지나친 압력집단화로 인한 세대갈등이나 고령이기주의(greedy geezers)의 출현이 우려된다는 점에서 부정적 측면 또한 간과할 수 없다(한정란, 2005).

〈표 1-5〉 인구고령화의 영향

구 분	양적 차원			질적 차원		
	특 징	긍정적 측면	부정적 측면	특 징	긍정적 측면	부정적 측면
개인적 차원	- 수명 및 노년기 연장	- 인생 완숙기로서 노년기 연장 - 노후생활을 즐길 기회	- 부양책임 및 경제적 어려움(노년기 경제적 부담, 노후자금 부족 등) - 빈고(貧苦), 병고(病苦)의 연장	- 노년기의 의미와 중요성 증가	- 제2 인생의 기회 획득 - 사회공헌 및 봉사의 기회	- 역할 없는 노년기 무위고의 연장 - 고독과 소외의 문제
사회적 차원	- 노인인구의 증가	- 인류의 꿈인 장수의 실현 - 죽음의 두려움으로부터 완화 내지 해방	- 사회의 노인부양 부담 가중 - 생산성 둔화	- 노년층 수준 및 영향력 증가	- 노년층의 영향력 증가 - 노년층의 교육수준, 생활수준 등 향상	- 노년층 세력화로 인한 세대갈등 - 고령 이기주의 출현

출처 : 한정란(2005). 노인교육의 이해로부터 재구성

2. 노인의 개념과 노년기의 변화

1) 노인의 개념

(1) 노인이란?

① 추상적 정의

일반적으로 노인(老人)이란 인생 후반기에 접어든 나이든 사람을 의미한다. 일반적으로 노인은 생물학적 · 심리적 · 사회적 측면에서 노화과정을 겪고 있는 사람을 말한다. Birren(1959)은 노인이란 '㉠ 생물학적 및 생리적 측면에서 퇴화기에 있는 자, ㉡ 심리적 측면에서 정신기능과 성격이 감퇴하고 있는 자, ㉢ 사회적 측면에서 지위와 역할이 상실된 자'라고 하여 세 가지 측면의 노화로 인하여 기능이 감퇴된 자라고 정의하고 있다. 최성재와 장인협(2010)은 '생리적 · 신체적 기능의 퇴화와 더불어 심리적인 변화가 일어나서 개인의 자기유지 기능과 사회적 역할기능이 약화되고 있는 사람'이라고 정의하고 있다. 이를 종합하여 살펴볼 때, 노인이란 '노화의 과정 또는 그 결과로서 생리, 심리, 사회적 기능이 약화되어 적응능력이 약화된 사람'으로 정의할 수 있다.

② 조작적 정의

노인의 개념은 개인 및 문화에 따라 차이를 보이는데, 추상적 정의는 조사연구를 수행하거나 정책수립 · 집행 시 효용성이 저하될 수 있다. 따라서 실제적 상황에서 규정하기 편한 보편적 지표가 유용성을 지니므로, 노인개념을 보다 명확히 정의하기 위한 조작적 정의가 필요하다. 노인에 대한 조작적 정의는 크게 4가지로 구분할 수 있다(권중돈, 2010; 최성재 · 장인협, 2010).

- 개인의 자각에 의한 노인 : 개인의 주관적 판단에 의해 스스로를 노인이라고 규정하는 경우이다. 자각 연령은 실제 연령보다 낮아지는 것이 일반적으로 우리나라의 경우 주로 신체적 기능 저하에 근거하여 노인이 되는 시점을 판단하는 경향이 있다. 이의 정의는 신체적 · 심리적 · 사회적 노화가 개인차가 있어 노화의 여러 측면에 대한 종합적 판단에 근거할 수

있다. 그러나 사람마다 노인을 규정하는 것이 다르므로 객관성이 결여될 수 있다는 단점을 지닌다.

- **사회적 역할상실에 의한 노인** : 개인은 사회의 연령규범에 따라 다양한 사회적 지위와 역할을 획득하고 상실하게 되는데, 주요한 사회적 지위와 역할을 상실한 사람을 노인으로 정의한다. 일반적으로 우리나라의 경우 직장에서 정년퇴직을 하는 시기를 55세 전후로 보는데, 이의 규정에 따르면 퇴직자를 노인으로 규정할 수 있다. 그러나 사회적 지위와 역할이 불분명하거나 일생 동안 특정 사회적 지위를 수행하지 못한 경우 이의 정의를 적용하기가 어렵다.
- **역연령(曆年齡)에 의한 노인** : 역연령은 출생 이후 달력의 시간에 의한 나이로, 노인을 60세 또는 65세 등의 일정한 연령에 도달한 자로 규정하고 있다. 국제적으로 65세는 각종 연금혜택이 주어지고 정년퇴직 시기로 되어 있어 사회통계상 자주 사용하는 편이다. 과거 우리나라에서는 회갑(回甲)이라는 사회문화적 특성을 근거로 하여 60세부터 노인이라고 인식하는 경우가 일반적이었다. 노인복지법상으로는 65세 이후를 서비스 대상으로 설정하고 있으며, 통계청에서 노인을 규정하는 연령 역시 '만 65세 이상'으로 활용하고 있다.

역연령에 의해 노인을 정의하는 것은 행정적 편의 때문에 보편적으로 활용되고 있다. 하지만 노인의 개인적 특성이나 능력이 상이하고 문화배경이나 사회적 특성이 다르다는 점에서 일률적 연령기준인 역연령에 의한 정의는 단점을 지닌다. 어떤 사람은 65세가 되어도 신체적 · 정신적으로 건강한 편으로 자신이 해오던 역할을 잘 수행할 수 있는 반면, 다른 사람은 건강이 좋지 못해 역할을 수행 시 어려움을 지닐 수 있다. 선진국은 후진국보다 평균수명이 높은 편으로 전자의 평균수명은 80세가 넘지만, 후진국의 평균수명은 50세 미만인 경우가 많다. 이와 같이, 특정 역연령을 기준으로 노인이라고 규정 시 연령층을 단순화하여 문제점이 나타날 수 있다. 역연령 기준을 보다 세분화하여 노인층을 분류하기도 하는데,

브로디(Brody)는 60~64세 노인을 연소노인(young-old), 65~74세 노인을 중고령노인(middle-old) 그리고 75세 이상을 고령노인(old-old)으로 분류하였다. 애칠리(Atchley, 2000)는 연소노인을 60~74세, 중고령노인을 75~84세, 그리고 고령노인을 85세 이상으로 분류하였다.

최근 평균수명의 연장, 노년기의 건강상태 개선 등으로 노인을 인식하는 연령이 더욱 높아지는 추세이다. 2011년 노인실태조사(보건복지부 · 한국보건사회연구원, 2012)에 따르면, 노인이라고 생각하는 연령기준은 70~74세라는 응답이 59.1%로 가장 많았고, 80세 이상 13.3%, 75~79세 11.3%로 나타나 70세 이상이 83.7%로, 이는 1994년의 30.1%, 2004년의 55.8%에서 급증하였다. 따라서 65세 이상을 피부양인구로 간주하는 노인기준을 재설정해야 한다는 논의가 있다. 65세 이상을 노인으로 보는 것은 평균수명이 50세를 넘지 못했던 20세기 중반에 설정된 기준으로 평균수명이 80세를 넘는 현 시점(2011년 말 우리 국민의 평균 기대수명은 80.7세, 건강기대수명은 71.3세)에서 이의 기준을 상향조정할 필요성이 제기되고 있다.

- **기능적 연령에 의한 노인** : 기능적 연령은 개인의 신체적 · 심리적 영역의 기능 정도에 따라 노인을 규정하는 것이다. 이의 정의는 특정 연령범주에 속한 개인의 신체 및 정신기능, 생산성, 자아통제력 등의 기능수준이 역연령과 반드시 일치하지 않을 수 있다는 점을 근거로 한다. 기능적 연령은 역연령에 의한 판단을 보완할 수 있는 장점을 지니나, 판단기준의 불명확성 및 시간소요 등이 단점으로 지적될 수 있는 바, 향후 측정방법에 대한 편의성 등 단점이 보완될 수 있는 경우 노인을 규정하는 보다 유용한 개념이 될 수 있다.

이상의 노인에 대한 조작적 정의 각각은 장 · 단점을 지니는데, 특정 정의만으로 노인을 규정하는 데 제한성이 따른다. 보편적으로 역연령에 의한 정의가 사용되고 있긴 하지만, 필요에 따라 역연령에 의한 정의 외에 다른 조작적 정의를 함께 활용하는 경우가 대부분이다(권중돈, 2010).

(2) 노인관련 용어 및 변화

노인에 대한 용어는 고령자, 할아버지, 할머니, 한아비 등으로 다양하게 사용되고 있다. 고령자(高齡者)는 장년층에서 노년층까지를 통칭한다. 할아버지 또는 할머니 명칭은 주로 가족관계에서 활용하는 용어이지만 굳이 가족관계가 아니라 하더라도 나이 드신 분께 일상적으로 사용되고 있다. 노인복지 실천 현장에서는 '어르신'이라는 용어가 주로 사용되고 있다. 어르신의 본래 의미는 '아버지와 벗이 되는 어른이나 또는 그 이상 되는 어른'이라는 뜻인데 오늘날에는 주로 노인을 높여 부르는 말로 사용되는 편이다. 영어권에서는 노인을 'the elderly, the aged, older person'이 일반적으로 사용되고 있지만 자신보다 나이가 많거나 경험이 많은 윗사람을 칭하는 '고령자(senior citizen)' 또는 노년기를 풍성하게 지낸다는 의미에서 '황금연령층(golden ages)'을 사용하기도 한다. 프랑스에서는 제3세대라는 용어가, 일본에서는 실버 내지 숙년(熟年)이라는 표현을, 중국에서는 60대를 장년, 70대 이상을 존년(尊年)이라고 지칭하기도 한다(김형수 외, 2009).

오늘날 건강하고 능력 있는 노년층의 출현이 기대되고 있는 가운데 애플(APPLE)세대라는 신조어가 나타났다. 이들 세대는 활동적(Active), 자부심을 지닌(Pride), 안정적이고(Peace), 고급문화(Luxury)를 즐기는, 경제력(Economy) 있는 노인층을 일컫는다. 애플세대는 노년기를 어쩔 수 없는 숙명의 부정적 시기라는 관념에 얽매이지 않고 끊임없이 자아찾기를 시도하며 새로운 노인문화 창출에 주요 역할을 수행할 것으로 예상된다. 이러한 맥락에서 노인의 개념은 단순히 나이 들어 늙은 사람의 개념에서 벗어나 '보다 많은 경험과 경륜을 가진 연령이 높은 사람'이라는 긍정적 의미로 정의될 수 있다(김수영 외, 2009).

2) 노년기의 변화

일반적으로 노화가 진전됨으로써 신체적 변화 및 심리적 변화를 보이며, 사회생활상 여러 변화를 가져온다. 노년기에 나타날 수 있는 신체적·심리적 · 사회적 변화를 이해함으로써 노년기 이해 및 노후생활 적응에 도움이 될 수 있다(권중돈, 2010; 최성재 · 장인협, 2010).

(1) 신체적 변화

① 신체구조의 변화

노화가 진행되면 피부는 수분을 잃기 시작하여 건조해지며 탄력성을 잃고 주름이 생기기 쉽다. 피부표면에 갈색색소가 증가하고 피부가 얇아지는 편이다. 흰 머리카락이 생기며 모발의 양과 굵기가 감소한다. 칼슘손실로 골절, 치아손실이 야기될 수 있고, 디스크 변화로 척추후만증이 발생할 수 있다. 골밀도 저하 및 연골조직 퇴화로 신장이 감소하는 경향을 보인다. 신체근육 강도가 저하되고 수의근의 용적과 수축력이 감소된다. 근육강도 역시 저하되면서 노인들은 신체균형을 유지하는 데 어려움을 겪는다.

② 신체기능의 변화

- **중추신경 계통** : 신경세포 자극 전달속도가 느려져서 일상생활에서 자극에 대한 반응시간이 길어진다. 신경전달물질의 공급이 감소하는 편으로, 도파민(dopamine), 아세틸콜린(acetylcholine) 등이 감소하여 알츠하이머(Alzheimer)병과 파킨슨(Parkinson)병에 걸릴 가능성을 높인다.
- **심혈관 계통** : 연령증가에 따라 심장조직이 딱딱해지고 탄력성이 감소하며 심박력과 혈액양이 감소한다. 이와 달리 심장의 중량은 늘어나는 편이나, 심장근육의 힘이 감소하고 심장판막의 석회화로 심장질환에 걸릴 가능성이 높아진다. 동맥벽이 비대해지고 경직 · 위축되어 혈액순환이 저하됨으로써 고혈압, 뇌졸중, 동맥경화 등의 질환이 유발될 수 있다.
- **호흡기 계통** : 연령증가에 따라 호흡량, 폐용량, 산소 소모량 등이 감소한다. 폐조직 및 혈관벽에서 콜라겐(collagen)이 변화하여 폐의 탄력성이 감소하는 데 반해, 기관지는 확장되고 기관지 점액선이 증가한다. 폐 속에 나쁜 공기가 남는 잔기량이 많아져 기관지 등 호흡기 질환의 이환 가능성이 커진다.

- **소화기 계통** : 소화액 생성이 감소되고 소화기 계통의 내용물을 아래쪽으로 밀어주는 수축운동인 연동운동이 감소한다. 또한 치아결손, 위와 장의 근육 약화 등으로 인하여 소화기능이 저하될 수 있다. 소장의 융모크기 및 점막흡수 면적이 줄어들고 대장조직이 변형되어 변비나 숙변, 각종 장질환에 걸릴 가능성이 있다.
- **비뇨기 계통** : 신장에 혈액을 공급하는 동맥의 노화현상으로 신장혈류가 감소하면서 노폐물을 제거하는 신장기능이 저하되기 쉽다. 방광의 탄력성 및 용량이 줄어드는 경향이 있다. 신장 내 세포 수 감소로 체내독소를 배출하는 배설작용이 원활하지 못하며 배뇨시간이 길어지는 편이다. 여성노인은 방광의 탄력성 저하로 인한 요실금으로, 남성노인은 전립선 비대증으로 인한 잦은 배뇨로 어려움을 가질 수 있다.

(2) 심리적 변화

① 감각기능의 변화

- **시각** : 수정체가 탄력성을 잃게 되어 가까운 물체를 볼 때 초점을 맞추기 어려워지게 되면서 노안이 나타난다. 노안이 심해지면 노인성 백내장이 유발될 수 있다. 또한 동공이 축소되면서 동공을 통과하는 빛의 양이 적어져 물체식별에 어려움이 생길 수 있다. 황화(黃化)현상이 나타나 파란색, 보라색, 초록색 등 색체식별이 용이하지 않게 되며, 백내장과 녹내장 등의 발병 가능성이 높아진다.
- **청각** : 60세 이후 청각세포와 세포막 손상으로 청력이 저하되는 노인성 난청(presbycusis)이 나타날 수 있다. 청각손상으로 의사소통에 장애를 초래하며 사회적 고립과 우울, 정서장애가 나타날 수 있다.
- **미각, 후각, 촉각** : 미각, 후각의 쇠퇴로 맛을 식별하는 능력이 감소하며 촉각 또한 저하되기 쉽다.

② 지적 능력의 변화

- **반응속도** : 뇌의 신경자극 전달세포의 감소, 연령증가에 따른 조심성, 심사숙고 증가 등에 의하여 운동반응, 반응시간, 문제해결, 기억력, 정보처리과정에서 반응속도가 전체적으로 둔화되어 환경변화에 즉각적 대처가 어려울 수 있다.
- **기억력** : 노년기에 접어들면서 기억력이 서서히 감퇴하는 경향을 보인다. 기계적 암기의 기억보다 논리적 기억능력이 더 많이 감퇴되며, 최근 기억의 상실이 과거의 기억상실보다 심한 편이다.
- **지능** : 노화에 따라 지능이 전체적으로 저하되는 것은 아니다. 유동적 지능(㉮ 수학적 계산, 그림구별, 전화번호 암기)은 감소하지만, 경험을 통해 획득된 결정화된 지능(㉮ 의미이해, 속담이나 격언을 기억하는 능력)은 증가하는 편이다.
- **학습, 사고 및 문제해결능력** : 연령이 높아질수록 학습능력, 사고능력, 문제해결능력이 저하되는 경향이 있다. 노인의 학습능력 향상을 위해 충분한 시간을 갖고 수행할 수 있는 구체적이고 의미있는 과제를 부여하고 결과에 대한 적극적 피드백이 필요하다. 사고 및 문제해결능력은 교육수준, 지능 및 직업 등에 영향을 받으며 사전훈련을 미리 받으면 증진될 수 있다.
- **창의성** : 연령에 따라 창의성이 저하되는 경향을 보이나 일률적이지 않다. 동기, 압박감, 노력, 보상 등이 창의성에 영향을 줄 수 있다.

③ 성격변화

- **내향성 및 수동성의 증가** : 외부자극에 대한 반응보다 자기자신의 사고나 감정에 의해 사물을 판단하는 내향성이 많아진다. 이전과 달리 노년기에는 심리적 에너지가 내면으로 향하고 현실적으로 적극개입해야 할 일이 감소되어 문제해결에 있어서 수동적이 되고 새로운 일에 도전하려는 경향이 적어지는 편이다.
- **조심성 및 경직성의 증가** : 감각능력의 쇠퇴로 확신이 높아야만 결정이나 반응을 하는 경향을 보인다. 또한 태도나 의견을 제시하거나 문제해결에 있어서 과거의 방법을 고집하여 계속하려는 경직성을 보인다.

- 우울증 경향의 증가 : 노령에 따른 다양한 스트레스(신체적 질병, 배우자의 죽음, 경제능력 약화, 고독, 소외감)로 우울성향이 증가하고, 불면증, 체중감소, 감정적 무감각, 강박관념, 증오심 등의 증상이 유발될 수 있다.
- 과거에 대한 회상의 증가 : 노인들이 심리적 에너지를 집중할 일들이 상대적으로 적어지므로 과거에 대한 회상을 할 가능성이 높아진다. 과거에 대한 회상을 통해 자존감을 유지 내지 회복이 가능하며, 의미있는 인생을 살았다는 느낌을 갖는 등 자아통합감을 이룰 수 있다.
- 친근한 사물에 대한 애착 증가 : 노년기에는 그동안 살아왔던 집, 추억이 깃든 가재도구, 사진, 기념물 등에 대해 감정적 가치를 두게 된다. 이와 같은 친숙한 물건들을 통해 자신의 삶의 줄거리를 파악하는데, 비록 주변세상과 사물들이 변하지만 자신과 주변은 변화하지 않음을 인식하는 경향이 있다.
- 성역할 지각의 변화 : 노년기 이전 남녀 모두 사회가 요구하는 성역할에 익숙해 있으나 남녀의 성차가 줄어들게 되어 '양성적'으로 변해가는 '남녀역할 전환'을 경험하게 된다. 남성노인은 친밀성, 의존성, 관계지향성 등 여성적 특징을 보이는 반면 여성노인은 공격성, 자기주장성 등 남성적 특징이 나타난다.
- 의존성의 증가 : 노인은 신체적·정신적·경제적 능력의 쇠퇴로 인해 의존성이 증가한다. 즉, 노년기에는 신체적·정신적 힘이 쇠퇴하고 사회적 역할이 상실되며, 경제적 수입, 사회적 유대관계 감소 등으로 다른 사람에 대한 의존성이 증가하기 쉽다.
- 유산을 남기려는 경향 : 나이가 들면 사후에도 이 세상에 다녀갔다는 흔적을 남기려는 욕구가 강한 편이다. 예컨대 재산과 유물, 토지, 골동품 등을 자손이나 사회에 남기려한다든가, 독특한 기술을 전수해 자신의 대를 이을 제자를 배출하여 후대에 무엇인가를 남기려하는 것 등이 그러하다.

(3) 사회적 변화

일반적으로 노년기에는 사회적 관계망의 축소, 연령규범의 부재, 역할의 변화 등 사회적 변화를 겪기 쉽다.

① 사회적 관계망의 축소

노년기에는 퇴직, 배우자와 친구상실 등 사회적 관계망이 축소되는 것이 일반적이다. 정년퇴직과 더불어 중요한 사회적 역할인 직업을 상실하고 부수적인 사회적 역할이 축소되어 사회활동 반경이 제약되기 쉽다. 따라서 노년기에 접어들면 노인이 가정 내에서 보내는 시간은 과거에 비해 훨씬 늘어나는데, 그만큼 노년기에는 가족관계가 중요하다고 할 수 있다. 이와 더불어 노년기는 신체적, 심리적, 사회적으로 위축되어 어느 시기보다도 가족에 대한 의존도가 높아지게 된다(김형수 외, 2009).

② 연령규범(age norms)의 부재

우리 사회에서는 노년기와 관련된 명확한 연령규범이 부재한 편이다. 연령규범은 동 시대인이 특정 연령대에 적합한 행동을 하도록 각 개인에게 요구하는 사회적 기대나 가치를 의미한다. 노년기 연령규범 부재로 인해 중년기 이후 노년기에 적합한 가치, 기술, 지식, 행동 등을 사전에 학습하고 싶어도 할 수 없게 된다. 또한 사회적 상호작용을 통해 사회의 규범, 가치, 역할기대 등을 학습하고 사회생활에 필요한 사회적 기술들을 발전시키게 하는 사회적 학습과정인 사회화 과정을 미리 거치지 못할 가능성이 높다. 버제스(Burgess, 1960)는 노년기를 '역할 없는 역할(roleless role)'의 연속이라 하였는데, 우리 사회에서 노년기 연령규범은 부재 내지 불명확하여서 노인은 노년기에 적합한 행동, 가치, 지식습득에 혼란을 경험하기 쉽다. 이와 같이 노년기 연령규범의 부재는 노년기에 대한 준비를 미흡하게 함으로써 이전과 다른 노년기 삶의 영역과 방식에 적응을 어렵게 할 수 있다(Rosow, 1974).

③ 역할의 변화

노년기에는 퇴직과 더불어 중요한 사회적 역할인 직업 및 부수적으로 수행하는 많은 역할을 상실하기 쉽다. 즉, 직업인 지위에서 물러나 퇴직인 지위를 갖게 됨으로써 생계유지자 및 배우자로서의 역할에서 피부양자, 독신, 조부모의 역할로 전환하게 된다. 또한 산업화과정에서 가족제도가 변화해 감에 따라 가족 내에서 누렸던 노인들의 가부장적 역할도 축소 내지 상실하게 되었다. 더욱이 직업역할 상실은 가정에서 생계유지자 또는 경제적 공급자로서 지위상실을 초래하고 노인의 가족 내 영향력을 약화시킨다.

나이가 들수록 부모로서의 역할기대는 불명확해진다. 가정적으로 자녀독립과 결혼으로 인해 노인들은 부모역할이 축소되거나, 자녀와의 새로운 관계를 정립해야 하는 역할조정 시기를 맞이하게 된다. 남녀 간 역할감소에 대한 비교시 퇴직, 노화로 인한 역할감소는 남자가 여자보다 심각한 편이다. 남성노인의 경우 가사관련 일이 생소하고 퇴직자로서의 역할이 확립되어 있지 않아 새로운 역할로의 전이가 힘들다. 여성노인은 퇴직 이후 가사관련 역할로의 전이가 용이하나 자녀양육 책임에서 벗어나 자녀를 출가시키면서 퇴직과 유사한 '빈 둥우리 시기(empty-nest period)'를 경험하기 쉽다.

노년기를 영위함에 있어서 제도적 지위 및 역할은 종류, 수, 중요성이 줄어드는 반면 희박한 지위와 역할이나 무역할은 증가한다. 한편 연령규범이 명확하게 제시되는 제도적 역할이 상대적으로 줄어드는 경우가 많다(Rosow, 1976). 비공식적 지위역할은 크게 변화가 없지만 노년기 후기에는 약간 줄어드는 편이다(최성재·장인협, 2010 재인용). 노년기에 있어서 과거 수행했던 사회적 역할을 모두 상실하는 것은 아니며 새로운 역할을 취득하거나 역할에 대한 중요성이 변화되고, 동일 역할을 수행하더라도 방법상 변화가 있을 수 있다는 점에서 다양한 역할전환을 경험할 수 있다.

3. 현대사회와 노인문제

의학발달과 생활수준 향상으로 평균수명이 연장되었지만 노년기에는 중·장년기와 달리 여러 어려움에 직면할 수 있다. 인간문제는 욕구충족과 밀접히 관련이 있으며 일상생활에서 다양한 기본적 욕구가 충족되지 않는 경우 지속적으로 삶에 불편함을 초래하게 된다. '노인문제'란 노인의 기본적 욕구를 본인이나 가족의 노력으로 해결·충족시키지 못하여 삶의 불만족스러운 상태가 지속되는 현상이다. '2012 고령자통계'에 따르면, 노인들이 겪고 있는 어려운 점은 경제적 어려움이 40.2%로 가장 높으며 건강문제(39.8%), 소일거리 없음(6.0%), 외로움·소외감(4.1%) 등의 순으로 나타났다(통계청, 2012b). 이에 근거하여 볼 때 노인이 일반적으로 겪게 될 수 있는 문제로, 즉 노년기 소득감소에서 오는 경제적 어려움, 만성질환과 심신쇠약으로 인한 건강 및 부양, 노년기 역할상실 및 소외 등은 우리 사회 노인들이 당면하고 있는 주요 문제라 할 수 있다.

1) 경제적 어려움

노인들이 노후생활에서 가장 문제가 되는 것은 '소득상실'로 인한 경제적 어려움이다. 노인들은 심신의 기능 저하 및 노동능력 감퇴 등의 이유로 사회일선에서 물러나게 되고, 경제활동의 배제, 그리고 노후 소득보장제도의 미비 등으로 경제적 어려움에 직면하기 쉽다.

노년기에는 경제활동을 하지 않거나 일을 하더라도 특정 직종에 종사하는 비율이 높은 편이었고 향후 경제적 이유로 취업을 원하는 것으로 나타났다. 2011년 전국노인생활실태조사(보건복지부·한국보건사회연구원, 2012)에 따르면, 노인의 34.0%가 현재 취업 중이며 이들의 52.9%가 농림어업에 종사하며 47.0%가 자영업자였다. 일을 하고 있는 노인의 대부분인 88.5%가 향후에도 일을 하고 싶어하였고 일을 하고 있지 않은 노인의 12.9%는 향후 취업을 희망하였는데, 그 이유는 생계비 마련(53.9%)이 가장 많은 비율을 차지하였다.

현재의 노년층은 국민연금제도의 혜택에서도 배제되어 있는 취약세대로 저축이나 연금 또는 자녀로부터의 소득이전이 없는 한 소득의 현저한 감소를 겪게 된다. 또한 건강약화 및 주택가 상승 등이 노년기 경제적 어려움을 더할 가능성이 높아진다. 또한 기본적 생계유지를 위한 일상생활비 지출은 물론, 치료나 돌봄비용이 필요한 경우 경제적 어려움은 더욱 가중될 수 있다. 이들은 자녀교육이나 출가를 위해 정작 본인의 노후준비를 하지 못한 경우가 대부분이다. 노후대비 보유자산이 충분치 않는 경우 취약계층이 될 가능성이 있는데 퇴직 후 금융자산이 퇴직 전 소득에 비해 적어 노후의 삶의 질 하락이 우려되기도 한다. 자력으로 일을 하거나 연금, 저축 능력이 없는 경우 가족부양을 기대할 수밖에 없으나 자녀 역시 경제적 어려움이 있는 경우가 적지 않다.

노년기 경제적 어려움은 노인빈곤문제에서 확연히 그 심각성이 드러난다. 2011년 65세 이상 전체노인의 약 6.7%가 절대빈곤층인 수급자로 여자 수급률(8.2%)이 남자(4.5%)보다 3.7%p 높은 편이다. 국민기초생활보장제도에 있어서 2011년 수급자 138만 명 중 노인은 38만 명 그 비율은 27.4%에 해당된다. 65세 이상 노인의 평균소득도 전체인구 평균소득의 59.7%에 불과하다. 이를 반영하듯 우리나라는 경제협력개발기구(OECD) 회원국 가운데 65세 이상 노인 빈곤율이 평균(13.3%)보다 무려 세 배 이상 높은 45.1%에 해당된다(석상훈, 2012).

〈표 1-6〉 **국민기초생활보장 수급자(65세 이상)** (단위 : 명, %)

	총수급자 (일반 수급자)	65세 이상 수급자						
			구성비1)	수급률2)	남 자	수급률	여 자	수급률
2008	1,444,010	382,050	26.5	7.6	100,772	4.9	281,278	9.4
2009	1,482,719	387,847	26.2	7.4	104,014	4.9	283,833	9.1
2010	1,458,198	391,214	26.8	7.2	106,723	4.8	284,491	8.8
2011	1,379,865	378,411	27.4	6.7	104,901	4.5	273,510	8.2

출처 : 보건복지부(각 년도). 「국민기초생활보장 수급자 현황」, 통계청(2012b). 2012 고령자통계, p. 22.
주 : 1) (65세 이상 수급자 / 총수급자) × 100
2) (65세 이상 수급자 / 65세 이상 추계인구) × 100

2) 노인건강 및 부양

(1) 노인건강

노인들은 나이가 들수록 신체적 · 심리적 노화를 경험하게 되고, 대부분 노인들은 한두 가지 이상의 질병을 호소하는 편이다. 노년기가 되면 신체적 약화에서 오는 스트레스, 배우자나 가까운 가족을 잃거나 고립과 소외에서 오는 심리적 고독, 퇴직과 같은 사회적 역할상실 등으로 노인우울 등 정신건강상 문제 또한 증가할 수 있다. 2011년 전국노인생활실태조사(보건복지부 · 한국보건사회연구원, 2012)에 따르면, 노인의 88.5%가 만성질환을 갖고 있으며(여성 93.7%, 남성 81.8%), 노인의 29.2%가 우울증상을 보이는데, 여성, 고연령, 저소득일수록 우울증이 높게 나타났다. 이러한 신체적 · 심리적 건강문제에 불구하고 노년기에는 경제적 어려움으로 건강보호 및 질병치료가 용이하지 않은 편이다. 일반적으로 노인질환은 만성적 특성을 지니는데, 급성질환에 비해 장기적 의료 내지 요양보호를 더욱 필요로 한다.

고령화사회에서 가장 심각하게 거론되는 질병이 치매이다. 치매는 뇌기능 장애로 인하여 지적 능력이 떨어지는 퇴행성 질환으로 알츠하이머병과 뇌졸중에 의한 혈관성 치매가 대표적이다. 치매환자는 매년 크게 늘어나고 있는 추세로 2008년 42만 1,000명에서 2012년 53만 4,000명, 2025년에는 100만 명을 넘어서 5가구에 1명이 치매환자가 있을 것으로 예상하고 있다(보건복지부 · 서울대병원, 2008). 치매에 따른 개인과 가족의 부담 및 고통은 매우 크다. 사회적으로도 치매환자에 대한 치료는 물론 장기요양 비용, 간병비 등 사회경제적 부담이 많아지고 있다.

(2) 노인부양

전통사회 대가족제도하에서 노인들의 대부분은 가족부양을 받으며 노후를 보내었다. 그러나 산업화 현상과 더불어 가족제도가 핵가족화되어가면서 개인주의, 자유주의 사상의 영향으로 가족부양에 대한 인식이 약화되고 있다. 오늘날 여성의 경제참여율이 높아지면서 과거 노인들의 간호, 수발을 책임지는 여성인력이 부족하게 되었다. 노인 스스로 의식이 변화되어 경제능력만 있으면 자녀로서 불편하게 지내는 것보다 따로 사는 것을 선호하게 되었다. '2011년 한국의 사회동향'에 따르면, '자녀가 부모를 부양해야 한다'는 데 동의한 사람은 10명 중 3명을 약간 넘었는데, 1998년에는 같은 질문에 10명 중 9명이 동의하였다(통계청, 2011b). 이를 반영하듯, 노인단독세대는 증가하고 자녀동거 노인세대는 감소추세를 보인다. 2011년 전국노인생활실태조사(보건복지부·한국보건사회연구원, 2012)에 따르면, 노인독거 19.6%, 노인부부 48.5%, 자녀동거 27.3%로 자녀와 함께 사는 비율은 지난 1994년엔 절반을 넘는 54.7%를 기록했지만 2004년 38.6%로 크게 준데 이어 2011년에는 20%대에 머물렀다.

오늘날 평균수명이 늘어나면서 유병장수 비율 역시 증가하면서 자녀로부터의 부양을 더욱 기대하기 어려운 가운데 부양문제는 개인 내지 가족문제만이 아니라 사회문제로 인식된다. 노년기 건강이 악화되는 경우 배우자 또는 전기 노인층 자녀가 후기 노인층 부모를 돌봐야 하는 '노－노(老－老) 돌봄'의 부담이 커질 수 있다. 노인 자신도 보살핌이 필요할 수 있는 상황에서 나이 든 부모나 배우자를 부양해야 하는 경우 신체적·경제적 어려움에 따른 부양스트레스가 증가하고, 이것이 학대나 방임으로 이어질 수 있다. 더욱이 치매 및 중풍 등 장기간 노인을 돌보는 가족들은 정신적·심리적 어려움이 큰 편으로 불면증이나 우울증을 겪게 되는 경우가 다수이나 이의 어려움을 호소하거나 정서적 지지를 받을 수 있는 서비스 내지 제도가 부족한 현실이다. 이러한 상황에서 노인부양으로 인한 이혼 등 가족해체가 심각하며, 치매노인을 버리거나 간병살인 내지 간병자살하는 극단적 선택을 하는 경우도 나타나고 있다.

3) 역할상실 및 소외

(1) 역할상실

평균수명 연장으로 노년기 시기는 길어진 반면, 노년기의 적절한 역할과 규범이 확립되지 못한 편으로 노인층에게 사회적 역할상실에서 오는 정신적·정서적 고통을 더욱 가중시키고 있다. 특히 우리나라는 급속한 산업화

과정에서 전통적인 가치관과 현대적 가치관이 혼재된 상황으로 노인에게 적합한 역할을 뒷받침할 만한 뚜렷한 가치관이 형성되어 있지 못하다. 일반적으로 노년기에는 퇴직과 더불어 직업을 상실하고 가족 내 역할, 노인의 권위가 낮아지는 등 사회적 관계망 축소 및 사회적 역할상실이 나타난다. 노년기에는 직장 등 2차집단과의 유대관계 및 참여 정도가 줄어들고 가족, 친구, 이웃 등 1차집단과의 관계가 사회관계의 중심이 되며, 그 중 가족과의 관계가 핵심적 관계축이 된다. 그러나 가정 내 웃어른으로서 노인의 역할 역시 축소되는 경향으로 가정 내의 권위가 저하되기 쉽다. 과거 노인들은 가정 내에서 규범과 생활양식의 전수, 집안 대소사, 개인상담, 손자녀 교육 등을 주관하는 역할을 해왔으나 현대사회에서 핵가족화되면서 부부 또는 자녀 중심의 가정생활로 전환되었고 통신기기, 전자제품 발달 등으로 일상적 삶에 있어서 노인의 역할이나 도움이 불필요하게 되었다.

이와 같이 노년기에는 사회활동 범위가 축소됨에 따라 일상적 삶에 있어서 적합한 역할 없이 무료하게 노년기를 보내는 경우가 많다. 지금의 노인층은 젊었을 때 '일'을 위주로 하여 살아왔기 때문에 특별한 여가활동을 하지 못했고, 여가경험 및 비용 부족, 건강 미비 등으로 여가시간을 제대로 활용하지 못하고 있다. 노년기가 의미있는 시간이 아닌 무료한 시간의 연장인 경우 노인들은 역할상실을 더욱 경험하게 되며, 이로 인해 노인들의 지위 및 권위는 저하되기 쉽고 자아정체감 감소 및 사회적 일체감 상실 등으로 부정적 자아상을 내재하기 쉽다.

(2) 소외문제

최근 우리 사회 많은 수의 노인들이 소외감을 느끼는 편으로, 이의 주요 원인은 노년기에 겪게 되는 역할상실이라 할 수 있다. 역할상실은 인간관계의 단절 및 고립으로 이어져 생활의욕의 상실과 고독감을 가중시킬 수 있다. 노년기에 들어서게 되면 노동 및 사회참여 기회에서 비자발적으로 배제되고 역할을 상실한 채 길어진 노년기를 보내야 하는 경우가 적지 않다. 젊은층 주도의 핵가족화 현상으로 과거 노인들이 향유하였던 권위가 떨어지는 등 가정

내 역할 축소 및 은퇴, 배우자 사별 등 상실감을 경험할 가능성이 크다. 또한 전통적 가족제도의 붕괴, 개인주의의 확산으로 세대 간 접촉기회는 오히려 감소하고 있다. 여러 세대가 동 시대에 공존하고, 보다 오랜 기간을 함께 살아가야 하지만, 각 세대는 서로 분리된 채 각자의 삶을 살아가는 경우가 적지 않다. 더욱이 최근 독거노인 증가로 인해 소외되고 고립된 노인들이 많아지고 있다. 통계청(2011a)의 '장래가구추계' 분석자료를 살펴보면, 독거노인 수는 2010년 102만 1,000가구에서 2020년 151만 2,000가구로, 2030년에는 233만 8,000가구로 급증할 것으로 전망된다. 전체가구 가운데 노인 단독가구 비율도 2010년 6%이던 것이 2020년 8%, 2030년에는 11.8%로 급증할 것으로 예상되고 있다.

또한 노년기에는 경제적 불안전성, 역할상실감, 황혼이혼 등 가족갈등 및 세대 간 단절로 인해 우울증에 노출될 가능성이 많아진다. 노년기 우울증으로 인해 정신적 어려움을 극복하지 못하고 삶의 의지조차 상실하는 경우 고독사 또는 자살로 이어질 위험성이 높다. 경제협력개발기구(OECD) 34개 가맹국 가운데 우리나라 인구 10만 명당 노인자살률(2009년 기준)은 81.8명으로 전체평균인 31.2명의 2.6배에 달하였다. 이는 일본 17.9명, 미국 14.1명의 4~5배 이상으로 OECD 국가 중 단연 1위다. 75세 이상 자살률은 160.4명으로 전체 국가 평균 19.3명에 비해 무려 8배 이상 높은 수치다(한국일보 2012.09.10. 기사). 자살을 시도하는 노인들은 대부분 경제적 어려움과 질환으로 아무 것도 할 수 없는 상황에 대해 낙심하며, 이러한 상황에서 자신의 마음을 이해하고 들어주는 사람이 없다는 현실에 난감해 할 수 있다. 2011년 노인실태조사(보건복지부·한국보건사회연구원, 2012)에 따르면, 노인 중 11.2%가 자살을 생각해 본 적이 있으며 노인전체 중 자살시도율은 약 1.3%에 해당되었다. 이들이 자살을 생각한 이유는 건강문제(32.6%), 경제적 어려움(30.8%), 부부·자녀·친구 갈등 및 단절(15.6%), 외로움(10.2%) 등인 것으로 밝혀졌다.

앞에서 살펴본 바와 같이 우리 사회에서 노년기의 경제적 어려움, 건강 및 부양, 역할상실 및 소외와 관련된 노인문제가 광범위하게 확산되어 있으며, 이는 노인의 삶의 질과 밀접히 연관되어 있다. 오늘날 노인문제에 대한 대응은 저소득층을 중심으로 경제적 지원 및 일자리 창출 등 물질적 차원의 지원이 주로 이루어져왔다. 향후 보다 광범위한 일반노인층을 대상으로 정서적 삶의 질 향상을 도모할 수 있는 비물질적 차원에서의 지원 역시 필요하다. 노인상담은 노인문제 해결을 위한 기초단계로서 정서적 지지를 통해 직접적 치료의 효과는 물론 원인을 파악하고 심리적 안정을 주는 역할을 수행할 수 있다. 노인상담이 노인들이 갖는 다양한 욕구와 문제를 개별적 접근을 통해 삶의 만족과 환경에 대한 적응력을 향상시킬 수 있다는 점에서 '성공적 노화(successful aging)'를 도울 수 있다. 또한 노인상담이 노인에 대한 편견과 선입견을 배제하고 이해와 수용을 바탕으로 이루어진다는 점에서 우리 사회 노인권리 실현을 위한 기초 토대로서 노인상담의 필요성이 부각되며 앞으로 그 역할이 더욱 기대된다.

CHAPTER

02 성공적 노화와 노인복지상담

학·습·목·표

1. 성공적 노화의 전반적 개념에 대해 이해한다.
2. 성공적 노화를 위한 상담의 특징을 파악한다.
3. 성공적 노화를 위한 노인상담의 과정과 방법을 익힘으로써 실제 현장에서 적용할 수 있다.

다음은 전직 회사원으로 은퇴 후 장남 집에 함께 살고 있는 노인의 상담사례이다. 74세 ○○○(남자)은 몇 년 전 부인과 사별하면서부터 아들, 며느리, 손자(유치원생, 초등학생)와 산다.

상담자 1 : 한 주간 어떻게 지내셨나요?

내담자 1 : 요즈음… 뭐 똑같지. 아침마다 막내 애기 유치원 데려다 주고… 그러다가 집에 오면 며느리가 집안일하니까 다시 노인정 갔다오고… 회사 다닐 때처럼 나가있어야 마음이 편한데 특별히 일이나 만날 사람도 없고 무료하고 그래. 뭔가 일이 있다면 재미나게 할 맘이 있는데… 어딜 가야 할지 모르겠고, 또 막상 나가자니 안 해 본 일이라 괜히 겁나고…

상담자 2 : 집에서 있는 것보다는 밖에서 활동을 하고 싶으신가 봐요. 혹시 집에서 있으실 때는 어떤 점이 불편하신지 말씀해 주실 수 있으세요?

내담자 2 : 뭐 며느리 눈치 보이는 거지. 애들도 나를 반기는 것 같지 않고. 그저 유치원 오갈 때만 필요하지. 집에서 할 일이 없어. 내가 청소라도 거들까 하면 며느리가 하지 말라고 한다니까.

상담자 3 : 할아버지는 집에서도 도움이 될 만한 일을 하셨으면 좋겠는데, 할 일이 없는 것 같아 집에 있는 것이 불편하고 서운한 마음이 드셨겠어요. 그렇지만 지금처럼 유치원 데려다 주시는 일도 꼭 필요한 일이고, 며느님도 고맙게 생각하고 계실 거예요. 이렇게 몸도 건강하신데요. 어르신, 그러면 집에서든지 밖에서든지 어떠한 일을 해보고 싶으세요?

내담자 3 : 어… 매일매일 꼬박꼬박 나갈 수 있는 거면 좋겠어. 그런데 뭐 재주가 없어서. 막상 잘 모르는 거 하는 게 겁도 나고…

상담자 4 : 그러시구나. 그래도 할아버지께서 새로운 일을 해보고 싶은 것만으로도 좋은 시작이에요. 작은 일을 시작해도 일상생활에서 행복함을 가져다 줄 수 있답니다. 성공적으로 잘 늙어가는 것도 어려운 게 아니라, 어르신이 좋아하고 잘할 수 있는 일에 도전하면서 마음도 몸도 튼튼해지는 거죠. 할아버지가 좋아하는 일 중에 생각을 해볼까요? 지난 번에 할아버지가 젊으셨을 때부터 바둑이나 노래하는 거 좋아했다고 하셨잖아요. 또 어떤 게 있으세요?

내담자 4 : 아, 좋지. 그런데 맨날 노인정에서 바둑하는 것도 지겨워. 담배만 피워대고... 그런거 말고 좀 멀리 나가도 좋으니 뭐 할 만한 게 있을까?

상담자 5 : 바둑은 두뇌활동을 지속적으로 하는 거라 어르신 건강에도 도움이 될 것 같은데요. 그렇다면 ㅇㅇ복지관에서 초등학생 바둑교실이 있다는 얘기를 들었는데, 여기서 자원봉사로 아이들 가르치는 일이 있는지 한번 알아볼까요?

내담자 5 : 음… 내가 자격이 되나? 괜히 멋쩍고 그러네…

상담자 6 : 할아버지, 충분히 하실 수 있으세요. 지금까지 안 해 보신 일이라 생소하고 낯설지만 그 느낌은 일을 시작하면 점차 줄어들 것이고요. 할아버지가 잘하시는 일이니까 손주들이라고 생각하고 하시면 보람도 느끼실 거예요.

노화란 누구에게나 예외 없이 보편적으로 일어나는 변화로서, 기능적 저하를 동반하는 형태적 변화 현상이다(김경호, 2009). 나이가 들면서 인지나 신체기능이 쇠퇴하여도 삶의 지혜와 같이 성장해가는 부분이 있기 때문에 노화는 복합적 현상이라고 하겠다.

최근 들어서는 평균수명의 증가로 노인이 사회의 중요한 다수집단으로 부상하게 되면서 노년기에 최상의 삶의 질을 향유하는 성공적 노화에 대한 관심과 욕구가 크게 증가하고 있다. 성공적 노화는 낙관적인, 긍정적인, 생산적인, 풍요로운, 새로운, 확신하는 노화 등의 여러 가지 개념으로 표현되어 왔으며(조해경, 2002), 잘 늙어가기와 같은 의미로도 혼용되어 사용되고 있다(Fontane and Soloman, 1996). 이제 우리의 관심은 단순히 수명의 연장을 넘어서 건강한 노년, 생산적인 노년, 장애가 없는 노년, 존엄성이 유지되는 노년, 인지기능이 감퇴하지 않는 노년 등을 생각하게 되었으며 이렇게 다양한 측면의 개념을 하나로 일컫는 것이 성공적 노화라 할 수 있다(박종한, 2007).

이 장에서는 상담에 필요한 성공적 노화의 전반적인 개념과 구성요소에 대해 알아보고 노인상담의 현장에서 성공적 노화를 도모할 수 있는 상담과정을 다루어 보고자 한다.

1. 성공적 노화의 이해

성공적 노화의 개념에 대하여 아직 학계의 정의가 일치하고 있는 것은 아니지만, 정상적인 노화, 병리적인 노화에 대비되는 개념으로써 오래 살고, 생산적이며 만족한 삶을 살면서 늙어가는 개인들의 특성을 일컫는다. 세계보건기구(WHO, 1998)에서는 성공적 노화를 좋은 신체적(기능상태), 정신적(정서적 · 인지적 상태) 및 사회적 건강(생산적 참여)으로 정의한 바 있다(Garfein & Herzog, 1995).

1) 성공적 노화의 구성개념

성공적 노화의 구성개념은 일반적으로 신체적 측면, 심리적 측면, 사회적 측면 세 가지 측면으로 구분된다. 그러나 이 세 가지 측면은 별개인 것이 아니라 서로 역동적으로 맞물려 있다고 볼 수 있다.

(1) 신체적 측면

인간의 기본적인 욕구 중 하나는 '건강한 삶'이다. Schulz와 Heckhausen(1996)은 성공적 노화의 지표를 신체적 건강이라고 하였으며, 적극적인 사회참여모델을 제시한 Rowe와 Kahn(1998)도 질병을 피해가는 것을 중요한 성공적 노화 요인의 하나라고 하였다. Ryff(1982)는 신체건강에 대한 개인의 인식은 삶의 만족도와 관련이 있다고 하였다. 국내에서 수행된 연구에서도 노년기 삶의 만족도에 있어서 건강은 가장 중요한 영향변인으로 나타나고 있다(박은숙 · 김순자 · 김소인 · 전영자 · 이평숙 · 김행자 · 한금선, 1998; 김태현 · 김동배 · 김미혜 · 이영진 · 김애순, 1998). 즉, 건강은 행복한 삶을 유지하는 성공적인 노화에 있어 가장 기본이 되는 요인이라고 하겠다.

1984년부터 1990년까지 65~95세의 남녀 각 356명으로 구성된 노인들을 대상으로 한 성공적 노화 관련 변인을 조사한 미국 Alameda 카운티 연구에서는 네 가지 만성질병(당뇨, 천식, 관절염, 만성폐쇄성 폐질환)과 우울이 성공적 노화의 결과로 감소된다는 것을 밝힘으로써 만성질환과 우울이 없는 것을 성공적 노화로 보았다. 그 외에도 성공적 노화의 예측변인으로 걷기운동과 친밀한 인간관계가 포함된다. Strawbridge 외의 종단연구(1996)에서는 지역사회에의 적극적인 참여와 신체활동, 그리고 정신건강이 성공적 노화에 영향을 미치는 것으로 나타났다. 또한 미국의 맥아더 현장 연구에서는 운동을 하는 것과 정서적인 지지를 해주는 사회적 관계망이 성공적 노화와 정적인 관계가 있는 것으로 보고하고 있다(Seeman et. al., 1995). Fries(1980)는 오래 살고, 죽기 직전까지 활기차게 사는 것이 성공적 노화의 바람직한 예라고 하였다. Lentzner 외(1992)는 죽기 전 해의 삶의 질이 수명 연장의 실패와 성공을 좌우하는 척도가 된다고 하였다. 그 외 많은 학자들이 식이요법과 생활방식이 인지기능을 향상시키고 이로 인해 성공적 노화를 이루게 한다고 주장하였다.

(2) 심리적 측면

성공적 노화의 심리적 측면에는 자기효능감, 독립성, 수용, 긍정적 사고, 적응성, 적극적 사고, 진취적 사고, 종교, 임종 등의 요인들이 포함된다(조해경, 2002). 자아존중감은 많은 연구에서 성공적 노화의 중요한 요인으로 지목되고 있는데, 자아존중감이 낮은 사람들은 우울과 같은 부정적인 정서를 더 많이 경험하는데 비해 자아존중감이 높은 사람들은 학문적 수행이 우수하고, 심리적으로 적응을 더 잘하고, 실패나 죽음에 대한 두려움이 적고 적절하게 분노를 표현하며, 실패를 자신의 탓으로 돌리지 않고 외적 원인에 귀인하며, 성공하든 실패하든 그 이후에 수행을 더 잘하는 경향이 있다(이훈구, 1997). 또한 성공적 노화에 있어서 자기효능감은 발달의 혐오스런 측면에 덜 위협을 받고, 위기와 상실에 대한 대처를 잘 하며 풍요로운 도전을 만나게 될 가능성이 크다(Brandtstadter and Rothermund, 1994). 통제감은 노년기 신체기능의 상실과 제한이 안녕감에 미치는 영향을 완충하는 것으로 알려져 있다. 또한 성공적 노화를 변화에 적응하기 위한 개인적·사회적 자원들의 발달이라고 정의한 Featherman (1992)은 수용성, 적극성, 개방성이 삶의 질을 높이는, 즉 성공적 노화를 가능하게 하는 요인으로 보았다. 이외에도 여러 연구에서 지혜나 종교성 혹은 영성, 죽음에 대한 태도 등과 같은 요인들이 성공적 노화의 주요 요소로 언급되고 있다.

(3) 사회적 측면

성공적 노화의 사회적 측면의 구성요소로는 주로 사회적 지지 및 관계망, 경제적 상태 등이 언급되고 있다. 사회적 지지는 궁할 때 도움을 줄 준비가 되어 있는 상당히 많은 타인들이 있다는 일종의 신념(Wethington and Kessler, 1986)에서 형성되며, 사회적 관계망은 심리적 안녕을 북돋우고 삶의 스트레스에 적응하도록 촉진하는 사회적 지지의 근원으로 간주된다(Rook, 1997; Larson, 1978). 한편 경제적 요인은 노인의 삶의 만족도에 영향을 미치는 것으로 알려져 있는데, 노인의 수입은 주관적 안녕감에 긍정적 영향을 주고 타인에게 의존하지 않게 됨으로써 노인의 자율성이 향상되므로 삶의 만족도 수준이 높아진다(Mannel and Dupuis, 1996; Campbell, 1981). 따라서 노년기의 경제활동은 안정된 소득의 확보, 사회발전에의 기여감과 자기 유용감의 확인, 건강유지 효과, 사회적 소외와 고독감의 억제 등과 같은 긍정적 효과를 지니고 있으므로, 노년기 삶의 만족도를 증진시키는 주요 요인으로 작용한다고 볼 수 있다(권중돈 · 조주연, 2000).

2) 성공적 노화의 구성요소

〈표 2-1〉 성공적 노화의 구성요소

학 자	내 용
Carol D. Ryff	• 성공적 노화에 포함되어야 할 요소로 자기수용, 긍정적 대인관계, 자율성, 환경의 숙달, 인생의 목적, 개인적 성장을 제시
Thomas A. Glass	• 성공적 노화의 핵심은 심리적 · 생리적 · 인지적 · 사회적 영역으로 구성됨 • 자아통합, 기능적 자율성, 사회참여가 성공적 노화의 핵심기준
George E. Vaillant	• 성공적인 노화의 요건은 생물학적 비축, 정신 · 사회적응, 개인적 통제 및 지혜 · 경험 · 의미의 탐지
맥아더재단의 성공적 노화 연구팀	• 성공적 노화란 첫째, 질병과 장애가 없으며, 둘째, 인생에 지속적으로 참여하고, 셋째, 인지기능과 신체적 기능이 유지되는 상태를 의미함

3) 성공적 노화에 대한 일반인들의 오해

성공적 노화에 대한 일반인들의 생각은 전문가들과는 다소 차이가 있다. 학자들과는 달리 일반인들이 생각하는 성공적 노화에서는 대인관계, 목적의식, 자기수용, 개인적 성숙, 자율성 등을 중요하게 간주하는 경향이 있다. 연령에 따라서도 성공적 노화를 바라보는 시각이 다른데, 중년기에서는 자기신뢰, 자기수용, 자기인식을 긍정적 노화의 중요한 면이라고 강조하나 노인들은 남에게 인정을 베풀고 그들과 좋은 대인관계를 가지는 타자지향성과 변화를 수용하는 태도를 중요시한다.

성공적 노화는 인생의 모든 부문에 걸쳐서 이루어져야 하며, 어느 한 영역에만 특출한 능력이 발휘되거나 탁월한 업적이 있다고 해서 되는 것이 아니다. 개인마다 부대끼며 생활하는 사회적 영역, 개인의 심리적 측면, 그리고 신체적인 영역을 아우른다. 사회적 영역에는 독립적인 사회생활과 사회활동 참여가 포함되고 심리적으로는 인생만족과 인지기능 보존이 필요하다. 신체적 영역에는 신체적 장애가 없어야 하고 육체적으로 일상생활을 독립적으로 수행할 수 있어야 한다. 성공적 노화는 평범한 사람들은 넘겨다 볼 수 없을 정도로 저 멀리있는 신기루는 아니며 누구나 도달할 수 있는 상태라 하겠다(박종한, 2007).

4) 성공적 노화의 척도

노인복지상담에서 노인이 느끼는 성공적 노화수준을 알아보기 위하여 다양한 평가척도가 사용되며, 최근에는 한국적 상황에 맞는 성공적 노화 척도를 개발하려는 시도들이 이루어지고 있다. 한국 노인의 성공적 노화 정도를 측정하기 위해 척도를 개발한 김미혜와 신경림(2005)은 '자기효능감을 느끼는 삶', '자녀성공을 통해 만족감을 느끼는 삶', '부부 간의 동반자적 삶', '자기통제를 잘하는 삶'의 4개 하위영역에서 총 30문항으로 척도를 개발하였다. 5점의 리커트 척도로 구성되었으며 1점 척도로 가능한 점수범위는 0~30점이며 점수가 높을수록 성공적 노화가 높은 것을 의미한다. 이 척도는 개발 당시 5점

척도였으나, 노인들의 문맹률과 5점 척도에 응답함에 있어서 조심성 증가에 따른 노인의 심리적 특성으로 인하여 "그저 그렇다"에 응답하는 경우가 많아 '예', '아니요'로 전환하여 사용하기도 한다.

2. 성공적 노화를 위한 상담

1) 개 념

노인상담은 노인들이 생애발달단계에서 경험하고 있는 변화에 적응하고 적절하게 대처하도록 돕는 역할을 한다. 그러한 면에서 노인상담의 기본 목적은 노년기의 자아통합을 돕는 것이라고 할 수 있다(이장호 · 김영경, 2006). 에릭슨은 노년기에 해결해야 할 심리 · 사회적 발달위기를 자아통합 대 절망이라고 하였다. 따라서 인생의 후반부인 노년기에 자아의 갈등을 긍정적으로 바라보고 자아통합을 달성하는 것이 중요하다. 이외에도 노인상담은 노인들의 숨은 욕구와 현실적인 욕구를 해결하도록 돕는 방안을 모색하여 노인들이 생의 후반기를 원만하고 만족스럽게 지낼 수 있도록 지원한다(이호선, 2012).

성공적 노화를 위한 상담은 과거의 문제를 해결하고 치료하는 데 목적을 두기보다 자아통합의 성취를 통한 현재 중심의 상담이다(이호선, 2012). 즉, 미래가 있고 만족과 즐거움이 있는 노년기 삶을 위한 것이다. 따라서 앞으로 겪게 될 변화를 예측하고 이를 자신의 욕구와 조화롭게 절충시켜 미래에 대한 소망을 이루는 과정이 포함되며, 더 나은 기능의 수행을 위해 준비하는 과정이기도 하다(김애순, 2008).

2) 상담자의 역할

앞에서 살펴보았듯이 성공적 노화는 상당히 다양한 영역을 포괄하고 있다. 따라서 상담자는 성공적 노화를 이루고 있는 각 영역에 대한 전문적인 지식이 있고 더 나은 기능을 위해 도움을 줄 수 있도록 정보를 두루 갖추고 있어야 한다. 왜냐하면 내담자마다 우선적으로 해결하고 싶은 문제가 다를 수 있고 성공적 노화의 여러 영역 중에서 가장 관심이 있는 부분이 다르기 때문이다.

일반적으로 노인상담에서 상담자는 내담자의 문제를 정의하고, 명확히 하며, 내담자 자신의 세계관에 대한 통찰을 증진시킴으로써 상담의 목표를 달성할 수 있다(이장호, 2008). 성공적 노화를 위한 상담의 경우 내담자는 일반적인 상담에 비해 비교적 잘 기능하고 있거나 가지고 있는 문제의 정도가 경미한 경우가 많기 때문에 상담자는 내담자의 정서나 사고 및 구체적인 행동의 변화를 촉구하고, 실질적인 정보를 제공하며, 생애를 설계할 수 있게끔 돕는 적극적인 자세가 강조된다.

성공적인 노화를 위한 예방적 상담에서 상담자의 역할은 다음과 같다(이장호, 2008).

① 노화의 여러 가지 측면에 대한 사회, 정서, 건강 관련 정보를 제공하고 관련된 문제를 상담한다. 이러한 상담을 통해 노인이 장래에 대해 계획을 세울 수 있게끔 실질적인 정보를 제공해주어야 한다. 변화하는 환경에 대한 정보를 제공함으로써 이에 대비하여 준비할 수 있게 한다.

② 노인이 되어서도 생산적인 일, 다양한 활동, 휴식에 대한 욕구는 동일하게 유지된다. 따라서 상담자는 노인들의 재능과 기술과 경험을 이용할 수 있는 구체적인 훈련계획을 개발하는 데 주도적 역할을 해야 한다.

③ 많은 노인들이 정보부족 때문에 지역사회에서 이루어지는 봉사활동, 강연 등 다양한 프로그램의 혜택을 받지 못하고 있다. 실제적이고 현실적인 정보를 모아서 알려주는 것이 필요하다. 예를 들면, 지역사회 건강가정지원센터나 복지관, 구청 등에서 이루어지는 가족생활교육, 강연, 행사, 오락 등에 관한 정보를 찾아서 소개해 줄 수 있다.

일반적으로 노인상담에서 상담자의 성공적인 노화를 위한 상담의 구체적인 내용은 다음과 같다(이장호 · 김영경, 2006).

① 노인이 최대한 주도권과 결정권을 갖도록 하여 자신의 삶에 통제력과 독립성을 유지할 수 있도록 돕는다.
② 노인에게 필요한 의료적 · 사회적 · 정서적 지원이 있다면 이를 효과적으로 이용하도록 정보를 제공하고 돕는다.
③ 신체적 자원을 강화하고 건강약화에 적응하도록 돕는다. 또한 적절한 자기보호를 위한 적응과 자기권리 주장을 할 수 있도록 돕는다.
④ 보호 및 주거에 대한 생활욕구가 충족될 수 있도록 필요한 정보와 구체적인 자원을 소개한다.
⑤ 지역사회에서 새로운 역할수행을 하도록 자문하고 협력체계를 연결시켜 준다.
⑥ 친족관계와 지역사회 속 인간관계를 개선시킬 수 있도록 돕는다.
⑦ 배우자 등 주요 인물의 상실과 은퇴와 같은 변화에 대처할 수 있도록 미리 예방한다.
⑧ 필요한 정보 및 기술교육에 대한 학습기회를 제공한다.

3. 성공적 노화를 위한 상담의 여러 가지 주제

성공적 노화를 위해서는 다음과 같은 점에 초점을 맞추어 상담을 진행하는 것이 추천된다.

첫째, 건강수준을 증진시킬 수 있는 좋은 생활습관과 성공적인 노화의 상관성을 적극적으로 활용하는 것이다. 즉, 노인들이 일상생활 속에서 금연 및 금주, 규칙적인 운동을 적절히 조화시킬 수 있는 실천적 방안을 강구하도록 돕는 것이 중요하다. 노인은 나이가 들수록 유전적 요인보다는 생활양식 및 환경의 영향을 더 많이 받게 되므로 일상에서 건강추구행위를 규칙적으로 행하는 것은 유전적 위험성을 예방하는 역할을 할 수 있다. 따라서 상담과정에서 노인들이 의지를 갖고 보다 건강한 생활을 영위할 수 있도록 장려하는 것이 필수적이라고 하겠다.

둘째, 다양한 생산적 활동에 적극적으로 참여할 수 있도록 장려할 필요가 있다. 노년기 생산적 활동의 범위를 다양한 사회참여, 자원봉사, 보살핌노동 및 비공식적 도움 제공으로 확대하는 상담자 자신의 인식의 전환이 필요하고, 또한 상담과정에서 이러한 부분을 노인들이 인식할 수 있도록 해야 한다. 노인 스스로 건강증진과 활기있는 노년의 삶을 위해 사회활동이 중요하다는 것을 인식하여 적극적으로 사회활동에 참여하도록 동기를 유발할 필요가 있다.

셋째, 성별, 배우자 유무, 자녀, 교육수준 및 연령계층 등과 같은 노인의 다양한 특성을 반영하는 성공적 노화를 위한 상담서비스가 되어야 한다. 노인이라 하더라도 연령 및 사회인구학적 특성에 따라 다양한 특성을 보일 수 있으므로 상담과정에서 개인의 필요와 상황에 맞는 성공적 노화의 방안을 맞춤식으로 찾아나가는 것이 필요하다. 예를 들어, 비슷한 연령대라 하더라도 질병의 유무와 그 수준에 따라 생산적 활동참여 가능성 및 범위가 현저하게 달라질 수 있다.

[읽을거리] George Vaillant(2010)

하버드 의대 교수인 베일런트는 1930년대 말에 입학한 하버드대 학생 268명의 삶을 70여 년 동안 추적하며 '그들은 어떻게 오래도록 행복했을까?'를 연구하였다. 다음은 50세가 된 하버드 졸업생들을 보며 발견한 '건강한 노년'의 공통된 7가지 요소이다.

1. 안정적인 결혼생활
2. 어려움에 대처하는 자세
3. 금연
4. 적절한 음주
5. 규칙적인 운동
6. 높은 교육수준
7. 적당한 체중 유지

베일런트는 "50세 이후의 운명은 스스로가 결정하는 것"이며 타고난 유전자나 우연한 행운이 아니라, 우리의 선택이 행복한 삶을 만들어 준다고 하였다. 7가지 요소는 아주 쉬운 것은 아니지만 그렇다고 생각만큼 어려운 항목도 아니다. 즉, 결심과 노력만 있다면 충분히 조절할 수 있다. 하버드 대학과 같이 높은 교육수준이라고 해서 다 행복한 것이 아니라, 어느 정도 앞일을 생각할 줄 알며 자기관리와 인내심의 덕목을 갖추는 것이 중요한 것이다.

다음 사항은 Rowe & Kahn(2001)의 책에서 발췌한 것으로 상담자가 성공적 노화를 위해 노인들에게 추천해 줄 수 있는 활동이다.

- 노년이 되면서 나타나는 신체의 변화를 긍정적으로 바라보기
- 스스로를 위해 할 수 있는 일을 정해서 실천하기 : 노년기 건강증진과 질병예방의 기술이 진보한 만큼, 노인들 스스로 자신을 위하여 많은 일들을 할 수 있다.
- 한가롭게 걷기나 정원 가꾸기와 같이 강도가 세지 않은 신체 활동하기 : 이는 강렬한 운동에 전혀 뒤지지 않는 신체건강의 예측요인이다. 또한 높은 수준의 정신적 기능 및 정서적 지지를 가진 노인들이 신체적 기능을 더 잘 유지한다는 연구결과가 있다.
- 친구나 사랑하는 사람들과 함께 운동하기
- 일상적으로 하는 인지적 활동을 지속하기 ㉠ 매일 신문에 실린 단어 채워 넣기, 퍼즐하기 : 이는 정신을 활발하고 젊게 유지시켜 주며 기억, 인지력 등은 조절 불가능하지 않다.
- 융통성을 유지 또는 증진시키기 위해 매일 하던 같은 일도 다양한 방법으로 해결해 보기
- 내가 좋아하는 지지의 유형이 무엇인지 파악하고 주변사람들에게 적극적으로 요구하기, 또 필요 없는 지지는 솔직하게 말하기
- 지금껏 해보지 않은 일에 도전해 보거나 새로운 것을 배우기 ㉠ 스마트폰, 디지털 카메라, SNS의 사용

[읽을거리]

'100세의 꿈'…행복한 노년을 위한 15가지 건강습관(국민일보 2006. 03. 23)

1. **긍정적으로 사고하고 많이 웃기** : 미국 인디애나주 메모리얼 병원에서 매일 15초를 웃으면 이틀을 더 살았다는 조사결과를 내놓았고, 우리네 옛 임금들도 장수하기 위해 '웃음내시'를 옆에 두고 살았다.
2. **지적 활동으로 뇌기능 유지하기** : 뇌의 활동을 자극하고 정신건강을 유지시켜 주는 운동으로는 각종 퍼즐, 산 이름이나 지명 외우기, 서예, 다양한 취미활동, 악기연주 등이 대표적이다.
3. **근력 강화시켜 전신건강 다지기** : 미국 터프츠대 연구팀의 연구결과에 따르면, 50~60세 폐경기 여성들이 일주일에 두 번씩 일 년 동안 역기와 아령운동을 한 결과 골밀도가 높아지고 체력이 좋아졌다. 이때 자신에게 맞는 운동계획을 세워야 하는데, 만약 골관절염 같은 퇴행성 관절질환, 고혈압이나 심혈관계 질환이 있다면 걷기, 자전거타기, 수중운동, 수영 등이 적당하다. 특히 걷기는 노인의 골다공증 진행을 둔화시키고 체중조절에 매우 좋은 유산소운동으로 약간 땀이 날 정도의 수준으로 하는 것이 좋다.
4. **고른 영양섭취는 필수** : 진녹색야채나 고구마, 요구르트, 콩, 어류 등 영양분을 골고루 섭취하는 것은 질병에 대항해 우리 몸을 방어하고 에너지를 유지시켜 준다. 단, 고지방 고열량식은 피할 것. 노인의 기초대사량과 활동량은 감소하기 때문에 칼로리는 줄여나가면서 정상체중을 유지해야 한다. 바람직한 식단은 다섯 가지 기초식품군을 골고루 사용하고 비타민이 풍부한 과일을 이용하며, 후추, 겨자, 식초 등 향신료나 풋고추, 부추 등의 녹색채소를 이용한 것이다. 또한 생선이나 육류의 살코기 등 소화가 잘 되는 단백질과 식물성 지방을 우선으로 선택해 비만을 예방하고 소화흡수를 증가시키도록 한다. 이밖에 하루 1~2컵의 따뜻한 우유와 변비예방을 위한 섬유질과 수분을 충분히 섭취하는 것이 좋다.
5. **비타민 섭취하기** : 미네랄이 첨가된 종합비타민, 칼슘과 골관절염 예방에 좋은 비타민 D, 면역반응을 촉진하고 알츠하이머병 위험을 줄이는 비타민 E를 꾸준히 복용하는 것이 좋다.
6. **일주일에 3번, 30분씩 걷기** : 캐나다의 운동노화센터에서는 일주일에 세 번, 30분씩 빠른 걸음으로 걸으면 생리학적 나이를 10년 정도 되돌릴 수 있다고 하였다.
7. **금연하기** : 건강과 관련된 영원한 화두는 역시 금연이다.
8. **저지방식단으로 짤 것** : 저지방식단은 다이어트 효과뿐만 아니라 학습능력과 기억력을 증진시킨다는 말이 있다.
9. **하루 7시간은 자기** : 미국인 1백만 명을 대상으로 6년간 조사한 결과, 하루 8시간 자는 사람과 4시간 자는 사람은 7시간 자는 사람보다 사망률이 각각 13.17%, 17%로 높게 나타났다.
10. **음악감상 하기** : 악기를 연주하거나 좋아하는 음악을 꾸준히 듣는 것만으로도 정신건강에 큰 도움이 된다.
11. **신앙생활 하기** : 꾸준히 신앙생활을 하는 사람은 그렇지 않은 사람보다 평균수명이 약 7년 정도 긴 것으로 나타났다. 마음의 안정을 되찾을 수 있기 때문이다.
12. **봉사활동 하기** : 사회노인병학자인 채펄 박사는 노년기에 사회봉사 등으로 타인들에게 자선봉사활동을 하는 사람은 그렇지 않은 사람보다 더 건강하다고 하였다.
13. **애완동물 키우기** : 미국노인병학회에서는 애완동물을 키우는 노인들은 그렇지 않은 노인보다 우울한 기분을 덜 느낀다는 연구결과가 있었다.
14. **원만한 사회생활** : 미국의 한 교수가 사회활동에 참가하고 있는 65세 이상 남녀 3천 명을 13년간 추적조사한 결과, 사회활동 참여가 혈중 콜레스테롤이나 혈압을 떨어뜨리는 데 효과적이었다.
15. **정기적인 검진받기** : 집에서 가까운 곳에 있는 병원의 의사를 주치의로 삼고 정기적으로 체크한다. 혹은 국민건강보험관리공단이나 보건소에서 실시하는 무료 건강검진을 이용하면 좋다.

[실습] 성공적 노화의 삶에 대한 정보를 제공한 뒤, 노인이 자신의 성공적 노화를 위해 결심한 바를 실천할 수 있도록 일주일 일과표를 작성해 보게 한다. 이를 통해 이후의 변화에 잘 대처할 수 있다는 자신감을 기를 수 있으며, 노인의 일상을 가시적으로 구체화하여 책임감을 고취시키는 효과를 볼 수 있다. 또한 쓰기 작업이 수월한 노인이라면 상담을 받기 전의 생활도 작성해 봄으로써 자신을 되돌아 보는 기회를 제공해줄 수 있다.

"하는 일에 따라 사람이 바뀐다"

	월	화	수	목	금	토	일
05:00	예 기상						
06:00	약수터						
07:00	아침식사						
08:00	손자 옷입히기						
09:00	손자 유치원						
10:00	노인정 바둑						
11:00	노인정 바둑						
12:00	점심식사						
13:00	화단 가꾸기						
14:00	낮잠						
15:00	낮잠						
16:00	손자 유치원						
17:00	신문읽기, 퍼즐						
18:00	방 청소하기						
19:00	저녁식사						
20:00	산책, 체조						
21:00	일기 쓰기						
22:00	취침						
23:00							

☺ 나의 성공적 노화의 역할모델은?
예 이순재

☺ 나의 강점은?
예 운전을 잘 한다.
예 글쓰기를 좋아한다.

☺ 성공적 노화를 위해 새롭게 도전해 본 일
1. ______________________
2. ______________________
3. ______________________

[평가]

인지적 활동	20%	40%	60%	80%	100%
신체적 활동	20%	40%	60%	80%	100%
정서적 활동	20%	40%	60%	80%	100%

4. 상담과정

성공적 노화를 위한 상담에서 내담자는 겉으로는 시급한 문제가 없어 보일 수 있으나, 마음 속 깊이 품고 있는 해결되지 않은 중요한 문제와 감정이 있을 수 있으며 오랫 동안 갈망해왔던 욕구가 있을 수 있다. 상담자는 이러한 문제와 감정을 해결하고, 욕구를 충족시킬 수 있도록 도울 수 있다. 이때 상담자는 내담자가 필요로 하는 도움의 종류, 필요한 정보 등은 사람마다 다를 수 있음을 고려해야 한다. 다음의 9단계 상담모델은 상담자에게 내담자의 욕구를 충족시킬 수 있는 기술과 방법을 제공하기 위해서 고안된 체계적인 접근법이다. 상담에서의 9단계는 다음과 같다(McDonald & Haney, 2003).

① 내담자 이해하기 ⇨ ② 라포 형성하기 ⇨ ③ 문제 정의하기 ⇨ ④ 목표 설정하기 ⇨ ⑤ 문제 명확히 하기 ⇨ ⑥ 대안목록 작성하기 ⇨ ⑦ 대안 탐구하기 ⇨ ⑧ 결정 지지하기 ⇨ ⑨ 종결

1. **내담자 이해하기** : 내담자가 더 나은 생활을 위해 가지고 있는 희망사항은 다양하다. 예를 들어, 손자녀 돌봄과 같은 일상생활의 변화와 관련된 중요한 결정을 하는 데 도움이 필요할 수 있고, 지루한 노후생활에 무엇을 해야 할 지 아예 모르거나 새로운 도전이나 위기에 대처할 수 있는 위로와 지지가 필요할 수 있다. 상담자는 내담자가 처한 상황을 충분히 이해하며, 성공적 노화의 개념에 대한 기초적인 정보를 제공한다.
2. **라포 형성하기** : 상담자는 기본적으로 공감, 존중, 관심의 태도로 내담자를 맞이해야 한다.
3. **문제 정의하기** : 상담자는 내용반영기법을 통해서 대화에서 드러나는 중심문제를 파악한다. 이때 문제를 몇 가지로 구분해서 어떤 문제를 먼저 이야기하고 싶은지 내담자에게 물어보면서 명료화해야 한다. 한 가지 문제상황이 논의되고 정의되면 상담자와 내담자는 문제에 포함된 논쟁거리를 명확히 하면서 다음 단계로 넘어갈 수 있다.
4. **목표 설정하기** : 문제를 명료화하고 나면 이 문제에 대한 해결을 상담목표로 설정한다. ㉮ 퇴직을 한 후 하루일과에 적응하지 못하는 내담자에게 사회적 유용감을

느낄 수 있도록 생산적 활동들을 설계해 보도록 하기

5. 문제 명확히 하기 : 여기서는 문제에 수반되며 문제를 해결하기 더 어렵고 복잡하게 만드는 것들을 명료화하는 단계이다. 예 아내의 질병 때문에 의기소침해진 내담자에게는 아내의 병의 정도와 기간, 그의 좌절과 분노, 아내에 대한 사랑과 헌신의 정도 등을 명료화한다.
6. 대안목록 작성하기 : 하나의 대안은 하나의 선택이다. 대안목록을 작성할 때 내담자는 자신이 좋아하지 않는 대안들은 목록에 넣기를 주저하게 되는데, 이때 목록으로 적은 대안들은 연습일 뿐 그가 꼭 실행해야 한다는 것이 아니라는 사실을 알려준다. 내담자가 더 이상 적을 것이 없게 되면 상담자는 빠뜨린 대안들을 첨가해 줄 수 있다. 이렇게 서면으로 대안목록을 만드는 것이 유용하다.
7. 대안 탐구하기 : 내담자가 각각의 대안들이 초래할 결과의 긍정적인 면과 부정적인 면을 탐색한다. 긍정적인 결과는 내담자의 기분이 좋아지고 그의 인생관과 조화되면서 실제로 이익을 초래하는 것인 반면, 부정적인 결과는 내담자가 나쁘게 느끼고 세계관과 대치되면서 손해를 초래하는 것이다. 거의 모든 선택은 긍·부정적인 면을 동시에 가지고 있음을 알려줘야 하며, 성공적 노화를 위한 정보도 제공해 준다. 또 최대한 내담자의 감정과 인생관을 반영하되, 집단상담의 경우에 집단성원이 대안목록을 함께 탐구해 보도록 할 수 있다.
8. 결정 지지하기 : 상담자는 내담자가 자기에 대해 심층적인 수준까지 이해하도록 자신의 진실된 감정과 동기에 대하여 정직하도록 격려하고, 결정할 때까지 참을성 있게 기다린다. 최후의 결정은 내담자가 내리는 것이므로 그 결정이 상담자의 뜻과 대치된다 하더라도 선택을 존중해야 하며, 어떤 결정도 하지 않기로 하는 것 또한 그 자체로 존중해야 한다. 내담자가 자신을 더 행복하게 만들 중요한 변화를 결심하는 것 자체로 상담은 의미가 있다.
9. 종결 : 상담의 목표가 성취되었을 때 상담관계는 끝난다. 만일 내담자와 끝내지 못한 문제가 있다면 종결되기 전에 처리해야 한다. 또 내담자가 다른

문제를 상담하기 원한다면 새로운 목표를 설정할 수 있다. 또한 상담자는 내담자에게 더 충분한 서비스나 도움이 될 만한 사람이 있다면 그곳에 의뢰할 수 있다. 종결 후에는 사후관리를 위해 연락을 할 수도 있다.

5. 다양한 상담방법

1) 회상기법(reminiscing technique)

회상기법은 개인적으로 의미있는 과거 경험을 생각하거나 그 경험을 현실의 문제와 연관시키는 것으로, 말로 진술하는 구술방법, 글로 적어내려가는 서술방법, 혹은 혼자서 과거를 되돌아보는 명상법 등 다양하게 활용될 수 있다(박재학 · 김정훈 · 이순배 · 이희정, 2010).

일반적으로 회상기법은 지난 과오를 살피고 그에 대한 기억과 화해하고 용서하게 되는 것, 현재의 심리적인 갈등의 해결, 과거와 현재 문제로 갈등한 가족들과의 화해의 기능을 한다. 그러나 성공적 노화를 위한 상담에서 회상기법은 노인들로 하여금 아동기, 학창시절이나 청년기에 재미있었던 일, 특별한 순간 등의 긍정적인 면을 회상함으로써 노인들이 자신의 인생에 대해 더 창조적으로 통찰해 볼 수 있도록 도울 수 있다.

구체적인 방법으로는 ① 자서전의 저술이나 녹음, ② 생애순례여행, ③ 중요인물들과의 재회, ④ 가계족보, ⑤ 사진첩, 오래된 편지 등 살피기, ⑥ 일생의 업적정리, ⑦ 역사적 경험을 통해 획득한 정체감에 대한 관심 등을 활용할 수 있다. 이로써 자신의 기억을 특별한 방식으로 재구성하고, 재경험할 수 있으며 자신이 세상과 다음 세대에 의미있는 기여를 해줄 수 있는 부분에 대해 정리해 볼 수 있다. 또한 과거의 긍정적 자아상과 현재의 삶을 통합할 수 있다.

2) 가족상담

가족단위의 상담은 가족구성원의 고정관념을 재검토하여 객관적인 눈으로 상황을 파악하게 하며, 편견과 감정에 대한 통찰을 가능하게 한다. 이것은 가족 결속력을 증진시키는 계기가 될 수 있다.

성공적 노화를 위해서는 가족구성원들의 지지가 절대적으로 필요하다. 상담자는 가족원들에게 좋은 시도를 해보려는 노인에게 지지와 격려를 자주 해줄 것을 요청할 수 있다. 만약 가족원들이 인지하지 못한 채 무심코 노인을 무시하거나 고립시키는 역동을 보인다면, 상담원은 이를 직면케 하고 태도의 변화를 위해 노력하도록 한다. 그 예로서 혼자서도 할 수 있는 일도 못하게 한다거나, 출입을 단속하는 등 활동의 제약을 가하는 경우 등을 들 수 있다.

또한 노년기에 겪게 되는 변화에 대해서 긍정적인 측면과 부정적인 측면을 알려주고 가족들이 노인에 대해서 이해할 수 있도록 돕는 것이 필요하다. 이때 성공적 노화를 위해 실천할 수 있는 사항이나 도움이 되는 프로그램, 기관 등에 관한 정보를 제공해 주면 더 효과적이겠다.

3) 집단상담

성공적 노화를 위한 상담은 집단으로 구성될 때 더 효과적일 수 있다. 행복한 노후생활을 원하는 공통된 관심사를 갖고 모인 7~8명 정도의 소집단을 구성하여, 현재 상황, 개인적 욕구, 포부 등에 대한 솔직한 토의를 하도록 한다. 또한 훈련된 지도자가 이끄는 가운데 주변인물과 환경에 대한 불만족감, 기대감 등을 이야기하고 성취방안을 모색하도록 한다(이장호, 2008).

내담자가 자신의 이야기를 내어놓기 힘들어하거나 자신의 관심에만 몰두하고 있다면 집단상담에 참여시키기 어려우며, 이는 상담자가 개인상담으로 이끌 수 있어야 한다. 한편 집단상담을 통해서 동년배의 노인들이 어떻게 생각하고 느끼는지 알 수 있고 공감대를 형성해나가며 새로운 인간관계를 경험하게 된다. 집단원으로부터 긍정적인 삶의 자세를 배울 수 있고 자유로운 표현을 통해서 자신의 생각에 대한 다른 사람들의 의견을 들어 볼 수도 있다. 이러한 역동적 과정과 상호협력을 통해 즐거운 노년기에 대한 희망이 생기고 구체적인 실천을 하는데도 격려를 받으며 동기가 부여되는 효과를 얻을 수 있다.

4) 희망상담

(1) 노년기의 희망과 의미

노인들이 삶에 대해 희망과 의미를 가지고 열정적으로 임하기 위해서는 삶의 의미를 발견하고 삶의 긴장을 지속적으로 경험하도록 하는 것이 무엇보다 중요하다(이호선, 2012). 따라서 상담자는 노인들로 하여금 그들이 머물러 있는 환경 속에서 자신의 가능성을 발견하고 자신감을 가지고 노년을 보낼 수 있도록 노인들을 존중해 주고, 능력을 인정해 주며, 존경하고, 확신을 보이고, 상담자가 그들과 함께하는 시간을 즐거워 한다는 것을 보여주어야 한다(Lantz, 1993).

(2) 희망상담

미래에 대해 보다 도전적이고 자기를 개발하고자 하는 사람은 성공적인 노화를 이룰 가능성이 그만큼 높다. 그러나 노인들은 나이가 들어가면서 점차 미래에 대한 희망을 잃어버리게 되고, 오히려 과거에 집착하거나 과거를 통해 위로를 받는다. 이는 노인상담이 현재의 문제에 집중하고 과거의 미해결 과제에 역점을 두는 주요 이유이기도 하다.

희망상담은 개인이 가지고 있는 현실에 대한 불안정감과 예측할 수 없는 미래, 가능성 없어 보이는 미래에 대한 불안을 줄이고 현재에 대한 적응력과 미래에 대한 보다 건강하고 긍정적인 의지를 갖도록 돕는 상담이다. 더불어 희망상담은 앞으로 남아있는 시간을 준비하면서 노년기를 성숙과 통합의 시기로 이끌 수 있도록 돕는 데에 목적이 있다(이호선, 2012).

• 과거의 희망과 긍정적 기여로 회귀

노년기에 접어들면 노인들은 자신의 삶을 되돌아 보고 스스로를 평가한다. 이때 인생곡선을 그리는 것이 도움이 되는데 인생곡선은 각 연령대별로 기억나는 사건들을 떠올리고 각각의 사건에 해당하는 성공/행복 혹은 실패/불행 점수에 점을 찍은 후 그 점을 연결하는 것이다. 이를 통해 과거의 기억을 통합하고 성공경험을 되새기고 아쉬운 점, 새로운 소망 등을 발견하며 삶의 자취를 찾아보게 된다. 노인이 인생곡선을 그려보는데 있어서 상담자는 노인이 각 발달단계(아동기, 청소년기, 성인 초기, 성인 중기)에서 이루고자 했던 소망이 무엇이었는지를 살피도록 돕는 것이 중요하다.

• 현재의 희망 찾기

노년기에 접어들면 노인들은 신체적 변화와 사회적 역할 상실을 경험하게 되면서 자신들이 가졌던 꿈이나 바람을 접게 되는 경우가 많다. 노인들이 현재의 소망과 원하는 바를 탐색하기 위해서는 다음과 같은 과정이 효과적이며 상담자는 이를 돕는 역할을 하는 것이 중요하다.

– 자신의 권리와 이전 단계에서 여러 가지로 기여했던 점들 살피기
– 현재 가장 원하는 사항들을 나열하기
– 현재의 소망과 이전 발달단계에서 이루고자 했던 소망 사이의 관계를 조명해 보기
– 현재의 소망을 이루지 못하게 하는 이유 탐색하기
– 가능한 대안을 중심으로 다양한 가능성 살피기

• 미래에 대한 예측

노인들이 가지고 있는 미래관은 다양하다. 미래에 대해 부정적인 생각을 가지고 있는 사람이 있는가 하면 여전히 삶을 더 영위하고 싶고 미래에도 다른 사람들과 다양하고 의미있는 관계를 이루고자 하는 사람도 존재한다. 이 단계에서는 내담자가 예측하는 미래의 모습을 살피고 부정적 및 긍정적인 예측에 대한 주요 내용 및 원인을 살피도록 돕는다.

• 미래 희망목록 작성

과거와 현재에 대한 자료를 토대로 미래의 가능성을 살펴본 후에 전체자료 중에서 미래에 이루어질 가능성이 가장 높을 것 같은 희망목록을 작성하도록 한다.

– 미래에 성취할 가능성이 가장 높은 소망들 살피기

– 각 소망들의 목차를 적고 여기에 이름을 붙인 후 그 내용을 큰 소리로 읽기

• 미래희망 수립을 위한 구체적 대안 제시

성취 가능성이 가장 높은 미래희망에 대한 목차를 기초로 상담자는 내담자와 함께 이러한 내용의 성취를 위한 구체적인 대안을 작성하도록 한다. 이때 대안은 가능한 대안과 불가능한 대안까지 포함하며, 각각의 대안을 제시한 이유를 살피고 그 가능성에 대한 평가를 한다.

• 목표수행을 위한 구체적 과정 결정

대안들을 작성한 후 구성한 목표들을 수행하기 위한 구체적인 과정을 살펴야 한다.

– 내담자가 제시한 각 목록에 대한 대안들을 충분히 검토함
– 각 대안들에 대한 구체적인 과정을 의논함
– 의미있는 대안들에 대한 구체적인 과정에서 현실성을 충분히 고려함

• 목표의 실행

대안과 과정이 구성된 후에는 현실 속에서 내담자가 자신의 소망을 이루도록 목표를 실행하는 단계에 다다르게 된다. 이 과정에서 상담자는 내담자가 실패를 경험하더라도 당황하거나 실망하지 않도록 지지하는 역할을 한다.

– 구체적으로 작성된 대안과 과정을 서두르지 말고 하나씩 천천히 실행
– 구축한 목표가 빨리 이루어지지 않더라도 여유를 갖도록 함
– 구축한 목표달성에 실패한 경우 내담자가 실망하거나 좌절하지 않도록 격려하고 실패의 원인과 이유를 충분히 살피도록 함
– 내담자의 목표수행에 대해서 충분한 칭찬과 격려를 보냄

〈표 2-2〉 삶의 핵심가치와 목표를 탐색하고 희망목록 작성하기(김애순, 2008; 이호선, 2012)

<table>
<tr><td colspan="3">나이 들면서 긍정적으로 변한 것은 무엇입니까?</td><td></td></tr>
<tr><td colspan="3">나이 들면서 부정적으로 변한 것은 무엇입니까?</td><td></td></tr>
<tr><td colspan="3">당신의 삶에서 가장 행복한 것은 무엇입니까?</td><td></td></tr>
<tr><td colspan="3">당신의 삶에서 가장 불행한 것은 무엇입니까?</td><td></td></tr>
<tr><td colspan="3">당신이 가장 되고 싶은, 희망하는 나는 어떤 사람입니까?</td><td></td></tr>
<tr><td colspan="3">당신이 가장 되고 싶지 않은, 두려운 나는 어떤 사람입니까?</td><td></td></tr>
<tr><td rowspan="5">상담목표</td><td colspan="3">1.</td></tr>
<tr><td colspan="3">2.</td></tr>
<tr><td colspan="3">3.</td></tr>
<tr><td>가장 시급한 목표</td><td colspan="2"></td></tr>
<tr><td>가장 중요한 목표</td><td colspan="2"></td></tr>
<tr><td></td><td colspan="2">긍정적 효과</td><td>부정적 효과</td></tr>
<tr><td>대안 1</td><td colspan="2"></td><td></td></tr>
<tr><td>대안 2</td><td colspan="2"></td><td></td></tr>
<tr><td>대안 3</td><td colspan="2"></td><td></td></tr>
</table>

당신은 아래의 각 삶의 장면에 시간과 에너지를 어느 정도 투여하고 계십니까?

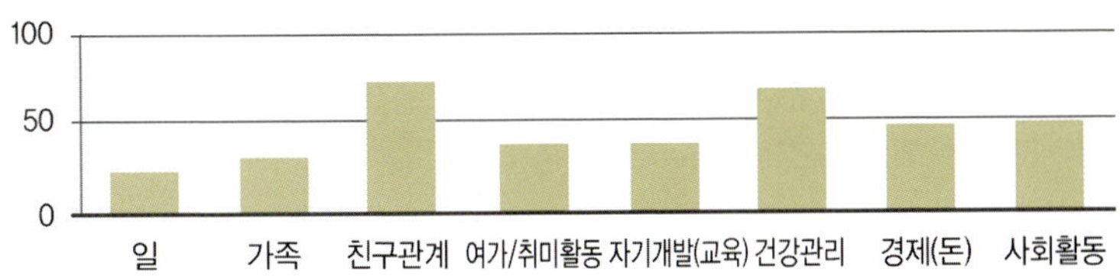

〈표 2-3〉 한국노인의 성공적 노후척도(김미혜 · 신경림, 2005)

문항내용	전혀 그렇지 않다	그렇지 않다	그저 그렇다	그렇다	매우 그렇다
1. 알고 지내는 사람들과 계속 좋은 관계를 가지고 있다					
2. 몸을 움직이는 데 불편함이 없다					
3. 마음을 터놓고 이야기할 사람이 있다					
4. 앞으로의 삶에 대해 희망을 가지고 있다					
5. 매일매일 할 일거리가 있다					
6. 주변사람들에게 필요한 사람이다					
7. 나를 위해 무엇인가를 배우고 있다					
8. 죽기 전에 해야 할 일을 다 할 수 있을 것이다					
9. 자식들의 도움 없이 생활할 수 있는 돈이 있다					
10. 친 · 인척들과 자주 어울린다					
11. 취미, 종교, 봉사 등 다양한 활동을 하고 있다					
12. 여러 종류의 친목모임에 꾸준히 나가고 있다					
13. 비슷한 환경이나 처지의 사람들과 서로 베풀며 산다					
14. 내 자녀들은 사회적으로 출세하였다					
15. 내가 필요할 때 자녀들이 물심양면으로 도와주고 있다					
16. 자녀들이 건강하다					
17. 자녀들이 결혼해서 화목하게 잘 살고 있다					
18. 나를 돌보아 주는 자녀와 마음을 터놓고 이야기할 수 있다.					
19. 내 자녀들에게 공부를 많이 시켰다					
20. 자녀들이 경제적으로 걱정없이 살고 있다					
21. 자녀들과 자주 연락하거나 만나고 있다					
22. 우리 부부는 모두 건강하다					
23. 우리 부부는 집안일을 서로 같이 한다					
24. 우리 부부는 서로를 이해한다					
25. 즐거운 마음으로 살고 있다					
26. 살기 좋은 동네에서 살고 있다					
27. 매일 규칙적인 생활을 하고 있다					
28. 몸이 허락하는 한 활동을 계속한다					
29. 내 마음을 다스릴 수 있다					
30. 건강을 위해 규칙적으로 운동을 한다					

CHAPTER

03 노인권리와 노인복지상담

학·습·목·표

1. 인간권리에 관한 논의를 통해 인권의 기본 가치와 사회복지 이념이 추구하는 목표의 접점을 이해한다.
2. 노인인권의 관점을 통해 노인복지상담에서 갖게 되는 긍정적인 측면을 찾아본다.
3. 국제법 및 국제적 협정 및 조약상에서 노인인권과 관련된 규정 및 항목들을 찾아 노인인권의 영역을 구분하고 노인인권의 내용을 구체화한다.

다음은 요양원과 노인 일자리에서의 인권침해 상담사례이다.

상담사례 1 : 요양원에서 말 안 듣는다고 때린답니다.

국가에서 운영하는 노인요양원에 부모님을 모신 상태인데, 양심선언을 한 요양보호사를 통해 요양원의 끔찍한 인권침해 상황을 알게 되었습니다. 아무리 용변을 많이 봐도 네 시간 반이 지나야 기저귀를 갈아주고, 노인들이 말을 잘 듣지 않을 경우 머리와 얼굴을 때리는 게 관행이라고 합니다. 용변을 많이 보면 귀찮다고 의식불명 환자에게 주는 '뉴케어'를 환자에게 주지 않고 요양보호사가 먹거나 피부에 바르는가 하면, 밤에 소변이 새지 않도록 몸에 두꺼운 테이프를 붙여놓아 아침에 이것을 뗄 때마다 환자들이 고통을 호소한답니다. 저희 어머니가 혈당 부족으로 병원에 실려 간 적이 있는데, 요양원 측에서 '뉴케어'를 제때 공급하지 않아 생긴 일이라고 합니다. 이런 상황이 개선되어야 한다고 생각합니다.

상담사례 2 : 사무직과 기능직은 정년이 다릅니다.

협회에서 기능직으로 근무하고 있습니다. 정년을 사무직은 58세, 기능직은 50세로 정하고 있습니다. 기능직은 협회에서 운전업무를 담당하는데, 제가 보기에 사무직과 정년을 달리 할 이유가 없습니다. 이런 경우 국가인권위원회(이하 인권위)가 도움을 줄 수 있는지요? 인권위에 진정했다가 회사에서 불이익을 당할까봐 걱정되는데 어떻게 해야 할까요?

상담사례 3 : 감리원 연령제한으로 불이익을 받았습니다.

공공기관의 건축감리 입찰 때 건축 감리원 감리단장의 나이가 65세 이상이면 1세마다 0.1점씩 감점하고 있습니다. 그래서 건축공사 감리낙찰을 받는데 67세인 제가 불이익을 당하였습니다. 이는 국토해양부에서 감리원 연령제한을 하고 있기 때문입니다.

인권의 사전적 의미는 '사람이 사람답게 살기 위해 필요한 것으로서 당연히 인정된 기본적 권리' 또는 '인간이 자연인으로 누려야 할 당연한 권리'를 의미한다. 그러나 세계인권선언에서는 인권의 개념을 보다 적극적으로 해석하여 '인간의 권리(right of man)'를 넘어 '인간이 되기 위한 권리, 인간이 가져야 할 당연한 권리'로 보고 있다(국가인권위원회, 2003).

지금까지 인권에 대한 담론은 보편적 인간의 권리가 무엇인가를 규정한 논의와 장애인, 여성, 아동, 이주민 등 다양한 소수 취약자와 같이 특수집단의 인권상황에 대한 논의로 이루어져왔다. 그러나 노인인권은 여성, 아동, 장애인의 인권문제와는 달리 국제법적 차원에서 보편적인 인권의 기준 확립이 아직 미약한 상태이다(강병근, 2008; 안 진, 2007). 노인인권은, 여성인권 및 아동인권의 경우처럼(예 '여성차별금지협약'이나 '아동권리협약' 등) 법적 구속력을 갖는 국제법이 제정된 것은 아니며, '장애인권리협약' 제정운동처럼 노인인권지침 마련의 노력이 아직 부족한 현실이다.

모든 사람은 동등한 인권을 부여받았다. 어려운 점은 인권을 성취하기 위한 재원을 배분하는 데 있다. 인권의 근본적이고 중요한 정의가 특정 개인이나 집단을 차별하지 않고 공정하게 인권이 적용되는 것에 있기 때문이다. 그리고 인권이 목표하는 것은 모든 사람에게 인간의 존엄성과 최소한의 생존기반을 제공하는 것이다. 노인인권은 이러한 점에서 지금까지 논의되어온 여성, 아동, 장애인 등 기타 인권논의와 함께 중요하게 부각되어야 한다. 그렇다면 노인복지의 실천 측면에서 인권은 어떤 의미가 있는 것일까? 인권과 밀접하게 연관된 사회복지 개념의 하나는 사회적 배제[1)]이다. 노인복지의 실천현장에서 사회적 배제의 요인들이 점검되어져야 한다. 노인인권적 관점은 사회적 배제를 노인복지문제에 심도있게 적용하는 데 유용할 것이다. 따라서 이 장에서는 노인복지를 현장에서 실천하는 상담의 영역에서 인권을 통합시킴으로써 노인복지와 관련된 다양한 이슈들을 어떻게 다룰 것인지에 관한 통찰력

1) 이것은 포괄적인 의미에서 더 이상 사회에서 활동할 기회를 박탈하는 것을 일컫는다(Gore, 1995). 사회적 배제라는 용어는 1970년대 프랑스에서 유래되어 처음에는 정신이상자, 약물중독자, 가정곤란자 등 소외된 사회그룹을 지칭할 때 쓰였다. 1980년대에 들어와서 기술변화와 경제변화 때문에 생성된 새로운 빈곤층을 지칭하는 말로 바뀌었다(Healy, 2001).

을 얻는 것을 목적으로 한다.

이 장에서는 노년의 고유한 경험과 인식에 민감하게 주목하면서 국제적 인권선언과 노인관련 국제선언에서 제기되는 인권원리, 분석을 중심으로 노인 인권의 내용을 구체화한다.

1. 인권에 대한 이해

1) 현대인권의 발전

사회권이란 사회의 경제적 관계들에 직접적으로 대응하면서 이 관계들을 규제의 대상으로 삼는 기본권이나 이를 포함한 일련의 헌법규범을 일컫는 말이다. 네덜란드의 학자 반 데어 벤(Van Der Ven)은 유럽 사회헌장의 구상에 따라 사회권을 다섯 가지 범주[2)]로 구분하고 있다. 이 사회권을 자본주의 경제와 관련시켜 설명한다면 자본주의 발전에 따라 발생한 각종 사회적 모순의 해결형태이기도 하다. 이 새로운 인권의 고찰은 19~20세기 초의 노동문제나 사회불안정을 배경으로 하면서 제1차 세계대전 후에 발생한 독일의 바이마르 헌법을 시작으로 각종 사회권(양성의 평등, 가정이나 모성의 보호, 사회보장, 노동자의 단결권, 교육을 받을 권리, 사유재산의 절대성 제한 등)이 선언・보장되기에 이르렀다. 이를 규범적으로 수용한 것이 헌법상의 인간다운 생존권이며 헌법상 사회적 법치국가 내지 복지국가로 표현되었다.

사회권의 등장과 확대는 노동의 영역에 한정된 것이 아니었다. 제2차 세계대전을 계기로 인간존엄사상에 기초한 사회국가원리가 전 세계로 확산되었으며, 서유럽에서의 본격적인 공공부문의 확대는 '사회민주주의 정당'의 집권을 통해 이루어졌다. 이들은 주로 복지분야를 중심으로 자본주의적 공공부문의 형성과 확대에 큰 몫을 했다. 공공부문이 생산하는 재화와 서비스는 자본의 증식보다는 사회적 필요의 충족, 즉 교환가치가 아닌 사용가치의 증진을

2) 사회적・경제적 노동에 관한 권리, 경제적 공동결정권, 생존보장의 권리, 육체적・정신적 건강의 권리, 인간의 사회적・문화적 발전에 관한 권리

목적으로 갖는 '공공재(Public goods)'의 성격을 지닌다. 공공부문은 사회적 기본권인 생존권, 노동3권, 노동의 권리, 교육을 받을 권리, 주택에 관한 권리, 환경권, 여성 · 아동 · 노인 · 환자 · 장애인 · 농민 · 중소기업 등 사회적 약자에 대한 광범위한 보호와 연관된 영역이다.

2) 인권의 국제적 보호와 법

인권의 개념은 제2차 세계대전 이후 보편적인 승인을 확보하였으며 국제법의 한 영역으로 자리잡았다. 명시적인 국제적 합의와 묵시적인 국제관습을 통하여 확립되어가는 국제인권법은 각 국에 대하여 자국의 관할권하에 있는 사람들의 정해진 권리를 인정하고, 존중 · 확보하며 이러한 의무를 이행하지 못한 경우에 국제적 구제를 부여할 의무를 부과한다.

국제인권법은 일반국제인권법과 특별국제인권법으로 분류할 수 있다. 일반국제규범은 인간의 자유와 육체적 · 도덕적 완전성을 보호하는 것을 목적으로 하는 권리, 정치적 권리, 경제적 · 사회적 · 문화적 권리 등 세 가지 범주의 권리를 포함한다. 좀 더 구체적으로는 국제연합헌장, 세계인권선언, 국제인권규약, 유럽인권협약, 아메리카인권협약, 아프리카인권헌장 등이 있다. 특별국제인권법으로는 특정한 대상과 상태하에에서의 인권을 보호하기 위한 조약들로서 <집단살해의 방지 및 처벌에 관한 조약>(1948), <모든 형태의 인종차별의 철폐에 관한 국제조약>(1965), <여성에 대한 모든 형태의 차별철폐에 관한 조약>(1979), <아동의 권리를 위한 국제협약>(1989), 그 외 노동자의 보호를 위해 국제노동기구(ILO)의 주도하에 채택된 다수의 국제조약이 있다.

노인에 대한 구체적인 국제인권법 규정은 없다. 그러나 사회권을 현대적 인권으로 재해석하여 규정한 국제인권규약의 내용에서 노인관련 인권적 내용을 찾아볼 수 있다.

국제인권규약의 경제 · 사회 · 문화적 권리[3)]는 사회정의와 실질적 평등의

3) 1966년 전문과 31개 조항으로 구성된 경제 · 사회 · 문화적 권리에 관한 국제규약(International Covenant on Economic, Social and Cultural Right : ICESC)이 제정되어 1976년 발효됨. 한국은 1990년에 가입함

이념으로부터 도출되는 인권으로, 모든 사람이 국가나 사회, 그리고 공동체에 대하여 자신이 인간으로서 인간다운 생활을 할 수 있도록 해줄 것을 요구할 수 있는 권리를 의미한다. 이것은 또한 국가, 사회, 공동체가 그 권리를 실천하기 위한 생활여건과 자원들을 제공해야 할 의무를 의미하기도 한다.

2. 노인복지에서의 인권

인권은 인간이 살아가면서 누려야 할 당연한 권리로서, 사회구성원 모두가 존엄성을 인정받고 인간다운 삶을 누릴 수 있도록 하기 위한 것이다. 인권의 가치가 확장되면서 다른 가치들과 접맥되는 흐름도 발견된다. 복지개념이 인권개념과 만나면서 복지에서도 시혜적 관점이 아닌 권리의 관점이 부각된다. 복지가 권리로서 인식되고, 또한 인권이 증진되는 바가 복지로 해석되는 경향도 보인다. 법적 권리에서 경제, 사회권으로 인권의 의미가 확장된 것도 복지확장에 따른 시민권적 인식의 확장과 연결된다. 이제 인권보호를 위한 국가의 책임은 개인의 자유를 침해해서는 안 되는 소극적 원리를 넘어 개개인의 자유와 능력/힘을 증진시킬 수 있는 조건과 기회들을 제공해야 하는 적극적인 원리로 확장되었다(박경숙 · 김주현 · 이상림 · 최인희 · 손정인, 2009).

사회복지는 인간 존엄성이라는 가치를 기반으로 하여, 빈곤, 차별, 소외, 질병, 노동, 교육, 학대 등의 다양한 사회문제에 개입하여 사회구성원의 삶의 질 향상과 인간다운 삶을 누릴 수 있도록 하는 데 목적을 두고 있다. 이와 같이 인권과 사회복지의 가치와 추구하는 목표는 그 맥락을 같이 하고 있다.

따라서 사회복지의 가치, 윤리, 이론 및 서비스 과정 전체에 걸쳐서 인권을 고려해야 하며, 인간의 욕구에 반응하는 인권은 반드시 옹호되고 촉진되어야 한다. 이와 같이 인권에 민감한 사회복지의 실천이 이루어질 때 사회복지는 정당성을 확보할 수 있을 것이다(이혜원 역, 2005). 또한 인권관점에 근거한 사회복지는 시혜에서 나아가 개인의 존엄성을 최우선으로 하는 권리를 보장할 수 있는 길을 제시함으로써 사회복지실천에 긍정적 영향을 미치고 철학적 바탕을 제공한다(Ife, 2000; Skegg, 2005; 김미옥 외, 2006).

노인복지는 노인의 인권문제의 해결과 인권보호에 매우 중요한 역할을 담당하고 있으며, 현재 이루어지는 노인복지 관련 프로그램과 정책이 곧 노인의 인권을 보호하고 증진하는 인권실천행동이라 해도 과언이 아니다. 그리고 노인복지실천에서 행해지고 있는 상담, 옹호나 지지, 평생교육, 지역복지활동 등 모든 것이 인권증진을 위한 원조행위이다(권중돈 · 김은주 · 김철중 · 박지영 · 이병만 · 이은영, 2008). 그러므로 노인복지실천에 인권관점의 도입을 통해 노인을 '의존적이고 보호받아야 할 대상'으로 보던 사고에서 '완전한 권리를 가진 주체'로 규정하는 사고로의 전환은 매우 중요하다고 할 수 있다.

현대사회에서 주체적인 삶의 권리로서 여겨지는 제반의 가치들이 노인의 삶에도 중요한 토대가 될 수 있다. 국적, 성, 연령, 장애, 학력에 관계없이 인간으로서의 존엄성을 누려야 한다는 관점에서 노인인권의 문제는 노년의 억압된 존재방식의 사회구조적 연원을 드러내며, 구체적으로 노인 생활세계의 다양한 영역에서의 제기되는 문제들을 노인상담이라는 복지실천을 통해 해결해 본다.

3. 국제법상의 인권선언과 노인인권[4)]

인권에 대한 보편주의적 관점은 인간의 권리는 누구에게나 평등하게 적용된다는 생각을 전제한다. 또한 인간의 권리로서 선언되고 있는 권리의 내용도 국내외로 일반적으로 공유되고 있다. 국제법과 국내법상에서 선언되고 있는 권리의 내용에는 인권의 보편주의적 관점이 가장 잘 반영되어 있다. 국제인권장전은 세계인권선언, 시민적 · 정치적 권리에 관한 규약(자유권), 경제적 · 사회적 · 문화적 권리에 관한 규약(사회권)에 이르는 권리선언으로서 모든 사람이 누려야 하는 권리의 항목들을 나열하고 있다. 생명권과 자기결정권, 그

4) 이 부분은 <노인인권실태조사>(연구책임자 : 박경숙, 공동연구자 : 김주현, 이상림, 최인희, 손정인, 국가인권위원회 용역연구, 2010)를 진행하는 과정에서의 이론적 연구내용 일부분을 참고한 논문 "국제법상에 나타난 보편적 인권규정과 노인인권", <법과 사회, 제40권>과 일부내용이 겹칩니다.

리고 사상, 양심, 표현, 거주, 신체의 자유 등을 포함하여 자유권을 천명하고 있고 적정한 사회보장에 대한 권리와 차별금지 등의 원칙을 명시하고 있다.

노인을 위한 국제선언들도 크게는 국제인권장전에서 나열하고 있는 제반의 권리들을 재차 강조하는 성격을 가진다. 예를 들어, 1991년 UN이 발표한 노인을 위한 원칙에서는 독립, 참여, 돌봄, 자아실현, 존엄성을 강조하고 있다. 독립원칙의 세부내용으로는 적절한 소득/소비/주거보호와 건강보호에 접근하고, 노동의 자기결정권을 보장받고, 선호와 변화하는 능력에 맞추어 안전하고 적응할 수 있는 환경에서 살 수 있는 권리를 강조한다. 참여원칙의 세부내용으로서는 정책결정, 문화공유, 자원봉사, 단체활동 등을 통해 사회에 적극적으로 참여하는 권리를 명시하고 있다. 돌봄원칙의 세부내용에서는 질병예방 및 건강보호와 각 사회의 문화적 가치체계에 따라 가족과 지역사회에서 존엄성과 기본적인 자유를 향유할 수 있도록 보살핌을 받아야 함을 강조하고 있다. 그리고 자아실현과 존엄성의 원칙실현을 위해 자기를 개발하고 존엄과 안전한 환경에서 살 수 있어야 하며, 나이, 성별, 인종이나 민족적인 배경, 장애나 여타 지위에 상관없이 공정하게 대우받고, 그들의 경제적 기여에 관계없이 평가되어야 한다고 선언하고 있다. 또한 2002년 발표된 고령화에 관한 마드리드 국제행동계획(Madrid International Plan of Action on Ageing, 2002)에서는 노인의 개발권(right to development)을 강조하고 있는데, 노인의 개발은 노인의 적극적인 참여와 노동활동을 통해서 이룰 수 있다고 제안하고, 연령차별금지와 고령화를 세계개발의제로 포함시킬 필요성을 강조하였다. 이처럼 노인의 독립, 사회참여, 돌봄, 존엄성과 자아실현에 대한 원칙은 국제인권장전에서 강조하고 있는 생명권, 자기결정권, 자유권, 사회보장권, 차별금지의 원칙과 중첩된다.

국내에서 노인인권의 규정은 위에서 열거한 권리항목의 틀을 크게 벗어나지 않으면서 권리항목의 범위 정도에 차이를 나타내고 있다. 예를 들어, 2006년 국가인권위원회는 노인의 주거권, 건강권, 사회복지권을 보장하는 것을 목표로 제안하였고, 밝은노후(2004) 등의 연구에서는 사회복지권을 소득보장, 고용보장, 교육, 노인학대, 안전, 여가, 기타를 포함하는 영역으로 세분하여 제시하였다. 김미혜(1999)는 노인이 인간으로서 누려야 할 기본적인 권리를 누리고 있는가를 살펴보기 위해 노인의 소득보장, 의료보장, 학대상황, 노인의 여가생활 등을 분석했다. 또한 모선희와 동료연구자들(2004)은 주거, 건강, 교육, 고용, 소득보장 등의 권리영역별로 노인정책 현황 및 문제점을 파악하였다.

이와 같이 제기된 노인의 인권항목들은 인권의 원리를 인간이면 누구나 누려야 할 제반의 기본 권리로써 인식된다. 국제인권장전과 유엔 노인을 위한 원칙, 그리고 국내에서 제안한 노인인권 항목들을 참조하여, 소득/주거, 노동, 참여, 건강/돌봄을 중심으로 노인인권의 영역을 나누어 볼 수 있다. 적정한 소득/주거환경과 노동은 독립적인 생활의 기본적인 조건이 되며, 정책, 문화, 사회활동에의 적극적인 참여는 자유와 자기개발의 조건이 되며, 건강/돌봄은 신체적 독립, 사회참여, 존엄성 등을 추구하는 데 요구되는 가치들로 인식하기 때문이다.

1) 노년의 소득과 주거에 관한 권리규정

소득과 주거는 1948년 「세계인권선언」, 1966년 「경제적, 사회적 및 문화적 권리에 관한 국제규약」 전문내용처럼 인류사회 모든 구성원들이 '공포와 결핍으로부터의 자유를 향유하는 자유 인간의 이상'을 성취하기 위해, 그리고 인간의 자유, 존엄성, 권리의 평등을 실현하기 위해 필요한 물적 토대로써 강조되는 권리영역이다. 예를 들어, 「경제적, 사회적 및 문화적 권리」위원회는 2007년 11월 채택한 일반논평 제19호에서 인간 존엄성을 보장하는 데 가장 중요한 부분이 의식주, 의료 등을 포함하는 사회보장권이라고 하였다(강병근, 2008).

<표 3-1>에서 보는 것처럼, 소득과 주거는 1948년 「세계인권선언」 제16조 사회와 국가로부터 보호를 받을 권리, 제25조 의식주, 의료, 생계결핍에 대한 사회보장으로 규정되었고, 1966년 「경제적, 사회적 및 문화적 권리에 관한 국제규약」 제9조 사회보장제도에 관한 권리, 제11조 의식주, 생활수준 보장의 권리로 명시되어 있다.

이와 관련하여 보면, 1991년 UN 노인에 관한 원칙에서는 독립(Independence)권을 보장하기 위한 세부내용에 소득과 주거생활의 안정을 명시하고 있다(UN, 1999). 또한 소득과 주거 권리는 UN노인원칙에서 명시하고 있는 참여(Participation), 돌봄(Care), 자아실현(Self-fulfillment), 존엄성(Dignity)에도 중요한 영향을 미치기 때문에 노인인권 전 영역에 관련되어 있다고 인식할 필요가 있다.

UN노인원칙에서 노인의 소득/주거에 관한 권리의 내용을 노인의 독립과 존엄성을 중심으로 살펴보면, 먼저 기본적인 의, 식, 주를 보장받고 일(노동)을 통해 소득을 얻으며 독립적인 생활을 보장받아야 함을 제안하고 있다. 그리고 노인의 주거에 있어서는 노화로 인한 변화에 대응하는 노인을 위한 쾌적한 주거환경에 대한 보장과 익숙한 환경에 거주할 수 있는 자유를 권리로써 제안하고 있다. 나아가 노년이 되어서 경제적인 이유로 차별받지 않고 존엄성을 유지할 수 있도록 하는 내용을 포함시켜서 노년기 소득과 주거에 대한 권리내용을 제시하고 있다.

한편 「세계인권선언」[5]에는 모든 사람들이 주택에 대하여 적절한 생활수준을 누릴 권리가 있다고 명시되어 있으며, 노령과 같은 자신이 통제할 수 없는 상황에서 생계가 어려운 경우 사회보장권을 가진다고 규정되어 있다. 이는 소득뿐만 아니라 의식주, 의료 등 사회보장, 사회복지 영역의 기본권을 의미한다. 따라서 노후소득보장이란 사회보장권의 세부영역인 소득보장에 속하면서, '노령'이라는 사회적 위험으로 인한 생계결핍을 보호하는 보편적 소득보장의 일부분이다. 이것은 UN 노인원칙 '독립'영역의 다음과 같은 내용과 연결된다. 제1항은 "소득제공, 가족과 지역사회의 지원 및 자조를 통하여 적절한 식량, 물, 주거, 의복 및 건강보호에 접근할 수 있어야 한다"이며 제2항은 다음과 같다. "일을 할 수 있는 기회를 제공받거나 다른 소득을 얻을 수 있는 기회에 접근할 수 있어야 한다."

5) 세계인권선언 제25(1)조의 규정은 다음과 같다. "모든 사람은 식량, 의복, 주택, 의료, 필수적인 사회역무를 포함하여 자신과 가족의 건강과 안녕에 적합한 생활수준을 누릴 권리를 가지며, 실업, 질병, 불구, 배우자와의 사별, 고령, 그 밖의 자신이 통제할 수 없는 상황에서의 다른 생계결핍의 경우 사회보장을 누릴 권리를 가진다".

주거안정은 소득보장과 마찬가지로 사회보장, 사회복지 영역의 기본권을 의미한다. 즉, 「경제적, 사회적 및 문화적 권리에 관한 국제규약」에서 제시한 적절한 생활수준에 포함되는 것으로 이해할 수 있으며 적절한 주거권의 개념으로 '안전하고 평화롭고 품위있게 생활할 장소에 대한 권리'로 정의되고 있다(강병근, 2008).

주거문제는 기본 생활요건 중 가장 비용부담이 큰 부분으로서 신체적, 정신적, 심리적 안정감을 제공하고 삶의 질과 직접 연관이 되므로 중요한 부분이다. 특히 노인들에게 주거문제는 더욱 특별한 중요성을 가진다. 노인인구 대부분의 활동영역이 주로 가정 내에서 이루어지고 신체기능 약화로 인한 집안 안전사고가 자주 발생하므로 편의시설이 잘 갖추어진 주거환경을 보장받는 것은 노인의 권리 중 중요한 부분이다.

〈표 3-1〉 소득, 주거 영역 UN 노인에 관한 원칙(1991)과 국제인권장전 조약별 적합성 비교

	UN 노인원칙	관련 국제인권장전	
원 칙	세부내용	경제적, 사회적, 문화적 권리에 관한 규약(사회권)	세계인권선언
독 립	• 소득 제공, 가족과 지역사회의 지원 및 자조를 통하여 적절한 식량, 물, 주거, 의복 및 건강보호에 접근할 수 있어야 한다. • 일을 할 수 있는 기회를 제공받거나 다른 소득을 얻을 수 있는 기회에 접근할 수 있어야 한다. • 개인의 선호와 변화하는 능력에 맞추어 안전하고 적응할 수 있는 환경에서 살 수 있어야 한다. • 가능한 오랫동안 가정에서 살 수 있어야 한다.	제9조 사회보장제도에 관한 권리 제10조 가정에 대한 보호와 지원을 제공받을 권리 제11조 의식주, 생활수준 보장의 권리	제12조 사생활, 가정, 주거 또는 통신의 자유와 보호 제13조 이전과 거주의 자유 제16조 가정을 이루고 사회와 국가의 보호를 받을 권리 제25조 건강과 안녕에 적합한 생활수준을 가질 권리

2) 노년노동에 관한 권리규정

현재 국제법 및 국제적 협정 및 조약상에 나타난 노인인권 관련규정 및 노인인권적 개념을 엿볼 수 있는 항목들 중 고령노동과 관련된 내용을 찾아보면 다음과 같다.

먼저 노인관련 국제선언에서 고령자의 노동에 대한 언급이 등장한 것은 1982년 유엔총회에서 인준된 국제고령화행동계획(International Plan of Action on Ageing)에 제시된 7개의 권고내용 중 '소득보장과 고용'이 고령노동에 대한 권리를 포함한 데에 있다(안 진, 2007). 이후 1991년 유엔총회에서 'UN 노인원칙(United Principles for Older Persons)'이 발표되었는데, 이 UN 노인원칙의 노인의 독립성, 참여, 요양, 자기실현, 존엄의 5분야 18개 사항 중 노동에 관련된 부분은 독립성에 관한 원칙의 3개 항목에서 찾아볼 수 있다(UN, 1999). 또한 비교적 최근인 2002년에 발표된 UN의 고령화에 대한 마드리드 국제행동계획에 의하면, 노인의 발전, 노년까지의 건강과 안녕 증진, 그리고 능력을 부여하고 지원하는 환경확보라는 세 가지 기본 방향을 제시하고 있는데 이 중 노인의 발전 영역에 노동권리에 관한 내용이 제시되고 있다(UN, 2002)[6].

UN노인원칙은 독립과 자아실현의 영역에서 노동과 관련된 노인의 권리를 제시하고 있다. 노동에 접근하는 권리로서 노동기회에 대한 보장을 제안하는 한편, 원할 때 일자리를 그만둘 수 있는 권리 또한 노인의 중요한 권리(은퇴권)로 제안한다. 이것은 <표 3-2>에서 보는 것처럼 국제인권장전에 나타난 보편적 권리 중 경제적·사회적·문화적 권리에 관한 규약(사회권)의 제6조 근로의 권리와 제1조 자기결정권, 세계인권선언의 제22·23조 근로의 권리에서 포괄적 내용을 연결시켜 볼 수 있다. 또한 직업교육과 훈련에 대한 권리도 노동과 관련하여 보장되어야 할 노인인권으로 제시되고 있는데 이것은 세계인권선언 제26조의 교육을 받을 권리와 경제적·사회적·문화적 권리에 관한 규약(사회권)의 제6조 근로권의 완전실현을 위한 직업교육과 훈련에 대한 보장

6) <노인과 발전> 방향 중 과제 2) 경제활동과 노동력의 고령화 - 일하기 원하는 모든 노인에게 고용기회 부여, 과제 4) 지식, 교육, 훈련에의 접근 - 직업지도 및 배치 서비스를 포함하여 계속적인 교육, 훈련 및 재훈련에 대한 전 생애를 통한 기회균등

에 해당한다.

노인인권의 노동영역은 근로권, 노동에서의 자기결정권, 직업훈련에 대한 내용과 연관성이 크다. 독립권은 주로 물질적 차원에서 주로 논의되었는데 노동기회, 은퇴의 문제와 관련하여 더 중요하게 고민되어야 한다. 사실 노년 노동에서 노인이 주류로부터 주변화/타자화되는 대표적인 예는 노동시장에서의 은퇴이다. 노년기에 사회문화적 충격으로 다가오는 은퇴는 노인으로부터 기본 권리인 노동권을 박탈하는 중요한 권리침해의 영역이다. 은퇴권이라 일컬어질 정도로 서구에서는 은퇴가 생애단계에 있어서 선택이고 새로운 생애단계에 대한 도전으로 이후 인생향유와 연결된다. 노인인권으로서 노동을 할 권리뿐만 아니라 노동시장에서 벗어나는 시기를 노인 스스로 결정하고 이러한 결정이 자율적이고 독립적으로 이루어질 수 있는 사회적 기반이 보장되는 것이 진정한 노인의 권리, 은퇴권의 실현이라고 할 수 있다.

〈표 3-2〉 **노동영역 UN 노인에 관한 원칙(1991)과 국제인권장전 조약별 적합성 비교**

UN 노인원칙		관련 국제인권장전	
원 칙	세부내용	경제적, 사회적, 문화적 권리에 관한 규약(사회권)	세계인권선언
독 립	• 일을 할 수 있는 기회를 제공받거나, 소득을 얻을 수 있는 기회에 접근할 수 있어야 한다.	제6조 근로의 권리	제22·23조 근로의 권리
	• 직장에서 언제, 어떻게 그만둘 것인지에 대한 결정에 참여할 수 있어야 한다.	제1조 자기결정권 제7조 공정하고 유리한 근로조건을 향유할 권리 제8조 노동조합 결성 및 가입의 권리	제19조 의견과 표현의 자유에 관한 권리 제24조 근로시간의 합리적 제한과 휴식과 여가에 관한 권리
	• 적절한 교육과 훈련 프로그램에 접근할 수 있어야 한다.	제6조 근로권의 완전실현을 위한 직업교육과 훈련에 대한 보장	제26조 교육받을 권리
자아실현	• 자신들의 잠재력을 완전히 발전시키기 위한 기회를 추구하여야 한다.	제1조 자기결정권 제13조 교육에 대한 권리	제23조 근로의 권리, 자유로운 직업선택권 제26조 교육받을 권리

3) 노년기 돌봄에 대한 권리규정

노년기의 돌봄에 관한 권리는 노인이 신체적·정신적 기능쇠퇴 혹은 장애로 인해 스스로 자신을 돌볼 수 없어 보살핌을 필요로 할 때 문화적 가치체계에 따라 안전한 환경에서 노인의 존엄성과 자기결정권을 존중 받으며 가족이나 사회로부터 돌봄을 받는 것을 의미한다. 그러므로 노인인권의 측면에서 돌봄을 생각할 때 무엇보다 중요한 것은 노인이 누구로부터, 어떠한 환경에서, 어떠한 돌봄을 받고 싶어 하는지를 파악하여 돌봄을 제공할 때 노인의 욕구와 존엄성을 최대한 고려하고 존중하는 것이며, 돌봄을 받을 때 발생할 수 있는 여러 가지 문제점을 최소화하고 예방하는 것이다.

노화가 진행됨에 따라 노인들은 자신의 신체에 대한 타인의 돌봄이 필요하게 되는데 이러한 상황에 직면하여 노인들은 두려움이나 망설임 없이 돌봄을 요구함으로써 안전하고 쾌적한 노년을 향유할 수 있어야 한다. 이것은 인간의 생명권과 신체의 자유와 안전에 대한 권리와 연결되는 기본적인 권리주장이다. 그럼에도 현대사회의 기능성과 효율성을 중심으로 한 생산성 위주의 가치체계는 돌봄을 필요로 하는 노인집단의 상황과 인간으로서의 당연한 요구를 사회적 부담으로 인식하는 경향이 강하다.

이에 노인을 위한 국제적 선언을 통해 이러한 노인돌봄에 대한 사회적 보장을 요구하고 돌봄에 대한 사회문화적 가치의 변화와 사회적 환기를 촉구하고 있다. 이러한 노인의 돌봄에 대한 권리는 각종 국제규약에 명시되어 있다(<표 3-3> 참조). 먼저 UN 노인에 관한 원칙(1991)에서는 노인들이 ① 각 사회의 문화적 가치체계에 따라 가족과 지역사회의 보살핌과 보호를 받아야 하고, 보호시설이나 치료시설에서 거주할 때에도 노인들의 존엄, 신념, 욕구와 사생활을 존중받으며, ② 질병을 예방하거나 지연시키는 건강보호에 접근할 수 있어야 하며, ③ 노인의 자율과 보호를 고양시키는 서비스에 접근할 수 있어야 하고, ④ 적정수준의 시설보호를 이용할 수 있어야 하며, ⑤ 자기결정권을 존중받는 것을 포함하는 인간의 권리와 기본적인 자유를 향유할 수 있어야 한다고 기술하고 있다. 이러한 돌봄에 관한 노인의 권리는 경제적·사회적·문화적 권리에 관한 규약의 건강권(제12조)과 사회보장제도에 관한 권리(제9조), 자기결정권(제1조) 등에도 나타나고 있으며, 세계인권선언의 생명권과 신체의 자유와 안전에 대한 권리(제3조), 건강과 안녕에 적합한 생활수준을 가질 권리(제25조) 등에서도 나타난다. 또한 UN의 고령화에 관한 마드리드 국제행동계획(Madrid International Plan of Action on Ageing, 2002)에서는 노년기까지의 건강과 안녕증진(전 생애에 걸친 건강 증진과 안녕, 보건의료서비스에 대한 평등한 접근, 보호제공자와 보건전문가 훈련 등), 능력을 부여하고 지원하는 환경확보(보호와 보호제공자 지원, 노인유기, 학대와 폭력)와 같은 항목에서 돌봄과 관련된 노인의 권리를 제시하고 있다.

〈표 3-3〉 돌봄영역 UN 노인에 관한 원칙(1991)과 국제인권장전 조약별 적합성 비교

	UN 노인원칙	관련 국제인권장전	
원 칙	세부내용	경제적, 사회적, 문화적 권리에 관한 규약(사회권)	세계인권선언
돌 봄	• 각 사회의 문화적 가치체계에 따라 가족과 지역사회의 보살핌과 보호를 받아야 한다.	제11조 적당한 생활수준을 누릴 권리	제22조 사회보장제도에 관한 권리
	• 신체적, 정신적, 정서적 안녕의 최적수준을 유지하거나 되찾도록 도와주고 질병을 예방하거나 그 시작을 지연시키는 건강보호에 접근할 수 있어야 한다.	제12조 건강권	제3조 생명권과 신체의 자유와 안전에 대한 권리 제22조 사회보장제도에 관한 권리 제25조 건강과 안녕에 적합한 생활수준을 가질 권리
	• 그들의 자율과 보호를 고양시키는 사회적·법률적인 서비스에 접근할 수 있어야 한다.		제1조 모든 사람은 태어날 때부터 자유롭고, 존엄하며 평등함 제6조 법 앞에 인간으로서 인정받을 권리 제7조 법의 평등한 보호 제8조 법률이 부여하는 기본권에 대해 국가로부터 구제받을 권리 제9조 자의적 체포, 구금 금지 제10조 공정한 심문을 받을 권리

돌 봄	• 인간적이고 안전한 환경에서 보호, 재활, 사회적 · 정신적 격려를 제공하는 적정수준의 시설보호를 이용할 수 있어야 한다.	제9조 사회보장제도에 관한 권리	제22조 사회보장제도에 관한 권리 제25조 건강과 안녕에 적합한 생활수준을 가질 권리
	• 그들이 보호시설이나 치료시설에서 거주할 때도 그들의 존엄, 신념, 욕구와 사생활을 존중받으며, 자신들의 건강보호와 삶의 질을 결정하는 권리도 존중받는 것을 포함하는 인간의 권리와 기본적인 자유를 향유할 수 있어야 한다.	제1조 자기결정권	제1조 모든 사람은 태어날 때부터 자유롭고, 존엄하며 평등함 제3조 생명권과 신체의 자유와 안전을 누릴 권리 제25조 건강과 안녕에 적합한 생활수준을 가질 권리

4) 노인 사회참여에 대한 권리규정

주체적 사회참여와 이를 가능하게 하는 평등하고 상호적 · 사회적 관계의 형성은 사회성원으로서 인간의 삶을 지탱해 주는 인권의 중요한 부분이다. 생물학적인 노화와 사회적 편견과 차별 그리고 사회적 주변인으로서 상당부분 소외된 삶을 살고 있는 노인의 경우 사회참여의 문제는 기타 세대보다 더욱 중요한 인권의 문제로 고려되어야 한다.

인권적 시각에서 바라본 노인의 사회참여란 일상생활에서 주체적으로 활동하고, 젊은 세대들과 문화와 지식을 공유하면서, 실생활에 영향을 미치는 정책의 형성과 이행에 역할을 하며, 지역사회에 기여하면서 스스로를 개발하는 기회를 갖는 것을 포함한다. 노인의 사회참여와 적절한 재교육 그리고 봉사는 인권의 기본적 개념으로 여러 인권관련 선언들에 폭넓게 그 권리의 보장을 명시하고 있다.

예를 들어, UN 노인에 관한 원칙(1991)에서는 참여의 원칙으로 '노인은 사회에 통합되어야 하며', '그들의 지식과 기술을 젊은 세대와 함께 공유하여야 한다'라고 규정하고 있으며, 또한 '지역사회 봉사를 위한 기회를 찾고 개발하여야 하며, 그들의 흥미와 능력에 알맞은 자원봉사자로서 봉사할 수 있어야 하며', 그리고 '노인을 위한 사회운동과 단체를 형성할 수 있어야 한다'고 명시하고 있다. 그리고 자아실현의 원리로써 '자신들의 잠재력을 완전히 발전시키기 위한 기회를 추구하여야 하며', '사회의 교육적, 문화적, 정신적 그리고 여가에 관한 자원에 접근할 수 있어야 함'이 노인의 인권을 위해 기본적으로 지켜져야 할 원칙으로 제시되고 있다.

이러한 내용들은 비단 노인만을 위한 권리에 한정되는 것은 아니며, 인간의 기본적 권리로써 세계인권선언에서는 제26조 교육받을 권리, 제27조 공동체의 문화생활에 참여하여 예술을 감상하고 과학의 진보와 혜택을 향유할 권리, 제28조 공동체에 대한 의무부담 등으로 다양하게 그 영역들의 사회적 보장을 요청하고 있다. 또한 경제적·사회적·문화적 권리에 대한 규약에서도 제15조 문화적 성취를 공유할 권리로써 노인의 사회참여 및 교육 프로그램의 확충을 인권의 기본적 요소로 제시하고 있다(<표 3−4> 참조).

〈표 3-4〉 사회참여영역 UN 노인에 관한 원칙(1991)과 국제인권장전 조약별 적합성 비교

UN 노인원칙		관련 국제인권장전	
원 칙	세부내용	경제적, 사회적, 문화적 권리에 관한 규약(사회권)	세계인권선언
독 립	• 적절한 교육과 훈련 프로그램에 접근할 수 있어야 한다.	제1조 자기 결정권 제13조 교육에 대한 권리	제25조 건강과 안녕에 적합한 생활수준을 가질 권리 제26조 교육받을 권리
참 여	• 사회에 통합되어야 하며, 그들의 복지에 직접 영향을 미치는 정책의 형성과 이행에 적극적으로 참여하고, 그들의 지식과 기술을 젊은 세대와 함께 공유하여야 한다. • 지역사회 봉사를 위한 기회를 찾고 개발하여야 하며, 그들의 흥미와 능력에 알맞은 자원봉사자로서 봉사할 수 있어야 한다. • 노인을 위한 사회운동과 단체를 형성할 수 있어야 한다.	제11조 적당한 생활수준을 향유할 권리 제15조 문화적 성취를 공유할 권리	제21조 참정권, 공무취임권, 선거권을 가진다. 제27조 공동체의 문화생활에 참여 제28조 공동체에 대한 의무부담

자아 실현	• 자신들의 잠재력을 완전히 발전시키기 위한 기회를 추구하여야 한다. • 사회의 교육적, 문화적, 정신적 그리고 여가에 관한 자원에 접근할 수 있어야 한다.	제1조 자기결정권	제26조 교육받을 권리

4. 노인인권과 노인복지상담의 활용

노인인권문제는 노인인구의 증가에 따라 그 중요성이 더욱 커질 것이다. 또한 지금까지 선언이나 성명을 통해 사회적 약자그룹을 지지해오고 있는 UN의 여러 인권영역을 고려할 때 노인인권의 성장가능성은 명백해 보인다. 일련의 인권선언이 매우 이상적이고 비현실적인 것으로 여겨지기도 하지만 특정한 인구집단이나 사회문제에 대한 사회적 인식을 깨우고 그러한 관심을 통해 사회적 약자그룹이 처한 조건이나 관계의 개선이 이루어질 수 있다.

사회복지는 사회적 약자, 즉 취약계층을 돕는 데 초점을 두고 있으며 구체적인 사회복지실천은 그에 맞는 사회적 지원과 프로그램을 개입시키는 방법을 고안하고 수행해왔다. 이것은 인권분야와 매우 밀접하게 연관되어 있다. 사회복지의 개입방식에는 억압에 맞서고, 권한을 부여하고, 강점을 강화시키는 것 등이 있다(엘리자베스 라이커트, 2008). 이러한 개입방식에 노인인권의 인식을 통합함으로써 보다 다양한 개입방식을 개발할 수 있다.

노인복지상담에 있어서 노인인권의 관점을 통합하면 개별적 상황을 넘어서는 이슈들의 인식이 가능해진다. 즉, 개별상담의 내용의 해결이 아닌 좀 더 넓은 차원에서 대처해야 할 구조적 문제로 보게 된다. 따라서 사회복지실천에 있어서 적절한 개입을 계획하는데 있어서 나타날 수 있는 구조적 문제를 보다 쉽게 파악하게 된다.

PART 2 노인복지상담의 기본

CHAPTER 04

노인복지상담의 지침

학·습·목·표

1. 노인복지 안에서 노인상담의 가능성과 유의해야 할 점을 이해한다.
2. 노인복지상담의 종류와 영역을 이해한다.
3. 노인복지상담자의 자질과 역할 그리고 윤리에 대한 이해를 통해 향후 이에 대한 전문성 확보가 중요함을 이해한다.
4. 노인복지상담 과정을 배움으로써 실제 상담현장에서 어떻게 상담이 진행되는지 이해할 수 있다.

다음은 노인복지상담 시 초기 면접 가이드이다.

1. 당신의 주요한 문제는 무엇입니까?

2. 문제에 대한 진술
   1) 이 문제가 얼마나 오랫동안 지속되어왔습니까?
   2) 처음에 이러한 문제를 당신이 어떻게 느끼게 되었는지 설명하시오.
   3) 이 문제가 당신의 인생에 얼마나 많은 장애를 일으킵니까?
   4) 어떤 상황에서 이 문제가 당신에게 영향을 줍니까?
   5) 이 문제가 당신과 다른 사람들에게 어떻게 영향을 줍니까?
   6) 얼마나 자주 이것이 문제가 됩니까?

3. 우울하게 느낀 적이 있습니까?
   1) 식욕은 어떻습니까? 평소와 어떻게 다릅니까?
   2) 잠자는 습관이 바뀐 적이 있습니까?
   3) 전보다 더 많이 혹은 더 적게 피곤을 느끼십니까?
   4) 최근에 육체적으로 불편한 곳이 있으십니까?

4. 당신이 우울할 때 어떻게 하고 싶습니까?

5. 당신의 가족과 친구들은 어디에 살고 있습니까?
   1) 당신은 누구와 함께 살고 있습니까?
   2) 어떤 사회서비스를 알아보셨습니까?
   3) 응급상황이 발생하면 누구에게 도움을 요청하시겠습니까?

6. 기억력의 문제가 있다고 생각하십니까?

7. 당신의 가족이나 친한 친구들과 어떻게 지내고 있습니까?

출처 : 현외성 · 하정미 역(2003). 노인상담연습. 경기 : 양서원, p. 284.

현대의 노인들은 급격한 인구학적 · 사회적 변화로 인해 다양한 차원의 문제를 경험하고 있다. 이로 인해 국가는 노인의 경제적 문제해결을 위한 소득보장정책, 신체적 문제해결을 위한 의료보장정책 그리고 노인의 정서적 및 사회참여적 문제해결을 위한 노인복지서비스 정책 등 다양한 복지서비스 제공을 위한 정책적 개발이 이루어지고 있다. 그럼에도 불구하고 노인의 삶의 질은 건강, 생활불안에서 오는 해방, 가까운 사람과 친밀한 인간관계, 사회에 기여했다는 의식, 뭔가에 몰입하는 데서 오는 즐거움 등 노인의 주관적 정서와 밀접한 관계가 있는 것으로 나타났다(김유숙, 2006). 이와 같이 복잡, 다양한 노인의 욕구 및 문제를 정확히 이해하고, 이에 따른 적절한 대처방안을 실천하는 일은 노인복지의 영역에 있어서 매우 중요한 일로 부각되고 있다. 이에 보다 광범위한 일반 노인을 대상으로 정서적인 삶의 향상을 도모하고 심각한 노인문제에 대한 예방적 차원에서 노인복지상담 시스템이 구축되어야 할 것이다(김태식, 2006). 이를 위해 가장 시급한 것이 지속적이고 전문적인 노인복지상담교육이며, 노인상담 영역에 대한 전문성이 확보되는 것이다.

이 장에서는 노인복지상담의 기본인 상담의 종류와 영역 그리고 상담자의 자질 및 역할에 대해 이해하고, 실제 상담현장 진행에 대한 이해를 높이기 위해 기초적인 상담과정에 대해 살펴보고자 한다.

1. 노인복지와 노인상담

노인상담이란 노인문제에 관한 전문적인 지식과 훈련을 받은 상담자가 노인들이 당면한 제반문제를 의논하고 그 해결점을 찾을 수 있도록 도와주는 과정이라 정의되고 있으며(박재간 외, 2006), 이는 개인의 노력, 가족의 지원과 사회의 공적 개입이 필요하다는 기본 원리에서 출발한다. 이러한 맥락에서 노인상담은 개인 및 가족차원에서 해결할 수 없는 노인의 욕구에 대한 구체적이고 실제적인 지원망이며, 노인들이 노년기 발달과업을 원만하고 성공적으로 수행할 수 있도록 도와주기 위한 대안적 복지서비스의 하나로써 노인의 복지와 연결된다(최광현, 2006).

그러므로 노인상담은 우선 노인이 필요로 하는 의료적 · 사회적 · 정서적 지원을 효과적으로 동원하고 이용하도록 원조해 주는 것을 목적으로 한다. 즉, 신체적인 강점을 강화하고 건강약화에 적응하도록 원조해 주며(예 건강상담), 보호 · 주거에 대한 욕구를 충족시키며(예 시설문의상담, 학대상담 등), 지역사회에서 새로운 역할을 가질 수 있도록 원조하고(예 여가, 취업, 자원봉사 상담 등), 배우자나 친구 등 중요한 사람들의 상실에 적응하도록 하며(예 임종상담, 홀로 남은 자를 위한 상담 등), 은퇴와 재정적인 변화에 대처하도록 하고(예 취업상담, 재정설계상담 등) 끝으로 삶의 통제력을 유지할 수 있도록 한다(예 통합적 상담)(서혜경 외, 2006).

노인상담의 기능에 있어서 기관 종사자들은 '자신의 문제를 스스로 해결할 수 있도록 이끌어 주는 것'이라고 인식하고 있는데 반해, 노인들은 '문제해결을 위한 정확한 정보를 제공해 주는 것', '내 문제를 이해해 주는 것'으로 인식하여 서로 간 차이를 보이는 것으로 나타났다(김태식, 2006). 즉, 노인상담 종사자는 상담서비스 수혜대상자로서의 노인을 동질적 집단이 아닌 성별, 소득수준별, 배우자 유무, 주거상황별, 사회활동수준별, 신체적 건강상태별 등 노인의 제반상태와 욕구에 부합하는 상담서비스 제공이 필요함을 알 수 있다.

이에 따라 최규련(2008)은 노인복지현장에서 노인상담자가 노인을 상담할 때 다음과 같은 점을 유의해야 한다고 지적하였다. 첫째, 노년기의 공통적 성격 특성과 심리적 욕구를 이해하고 존중하여야 한다. 대부분의 노인들은 자존감과 자기유용감을 원하는데 그렇지 못할 때 상처를 받기 쉽고, 노년기 특유의 우울해지는 경향, 과대망상 경향, 과민한 건강염려, 내향성의 증가, 과거지향 등의 경향이 있다. 둘째, 과거에 대한 회상을 격려하고 활기차고 건강하며 안정된 노후생활을 할 수 있도록 건강, 주거, 경제, 가족관계 면에서 통합적 도움을 주어야 하고, 노년기의 사회·심리적인 특성 외에 법적, 경제적, 지역사회의 서비스와 자원, 의료와 건강 등의 문제에 관해서도 대처할 수 있어야 한다. 셋째, 노년기는 가족관계 측면의 적응에 관심이 집중되는 시기인 만큼 노인복지상담자는 노인의 부부관계나 배우자 상실 및 치매문제 등의 상담에 준비되어 있어야 하고 가정 내 노인학대나 홀대의 가능성, 우울과 자살의 위험 등을 주의해야 한다. 넷째, 노인 내담자와의 상담관계 형성에 세심한 주의를 기울여야 한다. 노인 내담자의 가치관이 상담자와 다를 수 있고, 성문제나 재혼, 이성문제 혹은 재정문제 등에 관하여 솔직하게 드러내기를 거부할 수 있다. 이때 상담자는 경청하기와 솔직한 공감적 이해를 통하여 신뢰적 분위기를 조성하고, 노인의 감정을 수용하며 비밀보장에 관해서 명료히 해야 한다.

2. 노인복지상담의 종류와 영역

1) 노인복지상담의 종류

(1) 전화상담

전화상담은 전화매체를 활용하여 신속하게 내담자에게 대응하며 내담자의 문제와 위기에 개입하는 상담의 형태이다. 익명성과 편리성, 즉시성과 같은 전화상담의 특성들은 거동이 불편하거나 직접 대면하여 자신을 밝히고 싶지 않은 노인들에게 적합한 상담매체가 될 수 있다(김태식, 2006). 노인들이 전화상담을 선호하는 주요 이유 중 하나는 익명성이다. 그만큼 자신을 밝히지 않고 문제를 해결하는 데 도움을 받을 수 있다는 장점이 있다(박재간 외, 2006). 또한 공간적으로 떨어진 사람과의 물리적인 거리를 단숨에 연결시켜 주는 기능을 갖고 있어서 도움을 청하는 내담자가 번거롭게 상담자를 찾아가야 하거나, 상담수속절차를 기다려야 하는 복잡함이 없이 즉시로 도움을 청하고 도움을 받을 수 있다(김태원, 2010).

우리나라에서는 현재 전화에 의한 상담이 가장 활발하게 이루어지고 있으며, 대표적인 전화상담기관으로는 '한국노인의 전화'를 꼽을 수 있다. 또한 지역사회의 가정에서 생활하고 있는 노인에게 정기적인 전화방문을 통해 노인의 안녕과 복지에 대한 대안마련 등을 위해서 전화상담이 이용되고 있으며, 이외에도 노인학대를 신고하기 위한 긴급전화 등도 확산되고 있다(서혜경 외, 2006). 기타 '노인종합상담센터' 등에서 가족갈등 및 대인관계, 우울과 노인관련 복지제도 활용 및 서비스 연계 등과 관련된 전화상담을 활발히 진행하고 있다.

(2) 면접상담

면접상담은 노인이 직접 상담자와 대면하여 일대일로 상담을 하는 기본적 형태이다. 면접상담은 상담자 측면에서 볼 때 상담의 효율성과 정확성을 높여주는 장점이 있다. 즉, 면접상담은 상담자가 내담자의 언어적 메시지뿐 아니라 비언어적 메시지와 상황요인에 대한 직접적인 관찰이 용이하여 의사소통의 정확성을 증가시킨다. 노인 내담자의 경우 언어적 표현능력이 제한된 경우가 많아 언어적 메시지만을 갖고 내담자의 문제에 대하여 정확히 진단하기에는 무리가 있을 때가 많아서 면접상담을 통한 비언어적 메시지의 관찰은 상당히 유용하다. 그러나 면접상담은 내담자가 스스로 상담자를 찾아가야 하는 자발적 의지를 필요로 하며, 직접적인 대면을 통하여 자신의 문제를 노출해야 하는 심리적 부담이 있다. 따라서 노인 내담자가 내방할 수 있도록 동기를 부여하는 기술이 요구되며, 쉽게 찾아올 수 있도록 교통편의를 제공하고 시간과 장소 등을 조절하는 것이 좋다(김선희 외, 2005).

면접상담은 개인상담, 가족상담, 집단상담으로 구분된다. 개인상담과 가족상담은 노인의 문제해결을 돕는다는 공통점이 있으나 돕는 방법에 차이를 보인다(최규련, 2008). 개인상담은 한 명의 노인과 한 명의 상담자가 일대일로 만나는 형태로 노인이 자신의 문제를 가족에게 알리기 꺼려하거나, 가족구성원이 상담과정에 참여하기 어려울 때 활용된다(모선희 외, 2005). 대체로 개입 초기단계에는 개인상담으로 시작하는 것이 일반적이다(김선희 외, 2005). 가족상담은 노인의 환경이나 노인을 둘러싸고 있는 관계 속에서 일어나는 문제에 더 많은 관심을 가지며 가족집단을 단위로 한다(최규련, 2008). 특히 노부부갈등, 황혼이혼, 노부모와 자녀 간에 가치관 갈등이나 관계악화, 성인자녀 가족의 문제 등을 해결하는 데 적당하다. 집단상담은 지역사회 및 노인시설 등에서 주로 사용되는 것으로 노인들의 의존욕구를 장점으로 이용하는 것이다(김태식, 2006). 개인상담에서는 문제의 탐색과 해결이 상담자와 내담자 두 사람의 노력에 의해 수행되지만 집단상담에서는 집단에 참여한 구성원들의 상호 피드백을 주고받는 역동적 상호교류에 의해 이루어진다. 대체로 집단상담에 참여한 사람들은 나뿐 아니라 다른 사람들도 유사한 문제를 가지고 있으며 자신도 남을 이해하고 도와줄 수 있다는 것을 경험하게 된다. 또 감정과 생각을 솔직하게 주고받음으로써 자신과 타인을 이해할 수 있고, 자기의 결함에도 불구하고 타인들에게 배척당하지 않을 수 있다는 사실을 깨닫게 된다. 또한 집단상담을 통해서 구성원들 간에 정서적 유대감을 느낄 수 있으며 상호이해심과 협동심을 배양하는 기회가 될 수도 있다(김애순, 2008).

이와 같은 다양한 종류의 면접상담을 실시하기 위해서는 우선적으로 상담실이 따로 있어야 한다. 상담환경은 편안하고 비밀이 보장될 수 있어야 하며, 상담 도중에 상담이 방해받지 않는 환경이어야 한다(박재간 외, 2008).

(3) 사이버(인터넷)상담

평균수명의 연장과 인터넷 보급 확산에 따라 노인들의 인터넷 사용이 증가하고 있다. 사이버상담이란 인터넷이 보급된 컴퓨터를 통하여 문제를 가진 내담자가 자신의 문제를 해결하고, 문제에 대해 보다 바람직한 결과를 얻도록 훈련된 상담사와 상담적 교류를 갖는 것을 말한다. 인터넷 상담은 내담자가 자신의 문제를 호소하고 글을 쓰는 과정에서 자신의 문제를 정리하는 시간을 제공하며, 상담자의 답변이 오기까지 기다리면서 문제에 대한 대안을 생각하고 관심을 지속할 수 있다는 장점이 있다. 또한 내담자는 자신을 노출하는 대신 가명이나 아이디(ID)를 사용할 수 있기 때문에 자신이 노출되는데 대한 불안감에서 벗어나 다양한 문제를 호소할 수 있다(이호선, 2005). 그러나 인터넷 상담은 오로지 내담자가 올린 글을 토대로 하여 상담이 이루어지기 때문에 문제의 구체적인 상황을 파악하기 어렵다. 특히 내담자가 자신의 상황을 정확하게 전달하지 못하거나 왜곡된 정보를 제공할 수 있는데, 인터넷 상담과정에서는 이러한 부분을 확인하기 어렵기 때문에 대개 단회성 상담으로 끝나거나 면접상담을 위한 중간단계로써 이루어지는 경우들이 많다.

2) 노인복지상담의 영역

(1) 경제적 영역

경제적 문제는 대부분의 노인이 당면하는 문제로 노년기 생활에 영향을 주는 중요한 문제이다. 노년기의 경제적 어려움은 일상적 생활비뿐만 아니라 어느 시기보다는 신체적 쇠퇴과정에 있기 때문에 저항력이 약화되고, 질병에 대한 이환율이 높아서 의료비의 지출이 증가하여 어려움이 가중된다고 할 수 있다(김혜경 외, 2011). 즉, 노년기의 경제적 어려움은 노인의 삶 전반에 걸쳐 질적 저하의 근본 원인이 되므로 이에 대한 노인복지상담이 요구된다. 우선 은퇴 후의 재산처리와 효율적인 관리를 위해서도 경제적인 전문상담은 필수적이다. 수입이 줄어들고 지출은 늘어나는 노년기 초기에는 지출을 계획적으로 할 수 있는 상담을 받는 것도 좋다. 또한 일할 의사가 있는 노인에게는 취업과 직업알선 상담을 받아 경제활동에 참여하도록 노인복지상담자가 지도할 수 있어야 할 것이다.

(2) 신체적 영역

노인의 걱정거리나 관심사로 건강문제는 큰 비중을 차지한다. 신체적으로 의존적이 되는 것은 노년기의 가장 심각한 문제이며, 노년기의 질병은 특히 만성적이면서 장기적인 치료가 요구되고 합병증을 수반하는 경우가 많다(김혜경 외, 2011). 이에 따라 건강한 노후를 보낼 수 있도록 하기 위한 의식주 관련 상담 및 질병(만성질환 및 치매 등)과 관련된 상담 역시 노인복지상담자가 할 수 있어야 할 것이다.

(3) 정서적 영역

정서적 영역에서의 노인상담은 가족관계와 가정 내에서 발생하는 고독과 소외의 문제들에 관한 것이 많다. 노년기 남성과 여성의 역할변화로 인한 가정 내 부부 간 갈등, 효 문화의 변화로 인한 성인자녀와의 관계 등 소외감이나 박탈감으로 인한 노인들의 정서적 문제들에 관한 상담은 시급하고 절실할 수밖에 없다(이호선, 2012). 일반적으로 노화과정 자체가 노인에게 정서적 문제를 가져다 주게 되어 노인으로 살아가야 하는 노인기의 적응문제 자체가 노인에게는 심각한 문제이지만 이에 대해 사회에서는 미처 관심을 갖지 못하고 있다(서혜경 외, 2006). 정서적 영역에서 상담의 중요한 목표는 노인이 가지고 있는 문제에 직면해 노인이 현실적으로 적응하도록 도움을 제공해 주는 것이다. 또한 노화과정은 정상적이고 일반적인 과정이며, 노화로 인해 압박을 받는 것을 예방해 주는 것이라 할 수 있다. 따라서 정서적 영역에서의 노인상담 내용은 크게 노년기에 대한 적응의 문제, 가족관계로 인한 정서적 문제 등으로 크게 나누어 볼 수 있다(서혜경 외, 2006).

(4) 사회 · 법률적 영역

노인인구의 증가와 더불어 노인들의 사회활동 참여 역시 늘어나고 있다. 이러한 노년기의 사회적 활동이나 사회적 관계의 유지는 역할상실에서 오는 여러 문제를 극복하고 노인의 생활만족을 위해 매우 중요하다. 실제로 노인들은 노인복지시설 등이 점차 확충되어감에 따라 사회참여 활동 역시 다양해지고 있다. 이러한 추세와 함께 노인복지상담 영역 중 사회적 영역과 법률적 영역에 대한 상담이 증가하고 있다. 사회적 영역은 교육과 여가를 위한 사회시설 문의와 학업 및 취업을 위한 문의 또는 상담으로 나누어지며, 법률적 영역은 대부분 재산분할, 분가, 공문서 작성 및 발송방법, 법률가 알선 등이다.

현대사회가 복잡해지고 노인들의 사회적 수요가 점차 늘어나면서, 노인들이 사회・법률적 영역에서 자문을 구하는 경우가 앞으로 더욱 늘어날 전망이다(이호선, 2012).

3. 노인복지상담자의 자질과 역할, 윤리

1) 노인복지상담자의 자질

어떤 사람이 상담을 할 수 있는지 그리고 상담자에게는 특별한 자질이 갖추어져 있어야 하는지에 대해 한 마디로 설명하기는 어렵다. 그러나 대략 상담자의 자질은 인간적 자질과 전문적 자질로 구분해 볼 수 있다. 여기서 인간적 자질이란 원만한 성품을 갖추고 있고 소신이 있으며 사람에 대한 깊은 관심과 인내심을 소유하고 있는 것을 말한다. 그리고 전문적 자질이란 고도의 의사소통능력과 상담기술, 활동영역에 대한 전문적 지식을 갖추고 있는 것을 의미한다. 인간직 자질이 비교직 개인적 특싱이라면 전문적 자질은 교육이나 훈련을 통해서 연마될 수 있다.

김애순(2008)은 일반적으로 효율적인 상담자가 되기 위해서는 다음과 같은 몇 가지 자질을 갖추어야 한다고 지적하고 있다. 첫째, 인간존중에 대한 마음과 타인에 대한 민감성이다. 상담자는 문제를 가진 내담자를 한 사람의 인간으로서 존중해 주는 마음이 있어야 하며, 타인의 감정이나 태도를 민감하게 알아차리고 이해하며 이에 반응할 수 있어야 한다. 둘째, 객관성이다. 사람마다 인생경험, 가치관, 행동방식과 태도가 다를 수 있다. 상담자는 내담자의 독특한 가치관, 행동방식과 태도를 객관적으로 보고 수용하는 포용력이 있어야 한다. 셋째, 자기인식과 개방성이다. 상담자는 자신의 가치나 신념, 욕망, 행동, 동기, 대인관계 속성 등을 잘 이해하고 있어야 한다. 이러한 것들이 상담과정에 영향을 미치는 것을 방지하기 위해서이다. 또한 타인의 경험은 물론 자신이 경험하는 느낌이나 생각을 개방적으로 수용하고 표현할 수 있어야 한다. 이러한 자질들을 갖추고 있으면 상담장면에서 효율적으로 기능할 수 있을 뿐만 아니라, 상담자 자신의 인간적 성장에 도움이 된다. 마지막으로 전문적 지식과 정보이다. 상담경험은 물론, 자신이 활동하고 있는 상담영역에 대한 전문적 지식과 정보를 갖추고 있어야 한다. 즉, 상담기술, 해당 분야에 관한 정보, 조직구조나 취업경향, 개인적 · 사회적 정보 등을 갖추고 있어야 한다.

노인복지상담자는 노인 내담자가 기본적인 욕구를 충족하면서 노년기를 통합의 시기로 보내도록 돕는 역할을 하며 상담 시 노인 내담자에게 상당한 영향을 미치게 되므로, 인간적 · 전문적 자질 모두를 갖추어야 하는 매우 전문적인 영역이라 할 수 있다.

2) 노인복지상담자의 역할

다양한 노인복지상담자의 역할에 있어서 박재간 등(2006)은 중개자의 역할(role of broker), 대변자의 역할(role of advocacy), 가능케 하는 자로서의 역할(role of enabler), 교사의 역할(role of teacher) 네 가지를 제시하였다. 첫째, 중개자의 역할은 노인 내담자와 지역사회 자원 간의 중개자로서의 역할수행을 의미한다. 노인복지상담자가 중개자로서 효과적인 역할을 수행하기 위해서는 지역사회 내의 자원에 대한 폭넓은 지식을 갖고 있어야 한다. 내담자가 필요로 하는 자원을 적시에 찾아 활용할 수 있도록 돕는 것이 노인복지상담자에게 제공할 수 있는 가장 중요한 서비스라 할 수 있다. 둘째, 대변자의 역할은 노인복지상담자가 활동목표를 달성하는 데 필요한 노인내담자의 입장을 표현해 주고 대신 주장해 주는 활동을 의미한다. 셋째, 가능케 하는 자로서의 역할은 활동목표를 달성하는데 필요한 변화를 노인내담자 스스로 달성할 수 있도록 돕고 그 과정을 촉진시키는 것이다. 즉, 환경을 변화시킬 방법을 발견하도록 돕거나, 노인내담자가 스스로 결정을 내리는 데 필요한 정보를 제공하거나 또는 가르쳐 주는 일 등을 의미한다. 넷째, 교사의 역할은 노인내담자에게 문제상황에 대처하는 데 필요한 새로운 정보를 제공해 줄 수 있고, 노인내담자가 새로운 행동이나 기술을 숙련하도록 도울 수 있으며, 대안적 행동유형의 모델링을 통하여 가르칠 수 있음을 의미한다.

김호선(2012)은 상담자가 노인내담자에게 반응하는 유형이 매우 다양한데, 그 중 노인내담자의 언어적·비언어적 메시지에 들어있는 다양한 신호들과 행동을 보다 빠르고 구체적으로 파악하고 해석하는 상담자의 역할이 가장 중요함을 지적하고 있다. 즉, 노인의 다양한 욕구와 의사소통 형태를 파악하고 있는 상담자가 원활히 상담을 이끌어갈 때와 그렇지 못할 때 상담자가 행할 수 있는 긍정적인 역할과 부정적인 역할을 구분하고 있다. 긍정적 역할이란 노인내담자 스스로 자존감을 향상시킬 수 있도록 하고, 내담자 자신을 스스로 바라보고, 현재의 문제를 그대로 받아들이도록 하며, 노인내담자가 가지고 있는 잠재적 자원을 끌어내고, 이를 지원하며, 삶을 긍정적으로 평가하고 통합할 수 있도록 한다. 반면 부정적 역할은 노인내담자의 의존성을 강화하고, 노인의 문제를 한 방향에서만 바라보고, 노인내담자 스스로가 문제해결할 수 있는 가능성을 줄이고, 무력감을 갖도록 하게 만든다.

3) 노인복지상담자의 윤리

노인복지상담자가 전문적 윤리를 위배하는 행동을 했을 때 노인 및 가족에게 주는 부정적인 영향은 매우 크다. 많은 경우 증상이 악화되고 당시에 도움이 될 것 같은 개입도 시일이 지난 후에 심각한 해를 가져올 수 있다. 가족상담자 윤리규정 등을 기초로 노인복지상담자의 윤리를 제시하면 다음과 같다(최규련, 2008). 첫째, 노인내담자에 대한 책임이다. 노인복지상담자는 자신의 도움을 필요로 하는 노인내담자의 권리를 주장하고, 자신의 서비스가 적절하게 사용된다는 것을 보장하기 위해 합당한 노력을 해야 한다. 둘째, 비밀유지이다. 노인복지상담자는 치료적 관계에 있는 한 사람 이상의 내담자가 있기 때문에 비밀보장에 대해 특별한 관심을 가져야 한다. 노인복지상담자는 내담자를 각기 존중해 주며 내담자의 비밀을 보호해 준다. 셋째, 전문가로서의 능력과 통합이다. 상담자는 직업적 능력과 통합을 높은 수준으로 유지한다. 또한 자기능력의 범주에서 벗어난다고 인식되는 문제에 대해 진단하거나 치료하거나 조언하지 않는다. 또한 자신의 개인적 문제나 갈등으로 인해 상담을 수행하거나 임상적 판단에 손상을 가져오는 경우 적합한 전문가의 도움을 받는다. 넷째, 직업에 대한 책임이다. 상담자는 전문가 동료들의 권리와 책임을 존중하며 직업의 목적을 개선하기 위한 활동에 참여한다. 다섯째, 광고이다. 노인복지상담자는 노인들의 정보에 근거하여 전문 서비스를 선택할 수 있도록 적합한 광고활동을 한다.

4. 노인복지상담의 과정

노인복지상담은 모든 상담과 공통적으로 초기, 중기, 종결과정으로 구성되며, 각 단계마다 진행절차와 유의해야 할 지침이 있다. 이를 살펴보면 다음과 같다.

1) 노인복지상담 초기과정

노인복지상담을 시작하기 전에 상담실이 쾌적하고 편안하면서 비밀유지가 되도록 분위기를 마련하고 기록지와 상담에 활용할 평가도구 등을 준비한다. 면접상담에서 녹음이나 녹화를 하는 경우에는 내담자의 동의를 받기 위한 서류를 준비한다(최규련, 2008).

초기단계에서는 상담신청 및 접수, 내담자와의 관계형성 및 구조화, 상담목표 합의 및 계약 등이 진행된다.

(1) 상담신청 및 접수

노인상담은 내담자 본인이 상담기관에 직접 찾아와 상담신청을 하기도 하지만, 노인내담자의 가족이나 의사, 사회복지사 등 전문가가 의뢰(referral)하여 이루어지는 경우도 있다. 상담신청은 상담기관에 와서 직접 신청하는 경우와 전화로 신청하는 두 가지 방법이 있다(박재간 외, 2006). 이때 상담을 의뢰한 사람의 이름, 주소, 연락처를 알아보고, 그 사람이 인식하는 문제가 무엇인지, 문제의 성격과 지속기간, 개인 및 가족의 대처방법 등을 확인한다. 그리고 상담자는 노인내담자가 경험하는 문제가 응급상황/조치(예 강한 자살충동, 발작, 살인 등)를 요구하는 상담신청을 받는 경우 일단 그 기관의 다른 상담전문가에게 알리고 적절한 조치를 취하고, 응급상황이 아닌 경우 첫 회 상담시간을 약속한다(김계현, 1999).

(2) 내담자와의 관계형성 및 구조화

상담 첫 회기는 이후 상담의 방향과 성공 여부를 결정짓는 중요한 단계이다. 노인복지상담자는 우선적으로 노인내담자와의 치료적 관계를 형성하는 것이 중요하다. 치료적 관계가 형성되면 노인내담자가 상담자로부터 진심으로 이해받고 존중받는 느낌을 갖게 되고 상담자를 전문가로서 신뢰하게 된다. 상담실에 온 내담자들은 개인적으로 힘든 문제를 가져오고 상담자에 대한 막연한 기대만을 갖고 있기 때문에 불안할 수 있다. 상담자는 노인내담자 및 가족원들이 긴장하지 않고 편안한 마음을 가지도록 도와야 한다. 개인상담의 라포형성 기법과 동일하게 노인복지상담자들 역시 내담자 개개인을 수용하고, 경청과 공감적 이해, 요약하기 등을 잘 하여야 하며 겸손하고 솔직한 태도를 가져야 한다. 그리고 상담자 자신이 편안하고 차분한 자세를 지니면서 온화한 표정으로 대하여야 하며, 내담자의 생각과 감정은 물론 자신의 감정변화에도 매우 민감하여야 한다(최규련, 2008).

그리고 향후 상담 또는 치료적 관계를 바람직한 방향으로 안정시키기 위해 상담에서 성취가능한 범위와 제한점에 관해 교육을 시키는 구조화(structuring) 작업을 한다. 일반적으로 상담자와 내담자가 서로 편안하도록 제한점은 최소한도로 줄이고 상담과정에 대한 설명, 상담자의 역할설명, 내담자에 대한 기대표명, 상담시간 안내, 상담료와 지불방법에 대한 안내, 상담주기 설명, 상담시간에 못 올 경우를 대비한 안내 등을 미리 내담자에게 알려준다. 구조화는 상담 초기에만 하는 것은 아니다. 상담과정이 진행됨에 따라 상담관계에 대한 재구성(재조정)할 필요를 느끼면 그때마다 다시 밝혀 내담자가 이해하고 실천하도록 한다(박재간 외, 2006).

(3) 문제의 명료화와 상담목표 합의

상담자는 문제가 무엇인지를 명료화하고 전문적인 관점에서 문제를 재구성(reframe)하며 내담자의 강점과 자원을 말해줌으로써 내담자의 저항을 줄이고 새로운 방향으로 문제를 바라볼 수 있도록 한다. 그리고 상담자는 내담자가 바라는 것과 상담을 통해 얻기를 원하는 것이 무엇인지를 분명히 한다(최규련, 2008).

상담목표 설정은 내담자가 자신의 관심사를 이행하도록 하는 데 초점을 두어야 하며, 상담목표 설정의 주요 목적은 내담자가 바람직한 변화를 시도하도록 하기 위해 동기를 부여하고 구체적인 실행범위를 정하는 것이다. 이를 위해 상담자는 한 번에 여러 가지 목표를 세우기보다는 한 가지 목표에 초점을 둠으로써 문제해결의 가능성을 높이고, 내담자가 문제에 집중하도록 해야 하며, 상담목표를 구체적이고, 실행이 가능하며, 도달가능한 것으로 해야 할 것이다. 또한 상담목표는 상담자만이 아닌 내담자가 반드시 동의, 승인하여야 하며, 내담자로 하여금 설정한 목표에 대한 책임을 분명히 하게 하고, 상담이 지연되는 것을 막도록 해야 할 것이다(이호선, 2012).

2) 노인복지상담 중기과정

이 단계는 변화를 위한 주된 작업이 이루어지는 실행단계로서 노인복지상담의 핵심부분이다. 내담자의 특성과 문제의 성격, 상담자의 능력과 전문적인 판단에 따라 설정된 상담목표 달성을 위해 적절한 이론과 기법 그리고 정보 등을 선택하고 적용하게 된다.

이때 내담자는 자신의 문제에 대한 자각이 늘어나고 표면적인 문제행동이 완화되며, 문제해결을 위한 동기가 커지고, 다른 사람을 수용하며 기능적인 방식의 상호작용이 증가하게 된다. 상담자는 변화를 촉진하는 역할을 담당하며, 내담자가 긍정적인 변화를 자각하고 자율적인 문제해결능력을 습득하도록 돕는다.

이때 내담자에게 변화가 나타나지 않거나 개선이 없으면 상담자는 전이와 역전이, 상담자의 중립성 유지문제, 상담자의 지나친 주도성, 상담자의 저항, 내담자의 저항 등을 점검하고 선배나 동료의 지도·감독을 받는 것이 바람직하다(최규련, 2008).

기타 문제에 따라 보호기관, 병원, 정신과적 치료나 집단치료, 가족상담 등의 실시 기관 등과 연계하여 개입하는 것이 효과적일 때도 있다. 이 경우 상담자나 기관들 사이에 원활한 의사소통이 이루어져서 협력적 관계가 형성되는 것이 바람직하다.

3) 노인복지상담 종결과정

상담의 종결은 상담목표가 완성되었을 때 이루어진다. 그러나 노인내담자 문제를 상담하고 있는 중간에 종결이 되거나 다른 문제상담을 위해 상담관계가 지속될 수도 있다. 노인내담자의 상담목표가 성취되고 상담자와 노인내담자 모두가 상담의 종결에 동의하는 경우 상담종결이 이루어진다(이호선, 2012).

종결에 있어 노인내담자에게 미리 종결을 준비할 수 있도록 이야기해야 하며, 상담자는 상담 초기와 현재의 상태에 대하여 비교하고 그동안의 상담과정을 되돌아 보며 상담목표에 얼마나 근접해 있는지를 이야기한다. 그리고 종결시기에 대해 합의하고, 남은 시간 동안 달성해야 할 목표를 설정하며, 종결에 대한 감정표현을 수용하고 인정해 주는 것이 필요하다. 종결시점에 노인내담자가 상담과정에서 노력하고 변화된 것들에 대한 평가작업을 함으로써 노인내담자가 성취감과 자신감을 갖게 한다. 이 단계에서 상담자는 상담종결이 노인내담자의 참여와 노력의 결과이며 자기이해와 성장의 시작임을 말한다. 그리고 노인내담자로 하여금 내담자에게 예상되는 어려움에 그에 대한 대처방법을 생각하고 또 현재의 변화를 유지하기 위한 장기적 목표를 세워 과제를 수행하도록 격려한다(최규련, 2008).

종결 이후 실시하는 사후관리(또는 추수 면접단계, follow up)는 상담이 종결한 후 1개월이나 3개월, 6개월 또는 1년 후에 연락을 취하여 그가 어떻게 지내는지 그리고 계속 변화를 유지하고 있는지 확인한다. 노인내담자에 대한 이러한 배려는 상담자의 관심을 나타내며, 그들의 성공적 대처와 노력을 격려해준다.

그 외 상담을 하다보면 상담이 성공적으로 종결되지 못하고 도중에 중단되거나 조기종결되는 경우가 종종 있다. 이런 경우 상담자는 당황하지 말고 그 의도와 이유를 파악하여야 한다. 이때 상담자가 상실감 또는 애도의 과정을 경험할 수 있는데, 이에 대해서는 수퍼바이저의 도움을 얻을 수 있다.

더불어 어떤 내담자를 다루든 상담자로서의 역량을 강화시켜나가기 위해서는 꾸준하게 수퍼비전을 받는 것이 필수적이다. 이러한 평가과정을 통해 상담자의 성장이 이루어질 수 있을 것이다.

CHAPTER

05 노인복지상담의 기법

학·습·목·표

1. 노인복지상담에서의 기초 기법을 숙지한다.
2. 노인복지상담에서의 심화 기법을 숙지한다.

내담자는 69세 여성으로 함께 살고 있는 며느리와의 성격갈등으로 상담을 받으러 왔다. 상담자는 내담자와 라포(치료적 신뢰관계)를 형성하고 상담목표를 잡은 이후 역할바꾸기를 시도한다. 역할바꾸기를 할 때는 상담자가 내담자와 역할을 바꾸어도 좋고, 역할도우미가 참여하여 내담자와 갈등관계에 있는 며느리 역할을 서로 바꿀 수도 있다. 아래는 상담자와 내담자가 역할분담을 하여, 내담자가 며느리 역할을 하고 상담자는 내담자인 시어머니 역할을 하였다.

상담자 1 : 자, 지금까지는 시어머니로서 선생님의 이야기를 해보았는데요, 이제부터는 선생님과 역할을 바꾸어 보면 어떨까요. 제가 선생님 역할을 하고 선생님은 며느리 역할을 해보는 거지요. 어떨까요?

내담자 1 : 글쎄요. 그게 잘 될지 모르겠네요.

상담자 2 : 처음에 좀 어색하겠지만, 곧 괜찮아지실 겁니다. 한번 해보죠. 잘 안 되어도 괜찮으니 용기를 내어 보세요.

내담자 2 : 그럼 한번 해보죠.[내담자와 상담자가 서로 자리를 바꾸어 앉고 상담자는 내담자(시어머니)처럼 행동하며 내담자인 시어머니에게 이야기를 시작한다]

상담자 3 : 너, 나한테 너무하는 거 아니냐. 내가 한마디 할 때마다 그렇게 대답도 하지 않고 그러면 어떡하니?

내담자 3 : (며느리처럼 말하며) 어머니, 저는 직장에 다니면서 말 못할 고민이 많아요. 몸도 너무 피곤하구요. 돌아와서는 쉬고 싶은데, 며느리 입장이 그렇지 못하잖아요. 저를 좀 이해해 주시면 안 될까요?

상담자 4 : 나도 젊은 시절에 다 힘들게 지냈는데, 넌 뭘 그렇게 힘들다고 그러니, 나는 애들 둘 데리고 안 가본 데가 없었다. 요즘은 차도 있고, 세상이 얼마나 좋아졌니?

내담자 4 : 맞아요. 어머니 전보다는 많이 좋아졌죠. 그러나 어머니도 딸이 있어 아시잖아요. 애비가 너무 늦게 들어오면 아이들 숙제며 공부까지 제가 맡아서 봐주려니 저는 정말 너무 힘이 들고, 요즘 같아서는 집에 들어오는 게 겁이 나요.

상담자 5 : 오, 나는 네가 그 정도로 힘든 줄 몰랐다. 내가 어떻게 해주면 되겠니?

내담자 5 : 어머니가 그리 말씀해 주시니 제 마음이 정말 위로가 되요.(역할극을 정리하고 내담자에게 역할을 바꾸었을 때의 느낀 점을 말하게 한다)

내담자 6 : 막상 며느리 역할을 하니 막막하고 속이 많이 상하겠다. 힘이 들겠다 그런 맘이 많이 드네요. 잠시 역할을 한건데 참 희안하네요.

노인복지상담의 특성이 말하듯 노인복지상담은 전문적인 훈련을 받은 상담자가 노인내담자가 직면하고 있는 다양한 문제들을 신체적 · 심리적 · 정서적 상황을 고려하면서 바람직한 방향으로 해결하도록 돕는 상호적 과정이어야 한다. 이러한 과정을 충족시키기까지 상담과정에서 내담자의 특성에 따른 다양한 기법들이 효과적으로 사용될 때 상담의 효율이 상승하게 된다. 그러나 기법을 사용하기에 앞서 당부할 것은 상담자가 올바른 기법을 사용하기 위해서는 꾸준한 노력이 필요하다는 점이다.

노인복지상담기법은 기초 기법과 심화 기법 그리고 심리극 활용 기법으로 나눌 수 있다. 기초 기법은 상담의 기본적 요구사항들을 임상현장에서 정확하게 사용하는가를 점검하기 위한 것이며, 심화 기법은 기초 기법 이외 임상현장에서 사용하는 다양한 질문 기법 등 실전을 위한 기법이다. 그리고 심리극 활용 기법이란 오랫 동안의 임상적 훈련을 통해 특정 상황에 필요한 전문성을 요하며 대개 사이코드라마 기법을 활용하는 경우를 말한다. 그러나 노인상담 현장에서 기초 기법과 심화 기법은 곧 전문 기법을 위한 길이며, 전문 기법은 기초 기법과 심화 기법 없이는 불가능한 과정이다. 따라서 기초 기법에서 심화 기법을 거쳐 전문 기법에 이르는 다양한 기법들을 골고루 익혀 임상현장에서 그 진가를 발휘할 수 있도록 심혈을 기울여야 한다. 이 장에서는 노인복지상담 현장에서 긴요하게 사용되는 기초 기법과 심화 기법을 살펴보고자 한다.

1. 노인복지상담의 기초 기법

노인복지상담은 노인의 개인적 측면, 사회적 측면, 관계적 측면 등 다양한 내용을 포함하며, 나아가 노인과 관련한 가족들의 내용까지도 포괄한다. 발단단계마다 내담자의 발달상의 특징을 충분히 고려하고 그에 맞는 상담목표와 상담과정 및 기법을 사용한다. 마찬가지로 노인들은 그 특성이 다른 발달시기를 지나고 있는 사람들과는 다른 만큼 상담의 특성 역시 다르다. 또한 같은 상담기법을 사용하더라도 노인복지상담에서는 내담자의 연령, 신체적 특성,

학력, 지적 능력, 정서상태, 언어의 적합성 정도 등 다양한 상황을 좀 더 세심히 살피고 이를 적용해야 한다. 노인은 다른 발달단계에 있는 내담자들과는 상황이 좀 더 복합적인 경우가 많기 때문이다.

상담자에게 노인복지상담에 대한 두려움이 있을 수 있다. 내담자와 상담자의 연령차이, 경험차이 등 다양한 사회적 관계에서 나타나는 심리적 요소들이 작용할 수 있기 때문이다. 곧 노인상담에서 전이와 역전이는 피할 수 없으나 반드시 넘어야 할 문제가 된다. 그러나 여러분은 노인상담 '전문가'이며, 내담자는 '문제를 가져 어려움에 처해 도움을 필요로 하는 사람'이라는 점을 기억한다면, 연령차나 경험차에서 오는 심리적 위압감과 같은 상담자의 역전이 문제는 자기분석과정을 통하여 도리어 상담을 촉진하는 요소가 될 수 있다.

특히 '정(情)'과 '관계'에 중심을 둔 우리나라의 정서적 특성을 상담의 장에 잘 활용할 경우 상담의 시작인 노인들과의 치료적 동맹, 즉 라포(rapport)가 보다 잘 형성된다. 그러나 정(情)이나 라포만으로는 부족하다. 보다 구별되는 기법을 통하여 상담자의 유능함을 보일 필요가 있다. 이는 단순히 상담자의 유능함만 보이는 것이 아니라 내담자의 문제에 보다 효과적으로 접근하여 해결할 수 있는 구체적인 방법이 된다. 유능한 상담자 모델, 방법, 기법을 배우고 익히는 과정은 가족이나 친구관계, 그리고 상담현장을 포함한 삶의 모든 사회적 환경에서 자신과 다른 사람과의 상호작용에 긍정적인 효과를 낸다.

유능한 상담자가 되기 위해서는 내담자의 상황을 읽어내고 그 상황 속에서 효과를 발휘할 일정한 기술과 기법이 정확하게 익힐 필요가 있다. 즉, 기초/심화 의사소통기술, 내담자와 함께 일하는 관계를 세워나가는 능력, 내담자가 문제의 상황을 인식하고 탐색하며, 미개발된 기회를 인식하고 성찰하고, 문제를 해결하며, 목표를 개발하는 기회를 설정하고, 이러한 목표를 설정하기 위한 행동계획을 개발하고, 그 계획을 적용하며 이러한 전체 진행과정을 계속적으로 평가하는 기술이 필요하다. 이러한 기술은 단순히 돕는 기술차원이 아니라 보다 나은 삶을 위한 내담자의 노력과 함께 하는 상담자의 창조적이며 인간적인 방법들을 담고 있다. 이러한 기술을 습득하는 유일한 방법은 연습하고 자주 사용해서 자연스럽게 몸에 배도록 경험으로 배우는 것이다.

기법을 공부하는 동안에는 예상되는 상담상황을 상상해가며 내담자와 이야기를 하고 있는 상담가로서의 자신의 모습을 그려보면 도움이 될 것이다. 또한 따로 종이를 마련하여 내담자가 누구이고 또 상담의 내용이 무엇인지 간단하게 기록하되 마치 자신이 내담자와 이야기하고 있는 것처럼 하는 것이 좋다. 기록을 한 후에는 여기에서 개괄하고 있는 기법들이 어느 정도 포함되어 있는지, 또 자신의 설명이 어떻게 수정되어야 할 지에 대하여 논구해 보도록 한다. 여기서는 노인상담의 기초를 다루고 노인상담에서 사용되는 기법들을 상세하게 살펴 학습자들이 실제 노인내담자를 만날 때 상담기법을 활용할 수 있도록 도울 것이다.

1) 내담자의 외모 살피기

상담의 시작은 어느 시점부터인가? 넓은 의미로는 상담이 내담자가 상담을 받기로 결심한 그 순간부터, 혹은 상담을 받아볼까 하는 생각을 가질 때부터라고 말할 수 있을 것이다. 그러나 면접상담의 경우 보다 구체적으로는 내담자가 상담현장에 와서 상담자와 처음으로 눈을 맞추고 얼굴을 보며 서로를 탐색할 때부터 상담은 시작된다고 말할 수 있다.

내담자가 처음 상담소에 왔을 때 상담자들이 간과하기 쉬운 것 중 하나가 '외모 살피기' 이다. 외모 살피기란 상담자가 내담자의 외적인 특징들을 세세히 살피는 것을 말한다. 안색에서부터 옷차림, 액세서리, 가방, 눈빛, 이미지, 떠오르는 색깔 등 내담자의 외적인 특징은 내담자의 심리적 상태를 반영해주는 중요한 열쇠가 된다. 얼마나 옷을 잘 입었는가, 혹은 비싼 액세서리나 가방을 들었는가는 중요하지 않다. 상담현장에 들어온 내담자에게서 자세히 살펴야 할 내용들은 다음의 <표 5−1>과 같다.

〈표 5-1〉 '외모 살피기'의 내용

외 모	구체적 내용
얼굴 및 표정	• 병색이 도는가 • 창백한가 • 표정이 어두운가 • 굳은 표정인가 • 밝은 표정인가
시 선	• 눈을 잘 맞추는가 • 시선을 피하는가 • 눈동자는 안정적인가 • 눈을 충분히 뜨고 있는가 • 충혈되어 있는가
청결상태	• 냄새가 나는가 • 머리는 감았는가 • 머리를 잘 빗고 오는가 • 옷은 단정한가 • 손·발톱은 정돈되어 있는가 • 세수는 했는가 • 입냄새가 나는가
액세서리	• 필요 이상으로 여러 개를 했는가(반지, 귀걸이 등) • 지나치게 화려한가
의 상	• 제철에 맞는 의상인가 • 시대에 맞는 의상인가 • 상황에 맞는 의상인가(트레이닝 웨어나 너무 허름한 옷을 입지는 않았는가) • 화려한가 • 모자를 썼는가
신 발	• 제철에 맞는 신발인가 • 슬리퍼 등 상황에 부적절한 신발은 아닌가 • 양말은 신었는가
전체 몸동작	• 빠른가 vs. 느린가 • 등이 굽거나 허리가 휘었는가 • 적극적인가 vs. 소극적인가
손과 발	• 청결한가 • 안절부절 하지 못하는가 • 손이나 발을 눈에 띄게 꼬거나 비트는가 • 특정 부위를 계속 만지거나 비비는가

외모 살피기는 상담자들이 간과하기 쉬운 부분이다. 내담자의 현재의 상태는 내담자의 심리상태를 반영하기 때문이다. 또한 내담자가 다음 회기에 올

때 옷차림의 변화는 곧 내담자의 심리적 변화를 반영한다는 점을 기억하라. 어둡고 불편한 안색에서 밝고 편안하게 변해가는지, 삶에 대한 태도의 변화는 외모에서도 나타나기 때문이다.

얼굴 및 표정은 병색이 도는가, 어두운가, 창백한가, 굳은 표정인가, 밝은 표정인가를 살펴보면 내담자의 건강상태와 심리상태를 파악하는 데 도움이 된다. 또한 눈을 잘 맞추는가, 시선을 피하는가, 눈동자는 안정적인가, 눈을 충분히 뜨고 있는가, 충혈되어 있는가 등으로 내담자의 특성과 현재 상태를 파악하는데 시선에 대한 관찰이 중요하게 작용한다. 청결상태는 내담자의 우울 정도를 파악하는 데 유리하다. 대개 우울한 노인내담자들은 청결상태가 불량한 경우가 많기 때문이다. 따라서 내담자의 청결상태는 냄새가 나는가, 머리는 감았는가, 머리를 잘 빗고 오는가, 옷은 단정한가, 손·발톱은 정돈되어 있는가, 세수는 했는가, 입냄새가 나는가 등을 살핀다. 액세서리의 경우 역시 필요 이상으로 여러 개를 했는가(반지, 귀걸이 등) 또 지나치게 화려한지를 살펴 내담자의 인정욕구를 알아보는 가상척도로 사용할 수 있다. 의상의 경우도 제철에 맞는 의상인가, 시대에 맞는 의상인가, 상황에 맞는 의상인가(트레이닝 웨어나 너무 허름한 옷을 입지는 않았는가), 화려한가, 모자를 썼는가 등을 살핀다. 신발 역시 중요하다. 제철에 맞는 신발인가, 슬리퍼 등 상황에 부적절한 신발은 아닌가, 양말은 신었는가 등으로 내담자의 생활적응과 정신상태를 고려할 수 있다. 전체 몸동작 역시 빠른가 vs. 느린가, 등이 굽거나 허리가 휘었는가, 적극적인가 vs. 소극적인가를 통해 내담자의 심리·정서적 특성을 탐색하는 데 도움이 된다. 손과 발의 경우 청결한가, 안절부절 하지 못하는가, 손이나 발을 눈에 띄게 꼬거나 비트는가, 특정 부위를 계속 만지거나 비비는가 등으로 정서적 안정성을 고려할 때 도움이 된다.

2) 적극적 경청의 사례와 실제

사람은 누군가 자신의 말에 관심을 기울이며 들어주기를 바란다. 특히 감정이나 정서적인 내용일 경우, 대화할 대상이 적을 경우 더욱 그러하다. 감정은 좋은 것에든 나쁜 것에든 강한 동기부여자이며 이야기, 견해, 결정, 의도들이 속속히 배어들기 때문에 상담자는 감정에 대한 관심을 가지고 다른 사람들의 말듣기에 집중해야 한다. 누군가 자신의 느낌과 감정에 귀를 기울일 때 여러분의 감정을 상상해 보라, 그리고 나를 무시하고 듣지 않는 인상을 받을 때를 떠올려 보라. 아마도 그때의 느낌은 다음과 유사할 것이다.

〈표 5-2〉 적극적 경청과 소극적 경청의 심리반응 차이

적극적 경청 시의 내담자의 심리반응	소홀한 경청 시의 내담자의 심리반응
당신이 내 마음을 이해해 주는 군요	이 사람도 내가 하는 말을 안 듣는 구나
• 안심이 된다. • 편안하다. • 이제는 이야기할 수 있을 것 같다. • 솔직히 말할 용기가 난다. • 두려움이 줄어드는 것 같다. • 집에 있는 것 같다. • 평화롭다. • 좋다.	• 불안하다. • 아주 불편함을 느낀다. • 나를 무시하고 있다. • 또 버림 받을 것이다. • 이 자리를 피하고 싶다. • 말하고 싶지 않다. • 시간이 아깝다. • 왜 왔나.

일반적 상황과는 달리 상담현장은 내담자의 기대의 장이기도 하다. 자신을 수용해 주고 자신의 말을 있는 그대로 받아들여질 수 있는 전문적인 듣기의 장에 들어왔다고 생각할 것이다. 그러한 기대가 충만한 상황에서 상담자가 자신의 말을 소홀하게 듣는 경우 내담자는 자존감이 낮아지거나 분노감을 느낄 수 있다. 대개 내담자들은 상담자가 자신의 이야기를 적극적으로 경청하고 있는지를 직감적으로 알 수 있다. 상담자의 태도, 눈빛, 자세, 응답 정도 등을 통하여 내담자는 상담자의 관심 정도를 파악한다. 마찬가지로 내담자가 심리적으로 불편한 상황을 만드는 것 역시 가능하다. 상담자가 내담자의 이야기를 듣는 동안 내담자가 불쾌함을 느낄 수 있는 상황으로는 다음의 것들이 있다.

- 시선 피하기
- 아래로 내려보기
- 전화/휴대전화 울리거나 받기
- 훈계하기
- 내담자의 이야기 중 불필요하거나 과도하게 끼어들기

- 손에서 볼펜을 돌리거나 만지작거리기
- 다리 흔들기
- 다리를 포개고 앉기
- 눈에 거슬리는 행동을 반복적으로 하기(지속적으로 코 등 신체 일부를 만지기, 시계를 주기적으로 보기, 몸을 부산하게 움직이기, 고개 가로젓기 등)
- 내담자를 의심하는 듯한 눈초리나 비하하는 듯한 눈초리로 쳐다보기
- 내담자(특히 여성내담자)의 몸 훑어보기 등

상담자들은 대개 자신이 가지고 있는 노인들에 대한 인식 때문에 노인들에게는 다른 인생주기를 살고 있는 청・장년들에게보다는 시간, 열정, 관심 등을 덜 들이기 쉽다. 그러나 노인들이야말로 예리한 관찰자이며, 상담자가 세심한 부분까지 관심을 가져야 할 내담자이다. 그들은 대개 상담자보다 연령이 높으며, 따라서 연령에서 오는 다양한 사회적 예후를 기대하고 있다. 보다 긴 시간, 많은 관심, 드러나는 열정을 기대한다. 이러한 노인 내담자의 수요를 파악하지 못한다면, 위에서 본 것처럼 내담자의 불쾌함을 야기하는 듣기방법이 발생할 수밖에 없다.

적극적 경청은 내담자에게 안정감을 주며, 상담자에 대한 신뢰(라포－Rapport, 치료적 관계)를 형성한다. 얼마나 잘 들어주는가는 얼마나 잘 이해하는가의 문제와 직결된다. 즉, 잘 들을 때 잘 알 수 있다. 내담자의 수요, 문제, 해결책은 모두 내담자에게 있기 때문이다. 다음은 적극적 경청의 좋은 요소들이다.

- 눈을 바라보기
- 미소짓기
- 몸을 많이 움직이지 않으면서 자연스러운 태도 취하기
- 고개를 끄덕이거나 ‘네, 그렇군요’ 등으로 반응 보이기
- 손으로 턱을 살짝 괴거나 필요한 경우 필기하기
- 끝까지 듣기(험담이나 불편한 이야기라도)
- 끼어들지 않기
- 가끔씩 이야기 정리하기

3) 공감적 이해의 사례와 실제

공감(共感)은 흔히 라포와 많이 혼동된다. 라포가 상담시작에서 종결에 이르기까지 내담자와 상담자 간의 신뢰로 일종의 상태를 말한다면, 공감은 특정한 순간에 내담자의 진심 속으로 들어가는 순간을 만들어내는 기법이다. 공감을 쉽게 이해하자면 '다른 사람의 신발을 신어본다'고 생각하면 좋다. 즉, 그/그녀의 신발에 뾰족한 것이 찌르지는 않는지, 바람은 잘 통하는지, 너무 크거나 작지는 않은지, 신발을 마음에 들어 하는 지 등 다른 사람의 경험을 깊이 있고 진지하게 살피면서 그 감정을 같은 정도로 느껴보는 것이다.

우리가 다른 사람과 똑같은 삶을 살 수는 없다. 그렇기 때문에 100% 공감이라는 말은 엄격히 말하자면 적합하지 않다. 그러나 다른 사람들의 삶을 함께 생각하고 고민하고 느낄 수 있는 것 등 내담자의 감정상태를 간접적으로 나누는 것만으로도 내담자가 충분히 만족할 수 있다. 내담자와 함께 하는 순간은 '충분히 만족'한 순간이라기보다는 '충분히 안전'한 순간이기 때문이다. 공감은 억눌리고 말하지 못하던 마음 저변의 감정을 토해낼 수 있도록 내담자를 인도하는 지팡이 역할 같다.

공감적 이해를 위하여 상담자는 상담 초반을 지나가면서 점차 공감을 위한 심리적 공간을 확보하는 것이 중요하다. 그만큼 횟수 자체보다는 적절한 시기와 상황이 중요하다. 또한 지나치게 공감반응이 압도적이지 않도록 해야 한다. 상담자가 적절한 수위에서 공감반응을 넘어서 지나치게 압도적인 공감반응을 보였다면, 내담자는 '저 사람은 일부러 저러는구나. 나를 이해해 주는 게 아니었구나'라고 느끼고 곧 말이 줄어들고 결국 상담은 제대로 시작조차 하지 못할 수도 있다.

4) 수용하기

우리는 다른 사람의 이야기를 얼마만큼 받아들일 수 있을까? 앞서 언급한 대로 상담자는 내담자의 말을 적극적으로 경청하고 그의 삶과 아픔을 공감해 주어야 한다. 이러한 경청이나 공감만큼 중요한 것이 수용하기이다. 즉, 상담자에게는 다른 사람을 받아들이는 역할 역시 빼놓을 수 없는 훈련과정인 것이다.

수용하기 과정에는 경우에 따라 내담자의 거짓말과 같은 이야기를 들어야 하는 경우가 있다. 내담자의 이야기가 상식적으로 이해가 잘 되지 않거나, 상담자가 생각할 때 '이건 거짓말이야'라는 생각이 강하게 들 경우 수용하기는 참으로 어려워진다.

그러나 바로 이 시점에서 기억할 것은 내담자의 말이 비상식적이거나 거짓말이라는 확신이 들고 이를 노출시키고자 하는 욕구가 드는 그 순간 상담은 종결되어버린다는 점이다. 수용하기는 일단 상담자가 내담자의 입장에서 그를 받아주는 것이 중요하다. 그 사람 속에 있는 어떠한 가능성이 내담자에게 그런 말을 하도록 했는가를 생각하면서 내담자의 이야기는 무조건적으로 받아들이는 것이 중요하다. 칼 로저스가 말했던 무조건적 수용은 내담자의 심리적 상처가 그 바닥을 보일 때까지 진행되기도 한다.

노인들의 경우 사실을 부풀리거나 없는 사실을 만들어내기도 한다. 경우에 따라 자신의 상상이 사실로 자리를 잡기라도 하면, 상담자는 내담자의 허구를 중심으로 상담을 진행해야 한다. 그렇다고 해서 내담자의 이야기들을 비하하거나 면전에서 강하게 저항할 필요는 없다. 상담자는 재판관이 아니다. 상담자는 자신에게 거짓말을 하고 있는 내담자의 심리를 파악하고 거짓말을 하거나 상상의 이야기를 현실적으로 그려내는 이유를 찾아내는 과정을 시도하는 것이 중요하다. 내담자를 향한 비난이나 분노는 상담자의 어리숙함을 보여줄 뿐이다. 수용하기가 효과를 보이기까지 그만큼 상담자의 여유와 세련된 기술이 필요하다.

5) 일관된 진실성

내담자가 상담자를 찾아오는 것은 그가 가지고 있는 문제해결의지와 삶에의 욕구 때문이다. 이러한 욕구는 그 내담자의 긍정적 가능성을 설명해 준다. 의욕이 있는 자가 변화할 수 있기 때문이다. 일관된 진실성은 우선은 상담자에게 적용되어야 하는 내용이며, 동시에 내담자에게 요구되는 측면이다. 일관성을 잃은 이야기에 상담자는 얼마나 집중할 수 있을 것인가? 상담자에게 혹은 내담자에게 솔직하지 못하다면 상황은 달라지지 않을 것이다.

대부분의 노인들이 긴 생애 동안에 발생한 사건들을 길게 진술하기 때문에 경우에 따라서는 이러한 측면을 발견하기 어려운 경우도 있다. 그러나 기억할 것은 상담자가 끝까지 구체적이고, 정확하며, 솔직하고, 일관되게 상담을 진행한다면 내담자는 곧 상담자의 특성을 알고 그를 모델링하게 된다는 것이다. 상담은 치료이자 동시에 교육과정이라는 점을 기억한다면 일관된 진실성이 건강한 상담을 위한 지표가 된다는 것을 알 수 있다.

2. 노인복지상담의 심화 기법

노인상담의 기초 기법을 이해하고 익혔다면 심화 기법을 사용할 차례이다. 기초 기법을 통해 내담자와의 기본적 신뢰를 확보하고 초기 상담의 힘을 실을 수 있다. 이후 노인상담의 과정은 앞으로 이어질 긴 상담여정을 위한 보다 심도있는 기법을 요구한다.

노인상담에서 이야기를 풀어가고 문제를 압축하고, 핵심문제를 수면으로 올리는 일은 심화 기법을 통해 가능해진다. 기초 기법의 경우 대개 훈련 없이 저절로 수행되는 사람들이 있을 수 있다. 타고난 상담자라고 할 수 있다. 그러나 심화 기법부터는 대개 타고난 상담자든 혹은 훈련된 상담자든 거쳐야 할 상담훈련과정이다. 잘 살펴 충분히 좋은 상담을 제공할 수 있는 기법을 익히도록 하라.

1) 관심 기울이기

관심은 모두의 욕구이자 모두의 화두이다. 내담자들 대부분이 누구도 이해해줄 수 없는 '바로 그' 마음, '바로 그' 상태를 이해해 주는 누군가가 필요했기에 상담현장에 오거나, 머무르게 된다. 관심 기울이기는 상담자가 내담자에게 보이는 구체적인 관심표명법을 말한다. 관심표명 정도를 통해 관계형성 정도를 예측하기도 한다. 특히 상담의 상황에서 관심 기울이기는 상담자가 내담자와 라포를 형성하는 데 핵심적인 역할을 한다고 할 수 있다.

관심 기울이기는 내담자의 변화를 빠르게 알아차리고, 내용과 억양, 어조 등의 차이를 민감하게 가려내는 이른바 '상담자의 민감성'을 요구한다. 매주 만나더라도 올 때마다 이발을 했거나, 퍼머를 했거나, 의상이 색다르다거나, 다른 날과는 다른 액세서리를 했다거나 등 신체적 변화와 외부적인 변화 모두에 주목할 필요가 있다. 물론 이런 변화를 눈치챘다면 반드시 내담자에게 이야기하라. "선생님, 오늘 입은 노란 색은 무척 화사해서 선생님 얼굴에도 빛이 나네요!", "긴 머리를 자르셨네요, 심경에 어떤 변화가 있으셨나요?"

관심 기울이기는 내담자와 상담자의 구체적인 관심을 보이고 상담에 활기를 제공하며, 때로는 상담의 주제를 제공하는 역할을 하기도 한다.

2) 확인하기

확인하기는 상담 도중 나타나는 다양한 대화과정에서 대화상황에 자극을 주거나 대화를 보다 부드럽게 이끌어가는 역할을 한다. 노인내담자가 대화의 상호성이 부족할 경우 확인하기는 상담자에게 큰 도움이 될 것이다.

(1) 반복하기

반복하기는 노인내담자의 길고 일상적인 이야기에서 상담에 활력을 주고 중요한 부분을 짚고 넘어가기에 좋은 방법이다. 상담에서 반복의 효과는 문제를 정확히 하고, 상담자가 내담자의 진술에 관심이 있다는 것을 보여주는 것이다. 반복은 대개 짧은 문장의 경우에 사용한다. 반복은 경우에 따라 내담자가 그 중요성을 인지하지 못하고 그냥 넘어가는 부분이 있을 때 자연스럽게 그 중요성을 일깨우는 역할로도 작용한다.

㉮ 내담자 : 나는 좋은 날도 없고 나쁜 날도 없어요. 속상해도 그냥 사는 거지.
상담자 : 선생님은 좋은 날도 없고 나쁜 날도 없고 속상해도 그냥 사신다구요?

(2) 바꾸어 말하기

노인상담의 경우 상담내내 같은 말이 반복되는 경우가 많다. 바꾸어 말하기는 지루하게 반복되는 단어나열을 피하고 대화의 분위기를 새롭게 한다. 더불어 자칫 자신이 가진 문제 때문에 부정적으로 표현될 수 있는 문장이나 어구를 상황을 개선시킬 수 있는 긍정적인 말로 바꾸어 전달함으로써 내담자가 새로운 통찰을 갖도록 돕는다.

노인의 경우는 경제적이건, 사회적이건, 개인적이건 자신의 문제와 연결된 언어표현이 대개 부정적이기 쉽다. 그러나 이러한 부정적인 진술은 상담 상황에서 완전히 다른 말로 변화할 수 있다. 바꾸어 말하기는 대화의 분위기를 전환하면서 동시에 문제의 해결방향을 이끌어가면서 대화를 새로운 국면으로 이끌어가는 견인차 역할을 하기도 한다.

㉾ 내담자 : 나는 돼지같이 살은 년이여, 내가 어디서 뒤져도 넘은 눈 하나 깜짝 안 해.
상담자 : 선생님, 너무나 힘든 삶을 사셨는데, 남편께서 전혀 반응을 하지 않으신다구요? 얼마나 속상하셨을까!

(3) 요약하기

살아오며 겪었던 많은 이야기들을 상담현장에서 모두 털어놓기도 쉽지 않지만, 그 이야기들을 시간마다 듣는 것 역시 고된 일이다. 대개 노인들은 이야기를 길고 반복적으로 한다. 경우에 따라서는 출생에서 시작하여 일제시대, 전쟁, 출산, 결혼을 거쳐 80년간의 세월이 지금에 이르기까지의 장구한 이야기를 쉬지 않고 20~40분이 넘도록 이야기하는 경우도 있다. 물론 내담자의 주요한 정보들이 들어있고 초기 상담에서는 이 긴 이야기들도 들을 필요가 있다. 그러나 2회기, 3회기를 넘기면서 지속적으로 같은 인생활로가 반복된다면 이런 경우 상담상황에서는 상담목표를 흐리게 하거나 초점을 흩뜨리기 쉽다. 상담자 또한 길고 지루한 반복에 상담에 대한 의욕을 잃을 수 있다. 이때 요약기법이 사용된다.

상담자의 요약은 내담자의 이야기의 요점을 잡아주고, 이야기의 초점을 분명하게 한다. 또한 이 과정은 내담자에게 상담자가 자신의 이야기를 주의 깊게 경청하고 있다는 것을 확신시켜 주어 상담을 심화하는 역할을 하기도 한다. 다만, 듣기 싫고 힘들다는 인상을 주지 않도록 하는 것도 중요하다.

㉴ 내담자 : 내가 살아온 삶이 그래요. 내가 1923년에 태어났소. 그해에 가뭄이 들어서 나 말고 죽은 애들이 수두룩했어요. 그래도 내가 살았단 말이요. 그런데… 다음해 어머니 사망, 일제시대 이야기, 결혼, 해방, 6.25전쟁, 전후복구, 박대통령, 5공화국… 그래서 2010년에 내가 88세가 되도록 살았는데, 지금은 내 문제, 큰아들 문제, 작은 아들 문제…

상담자 : 아, 그러니까 선생님, 1923년에 출생하셔서 일제시대, 전쟁, 여러 시대 지나시면서 지금 2013년까지 사셨는데 가족문제로도 고민이 많으시군요.

3) 공감하기

공감은 크게 표면공감과 심층공감으로 나눈다. 표면공감이 상담자의 표정과 자세, 내담자와의 거리, 접촉 등으로 표현되는 물리적이고 외적인 것이라면, 심층공감은 내담자의 마음에 가서 닿는 상담자의 심리적 결합을 보여주는 정신적이고 내적인 특성을 가지고 있다. 심층공감뿐 아니라 표면공감 역시 상담과정에서는 반드시 겸비해야 할 덕목이다.

(1) 표면공감

표면공감은 내담자가 가장 빠르게 인지한다. 상담자의 표정과 태도, 대화의 거리를 통해 내담자는 상담자의 관심 정도, 상담자의 이해 정도를 파악한다. 표층공감은 빠른 시간에 이루어지나, 그것만으로는 부족하다. 깊이 있는 관심과 감정적 공유의 느낌은 표면공감에서는 잘 드러나지 않기 때문이다. 당신도 함께 있는 동료가 하는 이야기에 대하여 건성으로 듣는다거나 대충 대답한다면 동료는 금방 당신이 진지하게 자신의 이야기를 듣거나 받아들이지 않는다는 것을 알게 된다. 이러한 대화는 신뢰는커녕 오히려 불신과 분노를 가져올 수 있다. 특히 어려움에 처한 내담자에게 심층공감이 있지 않고는 내담자의 내면의 진정한 이야기밭에 도달하기 어렵다.

예 내담자 : 나는 그런 애기만 들으면 죽은 우리 아들 생각이 나서 억장이 무너지는 것 같아요.

상담자 : (슬픈 표정을 하고 내담자의 손을 잡으며) 돌아간 아드님 생각이 나신다니 억장이 무너지신다는 말씀이시죠?

(2) 심층공감

공감(共感)에는 크게 세 가지 내용이 있다. 하나는 다른 사람에 대해 불쌍히 여기는 마음, 곧 동정(sympathy)이다. 동정은 말 그대로 함께(sym) - 느끼는 것(pathy)이다. 이 동정은 대개 인지상정(人之常情)이라고 보면 좋다. 이는 일상생활 속에서 함께 직접 대화에 참여하지 않은 상황에서도 발생한다. 동정은 대개 상담기법으로 보지 않는다. 두 번째는 상담에서 이야기하는 공감(empathy)이다. 공감은 그 사람의 마음 속에 들어가(em) - 느끼는 것(pathy)을 말한다. 앞서 표현한 대로 그 사람의 '신발을 신어보는' 경험을 하는 것이다. 내가 그 사람이라면 어떨까하는 마음, 내담자의 심리적 변화와 상처 정도를 가늠해 보는 과정이 바로 공감(empathy)이다. 세 번째는 보다 상호적인 개념인 상호공감(interpathy)이다. 상호공감은 내담자와 상담자 서로가(inter) - 느끼는 것(pathy)이다. 즉, 만남과 대화 속에서 서로 간에 영향을 미치며 발전하는 감정적 여행을 말한다. 따라서 심층공감이란 공감(empathy)을 넘어서 상호공감(interpathy)으로 가는 여정이다. 상담자와 내담자가 깊이있는 대화와 이해, 정서적 연합, 신뢰를 토대로 한 발전과 협력은 심층공감의 중요한 요소들이 될 수 있다. 다시 말해, 심층공감은 표현하고 싶지만 차마 하지 못하는 내담자의 진심에 함께 해주는 과정이자 상담자와 내담자 모두가 바람직한 방향으로 변화해가는 상호적인 과정을 말한다.

4) 맞추기와 이끌기

맞추기는 긍정적 피드백과 연결된다. 즉, 내담자가 겉으로 보여주는 감정에 적절한 대응을 해주는 것이다. 이른바 때에 맞는 적절한 조언과 맞짱구 치기는 내담자의 마음을 활짝 열도록 돕고 상담 분위기를 원만하게 한다. 상담의 분위기를 읽어가며 내담자의 특성을 긍정적이고 강점관점에서 바라보면 이러한 맞추기는 좀 더 쉬워진다. 알려진 대로 상담의 화두는 내담자에게서 나오며, 그 화두의 답변 역시 내담자에게서 나온다. 상담자는 내담자의 요구가 무엇인지 알았다면 지지해줄 필요가 있으며, 이때 맞추기는 적절한 지지 분위기를 조성해 준다.

한편 이끌기는 상담을 보다 한 단계 깊이 들어가기 위한 과정이다. 이끌기는 내담자가 자신을 드러내는 데 미숙하거나 새로운 시도를 제안하기 어려워할 때 상담자가 상담을 심화하는 차원에서 실시하는 기법이다. 이 과정에서 상담자는 내담자의 상황, 감정, 이후의 예후 등을 고려하여야 하며, 특히 내담자의 의견을 반드시 반영하여야 한다.

5) 질문하기

좋은 답은 좋은 질문에서 나온다. 그리고 질문도 기법이다. 훈련되지 않으면 상황에 맞는 질문을 하기란 쉽지 않다. 여기에서는 좋은 답, 성공적인 상담진행을 위한 좋은 질문법을 살피도록 한다.

(1) 폐쇄적 질문과 개방적 질문

폐쇄적 질문은 대개 예/아니요(yes/no) 답변을 유도하는 질문이다. 이를테면, 상담자가 "지금은 기분이 좋아지셨죠?"라고 질문을 한다면, 내담자는 대부분 "예" 혹은 "글쎄요"라고 대답할 것이다. 즉, 폐쇄적 질문은 상담의 부드러운 진행을 막을 뿐 아니라 내담자가 자신을 드러낼 가능성을 제한한다. 폐쇄적 질문의 예를 보자.

㉧ 상담자 : 자녀가 그 순간에 모른 척 했다니 그때 무척 속상했겠네요?
내담자 : 그렇죠.

우문현답(愚問賢答)이라는 말도 있듯이, 대개 좋은 질문은 좋은 답을 이끈다. 즉, 질문을 어떻게 하느냐에 따라 전혀 다른 답, 전혀 다른 진행이 이루어지게 된다. 상담현장에서 상담자는 주로 질문자로, 내담자는 답변자가 되기 쉽다. 이때 상담자는 내담자의 상황과 감정, 의도, 욕구를 알 수 있도록 상시 '열린' 질문(open-ended question), 곧 개방적인 질문을 하도록 훈련하는 것이 중요하다. 열린 질문은 좋다/나쁘다(good or bad)에 대한 관심보다는 내담자의 자유로운 반응을 기대하기 때문에 그만큼 융통성을 가진다. 상담자가 사용하는 개방질문은 내담자의 다양한 정서를 표현하게 할 뿐 아니라 내담자가 자신의 입장을 정돈하게 하는 역할도 한다.

예 상담자 : 자녀가 그 순간에 모른 척 했을 때 그때 어떠셨어요?
내담자 : 무척 속상했죠. 속상하다는 말이 부족하죠. 그때는 이게 내 아들인가 하는 생각이 들더라구요.

(2) 직접질문과 간접질문

질문도 아무렇게나 혹은 무작정 해서는 안 된다. 직접질문은 보다 구체적이고 정확한 정보를 얻기 위하여 상담자가 하는 일상적인 형태의 질문이다. 마치 심문하는 듯한 분위기를 자아낼 가능성이 있는 직접질문은 내담자에게 상처를 주거나 마치 상담자에게 공격당하고 있다는 인상을 줄 수 있다. 직접질문은 이런 경우를 말한다.

예 상담자 : 손지검 한 일이 잘 하신 일이라고 보세요?
내담자 : 아니요.
상담자 : 그럼 왜 그러셨어요?
내담자 : (화를 내며) 아, 나도 몰라요.

따라서 거의 대부분의 상담에서는 직접질문보다는 보다 완곡한 방법으로 간접질문을 사용한다. 간접질문법은 말 그대로 우회적인 방식의 질문이다. 간접질문은 상황을 유연하게 하고, 내담자가 상황을 보다 긍정적으로 이끌어가도록 하는 효과도 있다.

예 상담자 : 손지검을 하셨을 때 기분은 어떠셨어요?
내담자 : 그 순간 아차 싶은 게 내가 무슨 짓을 한 건가하고 나 자신도 너무 놀랐어요.

상담자 : 어쩌다가 이런 일이 벌어지게 된 걸까요?

내담자 : 전부터 화가 나면 물건을 집어던지고 그러던 것이 어쩌다보니 제가 손찌검을 하게 되었어요.

(3) 이중질문과 단일질문

짧은 질문은 연속으로 하는 경우가 많다. 이 중에서도 이중질문은 두 개 이상의 질문이 한꺼번에 내담자에게 제공되는 것을 말한다. 질문은 가능한 단일질문 곧 간결하고 명료한 한 개의 질문만을 제공하는 것이 바람직하다. 한 번에 하나의 질문은 질문의 내용을 분명히 하고 내용의 폭을 제한하여 상담의 집중도를 높인다. 반면 이중질문은 복잡하기 때문에 중요한 문제를 간과하거나 문제의 초점을 흐리게 할 수 있다. 특히 노인들에게는 이중질문 중 거의 마지막 것에만 대답하는 경우가 많으며, 일부 질문에 대답했다 하더라도 다른 질문을 기억하지 못하여 다시 질문을 하거나 혹은 자신이 질문을 잘 기억하지 못하는 것에 대하여 자신을 적응을 잘 하지 못하거나 못 알아듣는 한심한 사람으로 생각할 수도 있다.

㉮ 상담자 : 그러면 그때 아드님이 집을 나가신 건가요? 아드님이 집에 나간 건 무엇 때문인가요?

내담자 : 아들이 집을 나간건데, 두 번째 질문이 뭐지?

상담자 : 무엇 때문에 아드님이 집을 나간 걸까요? 그게 선생님 때문일까요?

내담자 : 아니 그런 거는 아니고. 이거를 내가 잘 이해가 안 가고. 자꾸 까먹어!

질문은 분명하고 짧은 것이 좋다. 질문의 방법이 질문의 본질을 드러내지 못하게 한다면 이는 적절하지 않을 뿐 아니라 답하고자 하는 의지마저 약화된다. 따라서 질문은 구체적이고 가능하면 간결하게 하는 것이 좋다. 더불어 비슷하거나 상담자 자신의 관심을 충족시키고자 하는 질문은 피하는 것이 좋다.

(4) 질문공세

질문공세는 말 그대로 질문을 폭격하듯이 한꺼번에 내담자에게 쏟아붓는 양상을 말한다. 따라서 질문공세는 노인들을 대상으로 사용해서는 안 된다.

질문공세는 내담자를 취조하는 듯한 인상을 주고 내담자의 상담의지를 꺾을 수 있다. 굳이 상담현장에서 사용한다면 그건 질문을 통해 내담자가 자신이 정말로 원하는 것이 무엇인가를 찾아내도록 돕는 차원에서 사용될 수 있다. 질문공세는 내담자가 공격받는 듯한 인상을 주고, 너무 많은 질문은 내면의 문제를 드러내도록 돕거나 원하는 것을 알게 하는 것보다는 내담자를 답변하는 데 지치게 하고 에너지가 소모된다는 느낌을 줄 수 있다.

내담자가 요구하는 질문의 수와 정도가 상담자가 생각하는 질문의 수와 정도와 늘 일치하지는 않는다. 상담자의 질문은 내담자의 성격, 상황 등이 충분히 고려된 상태에서 적절한 수와 정도를 유지하는 것이 바람직하다.

㈎ 상담자 : 그 산에 올라갔단 건가요? 장비는 어쩌구요? 손자가 같이 가자고 했던 걸로 아는데? 그게 아니면 그걸 어떻게 볼 수 있을까요? 가능할까요?

내담자 : 아니, 나는… 나는 몰라요. 그렇게 말하면 나는 몰라요.

(5) '왜'라는 질문

일상 속에서 '왜'는 상황에 대한 분명한 이유를 묻고 그 상황 전반을 이해하려는 의도에서 사용된다. 흔히 '왜'라는 말은 대화 속에서 상대방의 의도를 채 이해하지 못하거나 이해할 수 없다는 반응에서 나온다. 그러나 노인을 대상으로 하거나 혹은 고객을 대상으로 하는 상담에서는 '왜'라는 표현보다는 '어떻게', '무엇을'로 바꾸어 사용하는 것이 좋다. '왜'가 내담자를 다그치는 듯한 인상을 주거나, 적어도 연령차이가 많이 나는 상담자와 내담자 상황에서는 더욱 완곡하게 사용될 필요가 있다. 이를테면 "어떤 이유에서 그렇게 되었나요?", "도대체 뭐가 선생님을 이렇게 힘들게 하는 걸까요?" 식으로 표현하면 내담자를 심리적 대화의 장으로 이끌고 나아가 공격적인 분위기를 피할 수 있을 것이다.

㈎ 상담자 : 그때 왜 그렇게 말씀하셨어요?

내담자 : 나도 그럴라고 그런 건 아닌데 너무 다그치지 말아요.

6) 자기노출

자기노출이란 상담자가 상담상황에서 자신의 신변에 관한 내용을 내담자와 나누는 장면을 말한다. 상담에서의 자기노출은 상담자가, 특히 주의를 기울여야 할 사항이다. 대개 공감도를 높이기 위하여 내담자의 삶에 자신의 의견이나, 자신의 경험을 결부시키는 경우가 많이 있는데, 이러한 경우는 이후 상담에 어느 정도 부정적인 영향을 미칠 수 있다.

상담자가 자기노출을 하는 경우는 언제일까? 대개 상담자는 내담자를 안심시키고 자신의 관련경험을 노출시켜 내담자와의 관계를 더 공고하게 하고자 할 때 자기노출을 하기 쉽다. 그러나 실제 내담자는 자신의 경험이 상담자의 경험에 비해 너무나 작고 초라한 사건이 되어버려 더 이상 자신의 감정을 드러내거나 상담을 받을 의지를 유지하기 어렵게 된다. 오히려 내담자보다는 상담자의 경험이 상담의 주요 내용이 되기 쉽다. 자기노출의 정도는 다를 지라도 상담자의 자기노출은 자제하는 것이 좋다.

㉠ 내담자 : 선생님, 나는 이 나이에 남편과 별거를 한다는 게 좀 그래요.
상담자 : 뭘 걱정하세요? 나는 이혼도 했는데, 사람은 다 살게 되어 있어요.
내담자 : 그러셨어요? 내가 겪고 있는 일은 아무 것도 아니네요. 괜히 그 얘길 했나 봐요.

7) 피드백

피드백은 내담자의 말에 대한 상담자의 언어적, 신체적, 정서적 반응을 포괄적으로 지칭하는 말이다. 노인상담에 있어 피드백은 솔직하고 분명하게 이루어지는 것이 좋다. 피드백은 긍정적인 피드백도 있고 부정적인 피드백도 있지만, 이 두 가지 모두 개인을 성장시키고 자신이 알지 못하는 새로운 면모를 보게 하기 때문에 상담상황에서는 적절히 필요한 요소들이다.

대개 긍정적인 피드백은 곧 상대방에게서 긍정적인 피드백으로 돌아오기 쉽다. 이런 상황은 상담자와 내담자 간에 치료적 관계(라포, rapport)를 더욱 강화시키기도 하지만, 다른 한편으로는 지나치게 서로의 눈치를 보면서 문제의 본질에 도달하는 데 장애물이 되기도 한다. 한편 내담자가 지쳐있는 상황에서 발생하는 부정적인 피드백은 내담자가 인내력이 없는 사람, 혹은 늘 같은 문제로 문제해결에 도달하지 못하는 사람이라는 낙인을 찍는 듯한 결과를 낼 수도 있다. 그러나 경우에 따라 부정적 피드백이 라포가 충분한 상황에서 문제해결의지가 있는 내담자에게는 격려의 메시지가 되기도 하고 내담자가 스스로 보지 못했던 것을 보게 하는 새로운 통찰을 제공하는 기회가 되기도 한다.

㉮ 내담자 : 난 그럴 만한 용기가 없는 사람이에요.

상담자 : 선생님, 잘 하실 수 있습니다. 용기를 내세요. 진행하시면서 어려운 일이 있을 때는 언제든 연락주시구요. 언제든 힘이 되겠습니다.

내담자 : 선생님 말씀만 들어도 힘이 나네요.

8) 직면하기

직면은 상담 도중 지속적으로 회피하려는 내담자에게 상담자가 회피상황을 직접 부딪히게 하는 것을 말한다. 아마도 상담상황에서 상담자가 가장 하기 어려운 부분이 직면일 것이다. 상담의 핵심에 들어가지 않고 겉에서 맴돌거나, 내담자가 자신을 계속 감추려고 할 때, 혹은 모순되는 상황에서 내담자의 결정을 요구할 때 직면하기가 사용된다. 그만큼 직면하기는 상담상황에서 긴장을 불러오는 강력한 방법이다. 경우에 따라서는 내담자가 상담소 문을 박차고 나가기도 할 정도로 화를 내기도 한다. 노인들에게 '직면'은 거의 사용되지 않는 기법이기도 하다. 그러나 내담자가 핵심을 짚지 못하고 문제의 핵심 주변에서 맴돌고 있을 때 직면은 상담에 활기를 주고 문제해결을 위한 도약대 역할을 한다.

㉮ 상담자 : 아까는 아드님이 의사라고 하셨는데, 지금은 회사원이라고 하시고, 말씀 중에 앞뒤가 잘 맞지 않는 얘기들이 많네요. 선생님, 이렇게 말씀하시는 건 어떤 이유 때문인지 궁금해요.

내담자 : … 사실 … 맞아 … 내가 그렇게 말했지. 나도 뭔가 내세우고 싶었어. 그래서 그랬어.

상담자 : 그러셨구나. 지금까지 마음을 많이 졸이셨겠어요. 누구나 그런 순간이 있잖아요. 이제 마음 편히 가지시고 선생님이 가지고 계신 많은 장점들을 함께 찾아볼까요?

CHAPTER

06 노인복지상담을 위한 심리검사

학·습·목·표

1. 노인상담을 위해 사용되고 있는 심리검사의 사용목적과 기능을 이해한다.
2. 노인상담에 활용되는 심리검사의 유형을 이해한다.
3. 노인상담에 활용되는 심리검사의 내용과 사용방법 및 채점기준을 이해한다.

심리검사는 개인의 종합적인 심리적 평가를 위해 실시되는 것으로 심리검사 도구를 사용하여 이루어지는 과정이다. 개인의 심리적 평가를 위한 임상장면이나 상담장면에서 주로 초기단계에 사용하여 개인의 심리적 특성과 상태에 대한 정보를 얻어 피검사자에 대한 보다 포괄적인 이해를 얻기 위해 실시된다. 면접만을 통해서는 좀처럼 드러나기 어려운 개인의 내적인 욕구나 방어 및 충동 등의 내면세계를 심리검사를 통해 파악하여 개인의 심리평가를 위한 정보로 활용하게 된다. 또한 심리검사를 통해 피검사자가 심리적인 장애를 가지고 있는지의 여부를 파악할 수 있게 해주어 진단에 도움을 줄 뿐만 아니라 그의 심리적 문제나 장애에 효과적인 치료는 어떤 것이 있겠는지를 결정하는 등의 종합적인 판단을 위해 매우 유용하게 활용된다.

노인심리검사는 피검사자가 노인에 해당하는 경우로서 심리검사도구는 일반 성인의 심리검사도구와 차이가 없는 경우가 대부분이다. 그러나 노인들은 일반 성인들에 비해 인지기능의 쇠퇴가 현저하게 나타나며, 인지기능장애를 주 증상으로 보이는 치매나 섬망 등이 더욱 빈번히 발생할 수 있다. 따라서 노인의 인지기능평가를 위해서는 일반성인들에게 적용되는 검사 외에 신경심리학적인 검사까지 포함하여 검사를 실시하는 경우가 많다.

이 장에서는 노인들의 상담과정에서 심리평가를 위해 실시하는 심리검사를 일반 심리검사와 신경심리학적 검사로 구분하여 소개하고자 한다.

1. 일반 심리검사

심리검사는 측정되는 내용 및 검사가 제작되는 방법에 따라 다양한 분류를 할 수 있다. 보편적인 분류기준 중의 하나로는 심리검사도구의 구조화 여부에 따른 분류가 있으며 이는 객관적 검사(objective test)와 투사적 검사(projective test)로 구분할 수 있다. 객관적 검사는 검사문항, 실시절차, 검사결과에 대한 규준(norm)이 명확하게 정해져 있는 구조화된 검사를 지칭한다. 검사의 대부분이 피검사자가 자신의 상태를 스스로 진술하도록 하는 '자기보고식 검사'의 형태를 갖는다. 검사의 실시 및 채점과 해석이 명료하고 객관적이며 신뢰도와 타당도가 우수한 장점이 있다. 하지만 피검사자가 스스로에 대해 진술하는 과정에서 자신이 바람직한 사람으로 보이고자 하는 'faking good' 현상이나 또는 그 반대의 현상인 'faking bad'와 같은 방어성에 의해 검사결과가 영향 받을 수 있는 왜곡보고의 가능성이 있어 한계가 있다. 또한 객관적 검사는 피검사자의 내면적 갈등이나 무의식적 갈등을 파악하기에는 어려움이 있다.

한편 투사검사는 '투사가설'에 의해 만들어진 검사도구로서 검사자극이 대부분 불분명하고 모호하다. 투사가설이란 검사자극이 모호할수록 그 자극에 대한 반응을 위해 자극을 해석하는 과정에서 개인의 성격이나 욕구 및 갈등과 같은 심리적 특성이 투사되어 해석에 영향을 준다는 전제를 말한다. 이러한 투사검사는 가능한 한 지시를 적게 주고 자유롭게 반응할 수 있도록 허용하므로 개인의 성격이나 무의식적 욕구, 갈등을 파악하는 데 유용하다. 모호한 자극에 대해 반응하기 위해 자신의 내면적 갈등이나 성격적 특성이 반영되며, 그 개인의 독특한 특성이 반영되는 과정에서 자신을 의도적으로 좋게 보이려고 하는 의식적 방어행동이 어렵고 자신의 의도대로 반응하기도 어렵기 때문에 내면적 심리상태가 검사의 응답에 반영된다는 장점이 있다. 반면 신뢰도와 타당도의 확보가 어렵고 반응에 대한 객관적인 검증이 어렵다는 한계가 있다.

이와 같이 객관적 검사와 투사검사는 각각의 장·단점을 가지고 있어 검사의 목적과 기능에 따라 두 종류의 검사를 구분하여 사용하거나 또는 혼합적으로 활용하게 된다. 이 장에서는 가장 많이 사용되는 대표적인 심리검사로서 객관적 검사에서는 지능검사와 MMPI, 투사적 검사에서는 Rorschach(로샤), TAT, BGT, HTP, SCT에 대해 소개하고자 한다.

1) 지능검사

현대적인 지능검사의 효시는 1905년에 프랑스의 알프레드 비네(Alfred Binet)가 프랑스 정부의 요청을 받아 개발한 비네검사(Binet Test)이다. 당시 프랑스 정부가 공교육을 실시하는 과정에서 학습능력에 대한 객관적 평가를 통해 학습능력이 비슷한 아이들과 그렇지 못한 아이들을 선별하고자 지능검사가 적용되었다. 따라서 최초의 지능검사는 아동을 위한 검사로 활용되었다. 이 후 미국의 데이비드 웩슬러(David Wechsler)가 이전에 제안되었던 지능에 대한 정의를 보다 종합적으로 재정의하면서 아동용 지능검사뿐만 아니라 성인용 지능검사까지 개발하게 되면서 웩슬러검사는 현재까지 전 세계적으로 가장 많이 활용되는 지능검사도구가 되었다. 웩슬러는 이전의 지능에 관한 다양한 정의들을 종합적으로 받아들이면서 지능이란 ‘인식활동을 할 수 있는 존재인 개인이 목적지향적으로 행동하고, 합리적이며 일관적으로 사고하고 행동하며 자신을 둘러싼 환경을 효과적으로 처리해나가는 종합적·총체적인 능력’(Wechsler, 1944 : 3)”이라고 정의하였다. 이러한 정의에 근거하여 지적 요소뿐만 아니라 정서적 요소와 성격적 요소, 사회성, 운동능력 및 감각 등을 포함하여 개념화시킨 지능을 측정할 수 있는 도구로서의 지능검사를 개발하였다. 즉, 웩슬러의 지능검사는 단순히 개인의 학습능력만을 평가하는 것이 아니라 개인의 성격과 사회성 및 운동능력과 감각기능을 포괄적으로 반영할 수 있는 역동적인 도구로 지능검사가 활용될 수 있는 기초를 마련하였다.

웩슬러 성인용 지능검사는 WAIS-R(Wechsler Adult Intelligence Scale-Revised)이며, 이를 우리나라에 맞게 개정, 표준화한 K-WAIS(Korean-Wechsler Adult Inteeligence Scale)가 가장 보편적으로 사용되고 있어 이를 중심으로 검사를 소개하고자 한다.

(1) 검사의 구성과 실시요령

웩슬러 검사는 언어성 검사와 동작성 검사로 구성되어 있다. 언어성 검사에는 6개의 소검사가 있으며 모든 소검사가 언어적 상호작용으로 이루어진다. 즉, 검사자가 검사 실시요강에 따라 질문을 하면 피검사자가 그 질문에 대해 구두로 응답한다. 한편 동작성 검사에는 5개의 소검사가 있으며 모든 소검사에는 시간적 제한이 있다. 또한 동작성 검사의 각 소검사는 피검사자가 검사자의 지시에 따라 그에 적절한 반응을 동작으로 수행한다.

각 소검사마다 검사실시방법이 다르기 때문에 검사자는 표준화된 절차에 의해 제시된 '검사실시요강'에 따라 세부적 수칙까지 꼼꼼히 숙지한 후 검사실시를 할 수 있도록 표준화된 절차에 익숙해지는 것이 중요하다.

각 소검사의 구성은 다음과 같다.

- 언어성 검사 : 상식(information), 숫자 외우기(digit span), 어휘(vocabulary), 산수(arithmetic), 이해(comprehension), 공통성(similarities)
- 동작성 검사 : 빠진 곳 찾기(picture completion), 차례 맞추기(picture arrangement), 토막짜기(block design), 모양 맞추기(object assembly), 바꿔쓰기(digit symbol)

(2) 소검사의 측정내용

11개의 소검사가 각각 측정하는 내용은 다음과 같다.

① 언어성 검사

㉠ 상식 : 상식검사는 개인이 가진 상식의 수준을 측정한다. 따라서 개인이 갖는 교육적 기회와 같은 환경적 요인의 영향을 많이 받는다. 상식검사를 통해 측정하는 인지적 기능은 개인이 획득한 지식수준, 언어적 이해력, 장기기억, 기억의 인출, 결정적 지능, 청각적 이해력, 환

경적 풍부함 등이다.

ⓒ **숫자 외우기** : 숫자 외우기 검사는 '바로 따라 외우기'와 '거꾸로 따라 외우기' 과제로 구성되어 있다. '바로 따라 외우기' 과제에서는 검사자가 불러주는 숫자열을 그대로 따라 외워 구두로 응답하는 것이다. '거꾸로 따라 외우기' 과제는 검사자가 불러주는 숫자열을 역순으로 따라 외워 구두로 응답하는 것이다.
이 소검사는 청각적 기억력, 특히 청각적 단기기억과 관련 깊으며 주의집중력과도 관련있다. 주의집중력과 상관있는 과제인 만큼 피검사자의 상태에 따라 영향을 받기 쉬운 검사로서, 특히 불안수준과 관련이 높다. 그러나 상식검사와 달리 이 과제는 문화적 영향력이 거의 없는 특성이 있다.
숫자 외우기 과제가 측정하는 인지적 기능으로는 주의집중력 및 주의력의 범위, 청각적 기억력과 인출, 즉각적 회상, 역전능력, 조직화 능력, 연속적 능력, 융통성, 유동적 지능, 학습장애의 위험성, 불안 및 주의산만함 등이다.

ⓓ **어휘** : 어휘검사는 검사자가 불러주는 어휘의 뜻을 구체적으로 설명하는 과제이다. 이 소검사는 전체 지능지수(IQ)와 가장 높은 상관을 보이는 과제로서 일반지능을 나타내는 중요한 지표가 된다.
어휘검사를 통해 측정하는 인지적 기능은 언어 이해력, 언어적 표현력, 언어 개념화, 추상적 언어를 다루는 능력, 학습능력, 축적된 지식과 상식, 장기기억, 일반지능과 결정적 지능, 문화적 환경, 지적 호기심 등이다.

ⓔ **산수** : 산수검사는 간단한 계산문제를 암산으로 풀어내는 과제이다. 검사자는 구두로 계산문제를 불러주고 피검사자는 그에 대한 답을 종이와 연필을 사용하지 않은 채 암산으로 풀어내고 구두로 응답한다. 이 과제는 수개념의 이해와 주의집중력을 측정하며 숫자 외우기 검사보다도 더욱 많은 주의집중력이 요구되는 과제이다.

산수검사를 통해 측정하는 인지적 능력은 주의집중력, 주의지속능력 및 주의력의 범위, 청각기억, 계산능력 및 숫자를 다루는 능력, 수학적 능력, 언어적 지시의 이해, 상징적 내용의 기억과 조직화, 학교학습 및 학습장애의 위험성, 불안 등이다.

ⓜ 이해 : 이해검사는 개인이 접할 수 있는 다양한 사회적 상황과 관련된 장면들에 대한 질문에 응답하는 과제이다. 이 소검사는 관습적인 사회적 상황에 대한 이해수준과 일상생활 속의 다양한 경험에 대한 문제해결력, 도덕적 판단능력 등을 측정하는 것으로서 사회적 적응수준과 부적응에 대한 지표가 될 수 있다.

이해검사를 통해 측정하는 인지적 기능은 사회적 이해력, 관습적이고 보편적인 행동기준에 대한 지식과 판단수준, 사회적 지능 및 사회적 성숙, 사회적 상황에 대한 판단적 응용력, 양심이나 도덕적 판단의 발달수준, 일반화 능력, 결정적 지능, 언어적 이해력 등이다.

ⓑ 공통성 : 공통성검사는 검사자가 불러주는 두 개의 단어를 듣고 두 단어의 공통점을 말하는 과제이다. 이 소검사는 언어적 개념화를 측정하고 두 단어 간의 유사성 파악에 따른 논리적·추상적 사고능력과 관련있다. 피검사자의 응답 내용은 사물의 구체적 특징에 따라 공통점을 개념화하는 '구체적 개념형성', 사물의 기능과 관련한 유사성을 파악하는 '기능적 개념형성', 두 개의 대상에 공통성을 추상적 수준에서 개념화하는 '추상적 개념화'의 세 가지 수준으로 나누어 각 수준별로 채점하게 된다. 추상적 수준에서 개념화할수록 높은 점수를 받는다.

공통성검사를 통해 측정하는 인지적 기능은 언어적 개념화, 언어적 이해력, 어의적 수준의 인지능력 및 조직화 능력, 연합적 사고, 결정적 지능과 유동적 지능 등이다.

② 동작성 검사

㉠ **빠진 곳 찾기** : 빠진 곳 찾기 검사는 검사자가 제시하는 카드에 그려진 그림에서 있어야 할 부분이 빠져있는 것이 어떤 것인지를 찾아내는 과제이다. 이 소검사는 사물의 본질과 비본질적인 부분을 파악하는 능력을 측정하는 것으로 시각적 조직화 능력 및 시각적 예민성, 시각적 집중력과 관련있다. 피검사자가 그림의 어떤 측면에 주의집중하고 초점을 맞추는지를 통해서 환경에 대해 현실감을 유지하고 있는지의 여부도 알아볼 수 있다.

빠진 곳 찾기 검사를 통해 측정하는 인지적 기능은 시각적 기민성, 시각적 조직화, 지각적 조직화 능력, 사물의 핵심을 파악하고 본질과 비본질을 구별하는 능력, 집중력, 시각적 기억력, 시각적 재인능력, 시각적 장기기억, 조직화 능력, 유동적 지능, 불확실할 때 반응하는 능력 등이다.

㉡ **차례 맞추기** : 차례 맞추기 검사는 검사자가 배치하는 일련의 그림카드를 보고 카드가 한 편의 의미있는 줄거리를 가진 이야기가 될 수 있도록 카드의 순서를 재배열하는 과제이다. 이 소검사는 사회적 상황에 대한 이해 및 판단 능력을 알아보는 것으로, 전체적 상황에 대한 이해능력 및 계획능력과 예상능력에 대한 정보를 얻을 수 있다. 차례 맞추기 검사를 통해 측정하는 인지적 기능은 사회적 이해력 및 사회적 지능, 전체상황을 이해하고 파악하는 능력, 결과에 대한 예견능력, 추리력, 시간개념 및 시간적 연속성, 지각적 조직화, 유동적 지능 등이다.

㉢ **토막짜기** : 토막짜기 검사는 검사자가 제시하는 카드에 그려진 모형을 보고 피검사자에게 주어진 빨간 색과 흰 색으로 이루어진 정육면체 토막들을 이용하여 그림의 모형처럼 맞추도록 하는 과제이다. 이 소검사는 지각적 구성능력과 공간적 표상능력, 시각-운동 협응능력이 중요한 기능으로 작용하는 검사로서 제시되는 모형을 분석하여

모형의 내적 관계를 파악하고 이를 다시 전체로 통합하는 능력이 요구된다. 따라서 분석능력과 통합능력이 모두 필요한 과제이다.

토막짜기 검사를 통해 측정하는 인지적 기능은 형태지각 능력, 지각적 조직화 능력, 시각-운동 통합 및 협응력, 전체를 구성요소로 분석하는 능력, 추상적 사고, 문제해결방식, 유동적 지능 등이다.

㉣ **모양 맞추기** : 모양 맞추기 검사는 검사자가 제시하는 자극조각들을 맞추어서 특정 모양이 되도록 하는 과제이다. 마치 퍼즐 맞추기처럼 제시된 조각들을 맞추어 하나의 완성된 모양을 만드는 것이다. 이 소검사는 특정 모양의 개별적인 부분들 간의 내적인 관계를 추측하여 전체 모양을 파악하는 능력이 필요하다는 점에서 토막짜기 과제와 비슷하다. 그러나 토막짜기 검사에서는 전체를 부분으로 분석하는 능력이 중요한 반면 모양 맞추기 검사는 부분을 전체로 통합하는 능력이 우선시된다는 점에서 차이가 있다.

모양 맞추기 검사를 통해 측정하는 인지적 능력은 형태지각, 지각적 조직화 능력, 공간지각능력, 시각-운동 협응능력, 부분을 전체로 통합하는 능력, 융통성, 유동적 지능 등이다.

㉤ **바꿔쓰기** : 바꿔쓰기 검사는 1에서 9까지의 숫자에 각 숫자마다 짝지어진 특정 기호를 제시하면 숫자에 해당하는 기호를 찾아서 자극숫자를 해당 기호로 바꾸어 쓰는 과제이다. 이때 가능한 한 정확하고 빠르게 바꾸어 쓰는 것이 중요하다. 이 소검사는 시각-운동 협응능력이 중요하게 작용하며 단기기억능력 및 기민성도 함께 측정된다.

바꿔쓰기 검사를 통해 측정하는 인지능력은 시각-운동 협응능력, 시각-운동 기민성, 시각적 단기 기억능력, 지시에 따르는 능력, 정확성 및 세부에 대한 강박적 염려, 제한된 시간적 압력하에서 수행하는 능력, 불안과 주의산만, 학습장애의 위험성 등이다.

(3) 검사의 해석

해석은 양적 분석에 의한 해석과 질적 분석에 의한 해석의 두 유형으로 구분할 수 있다. 양적 분석에 의한 해석은 지능검사 실시를 통한 응답의 결과를 검사요강에 따라 채점하여 얻어진 수치를 통해 전체 IQ를 산출하고 지능의 수준이 어느 정도인지 파악하는 것이다. 지능의 수준은 총 7개로서, 정신지체(mentally retarded), 경계선(borderline), 평균하(low average), 평균(average), 평균상(high average), 우수(superior), 최우수(very superior)로 구분된다. 또한 지능검사 실시에 의해 언어성 지능지수(verbal IQ)와 동작성 지능지수(performance IQ)가 각각 산출된다. 또한 언어성 검사와 동작성 검사점수 간의 차이가 유의미한 수준에서의 차이인지도 분석한다.

질적 분석에 의한 해석은 반응의 구체적인 내용이나 반응한 방식, 검사실시 동안 보여준 언어적 표현방식 및 행동 등을 분석하여 양적 분석에서 간과할 수 있는 피검사자의 심리적 상태나 성격적 특성과 같은 세부적인 정보를 얻는 것이다.

2) MMPI(다면적 인성검사)

MMPI라고 불리는 미네소타 다면적 인성검사(Minnesota Multiphasic Personality Inventory)는 1943년 미국 미네소타 대학에서 처음으로 개발된 대표적인 자기보고식 검사이다. 최초로 소개된 이후 진단적 도구로써뿐만 아니라 다양한 장면에서의 적용 가능성이 인정되어 현재 전 세계적으로 가장 널리 사용되고 있는 심리검사 중의 하나이며 광범위한 연구가 이루어진 성격검사이다. 검사의 실시와 채점이 매우 편리하며 임상적 장면만이 아닌 일반적 장면에서의 성격 검사도구로서의 유용성으로 인해 정신병리에 대한 평가뿐만 아니라, 임상집단과 정상집단 모두에 대한 성격 경향성의 평가에도 널리 사용된다.

(1) 검사의 구성

문항은 총 550개로 구성되어 있으며 각 문항에 대해 '그렇다'와 '아니다' 중 하나로 응답한다. 문항들에 대한 응답의 결과는 총 14개의 척도로 나누어지며 타당도 척도 4개와 임상척도 10개로 분류된다. 검사대상자는 16세 이상으로 초등학교 6학년 수준 이상의 독해력을 가지고 있으며 표준화된 지능검사의 IQ가 적어도 80 이상이면 적절한 수행이 가능한 대상자로 본다. 심하게 혼란된 정신상태를 지니고 있거나 정서적으로 매우 동요하고 있는 경우가 아니면 검사를 하는 데 별 문제가 없다고 할 수 있다.

(2) 척도들의 의미

① 타당도 척도

타당도 척도는 L, F, K, ?의 네 가지로 구성되어 있으며 검사가 타당하게 이루어졌는지에 대한 정보를 제공한다. 이들 네 가지의 타당도 척도 해석을 통해 피검사자 자신이 솔직하게 자신의 상태에 대해 보고하고 있는지, 그렇지 않으면 지나치게 자신의 좋은 측면을 강조하고 있거나 또는 부정적인 측면을 과장하고 있는지, 또는 무작위로 응답하였는지와 같은 검사태도에 대해 파악할 수 있다.

㉠ **L척도** : L척도의 L은 거짓말(lie)을 뜻하는 것으로 자신을 양심적이며 사회적으로 바람직한 사람으로 보이려는 의도에서 솔직하지 못한 태도로 응답하였는지를 파악하는 척도이다. 점수가 높을수록 자신을 잘 보이려는 성향이 강한 것으로, 45~59점인 경우 정상이며 60~69점 이상이면 자신을 긍정적인 모습으로 보이고자 노력하는 부인방어로 판단한다.

㉡ **F척도** : F척도의 F는 빈도(frequency)를 뜻하는 것으로 개인이 보고하는 내용들이 대부분의 사람들이 보고하는 방식과 얼마나 다른지의 정도를 반영하는 것이다. 보통의 사람들과는 다른 생각이나 이상한 태도, 이상한 경험을 가진 사람들에게서 F척도가 높게 나타난다. 또한

문항내용을 제대로 이해하지 못했거나 무작위로 응답한 경우, 또는 의도적으로 자신을 부정적으로 보이려고 하는 경우에도 F척도 점수가 높게 나타난다. F척도의 점수가 50 이하면 정상으로, 50~64점인 경우 문제영역이 있는 것으로 보고, 65~79는 보통과 다른 행위, 80 이상이면 장애발생의 위험이 있다고 판단한다.

ⓒ K척도 : K척도는 방어성(defensiveness) 척도로서 방어성과 경계심을 측정한다. L척도보다 세련되고 간접적인 방식으로 자신을 방어하는 경우로서 적절한 수준의 K척도 점수는 적절한 수준의 현실감각을 지니고 있으며 자신의 심리적 문제를 다룰 수 있는 능력이 있다는 것을 나타내므로 적절수준의 자아강도를 유지하고 있는 것으로 본다. K척도의 점수가 35 이하이면 자신에 대해 지나치게 무관심하거나 또는 민감성이 부족한 것을 나타내며, 36~69는 정상, 70 이상이면 의도적으로 자신을 방어하고 숨기는 것으로 본다.

ⓔ ?척도 : ? 척도는 '알 수 없다(cannot say)'라는 의미를 지닌 척도로서 응답하지 않았거나 응답 전체를 '네', 또는 '아니요'에 응답한 문항들의 총합으로 점수를 산출한다.

② 임상척도

ⓐ 척도 1 : 건강염려증(Hs; Hypochondriasis)

척도 1(Hs)은 실제적인 신체적 기능이나 기질적 원인이 있는지 또는 없는지에 상관없이 신체적 건강과 증상에 대한 과도한 관심과 염려를 하고 있는지를 알아보려는 것이다. 65점 이상이면 지나치게 신체건강에 집착하는 것이거나 자신감이 부족한 것으로 보고, 44점 이하이면 신체적 증상에 대한 자신감 또는 타인에 대한 이해 부족을 나타낸다.

ⓑ 척도 2 : 우울증(D; Depression)

척도 2(D)는 우울증상을 측정하기 위한 척도로서 사기저하, 미래에 대한 희망의 상실과 비관, 무기력 및 절망감, 자신에 대한 불만감 등을 나타낸다. 40점 이상이면 우울증상의 위험성이 없으며 자신의 행동에 대해 자유로운 것을 나타내며, 70점 이상이면 우울증상을 나타내는 것으로 본다. 100점 이상인 경우 필요에 따라 정신치료나 약물치료를 병행한다. 이 척도는 단독 상승하는 경우는 드물고 대개는 나머지 다른 프로파일의 형태를 고려하면서 해석에 주의해야 하는 경우가 많다.

㉢ 척도 3 : 히스테리(Hy; Hysteria)

척도 3(Hy)은 현실적 어려움이나 갈등을 회피하는 방법으로 부정(denial)을 사용하는 정도를 측정하는 것으로, 심리적 고통을 회피하기 위해 환상적인 생각을 많이 하거나 마치 그것이 존재하는 것처럼 생각하는 것이다. 우울증과 동반되어 나타나는 경우가 있으며 자살로 이어지기도 한다. 이 척도의 점수가 40 이하이면 지나치게 현실적 융통성이 부족한 것으로 보고, 69 이상이면 히스테리 증세가 있는 것으로, 80 이상이면 두통이나 흉통 등과 같은 신체적 증세가 있는 것을 나타낸다.

㉣ 척도 4 : 반사회성(Pd; Psychopathic Deviate)

척도 4(Pd)는 분노감과 공격적 성향을 나타낸다. 점수가 높을수록 충동적이고 분노감이 많으며 타인의 마음을 깊이 이해하는 면이 부족한 것을 나타내며, 가족에 대한 불만이나 일상생활에서의 권태, 일탈행동 등이 이 척도를 통해 측정하는 대상이다.

이 척도의 점수가 적절히 높은 정상인의 경우는 자기주장적이며 솔직하며 모험적이고 진취적이지만 스트레스를 받으면 사회적으로 부적응적인 행동이나 공격적인 행동을 보인다. 이 척도의 점수가 지나치게 높은 것은 무책임하고 인간에 대한 신뢰가 약하며, 자기제어가 약하고 변덕이 심한 것을 나타낸다. 점수가 40~69이면 정상, 70 이상이면 저항적, 반항적이며 파괴적이고 무책임하며 공격적인 것을 나타낸다.

ⓜ 척도 5 : 남성성-여성성(Mf; Masculinity-Feminity)

척도 5(Mf)는 성별에 따라 의미가 달라지는 척도이다. 즉, 동일한 점수라도 남성과 여성의 의미가 달리 해석된다. 그러나 이 척도는 본질적으로 능동성과 수동성, 대인관계에 대한 민감성, 직업이나 취미에 대한 흥미와 관심과 같은 내용을 포함하고 있다. 점수가 높을 경우, 여성은 전통적인 여성성보다는 남성적 성향이 우세한 것인데 반해 남성은 수동적이고 의존적인 성향 및 심리적 관심과 관련있다. 이 척도의 점수가 40 이하이면 남자의 경우 보수적이고 가부장적인 것으로, 여성의 경우 전통적 여인상을 지니고 있으며 복종과 순종적이며 가정적, 희생적인 성향을 가진 것으로 해석한다. 65점 이상인 경우 남성은 융통성 있고 가정적이며 부드럽고 자유스러운 성향으로, 여성은 자기중심적이며 남성적 성향이 있고, 공격적이며 진취적인 것으로 해석한다.

ⓑ 척도 6 : 편집증(Pa; Paranoia)

척도 6(Pa)은 대인관계에 대한 예민성을 나타내는 것으로 편집증의 임상적 특징이라고 할 수 있는 피해의식이나 경직된 사고, 만연된 의심, 관계망상 등을 나타내고 있는지를 평가하는 척도이다. 이 척도의 점수가 적절히 높은 경우 대인관계상에 민감하다는 것을 의미한다. 즉, 다른 사람의 생각과 기분을 고려하며 그것이 나에게 미치는 영향에 대해 생각하는 것을 나타낸다. 점수가 지나치게 높을 경우 대인관계에 대한 민감성뿐만 아니라 의심성도 가지고 있는 것으로서 피해의식이 나타날 수 있다. 점수가 44~70이면 정상으로 보고, 이 척도점수가 높을수록 자기정당성을 반영하는 것으로, 남의 생각을 들으려하기보다는 자신의 입장에서 생각하는 경향을 보인다.

ⓢ 척도 7 : 강박증(Pt; Psychasthenia)

척도 7(Pt)은 만성적 불안 및 스트레스를 많이 받는 정도를 측정하는 것으로 강박적 행동과 더불어 자기비판, 죄책감, 자신감 저하, 우유부단함 등을 측정한다. 이 척도의 점수가 적절히 높을 경우는 정해진 규율과 시간약속을 잘 지키며 일을 잘 구성하고 조직화하는 능력을 반영하는 것이지만, 점수가 너무 높은 경우는 지나친 걱정과 사소한 일에의 집착, 우유부단함 등의 부적응적인 행동을 나타낸다. 점수가 40~70이면 정상범주에 속하는 것으로 보고, 40 이하이면 모든 것에 관심이 없고 우유부단하며 무슨 일이든 할 수 없다는 생각이 강한 것을 나타낸다. 점수가 70 이상이면 삶에 대해 부정적이며 지나친 성취욕구를 지니고 있거나 지나치게 타인을 의식하는 것, 또는 어떤 일을 해보기도 전에 일에 대한 두려움이나 불신 등으로 매우 초조하고 걱정이 많은 것을 나타낸다.

ⓞ 척도 8 : 정신분열증(Sc; Schizophrenia)

척도 8(Sc)은 사고나 감정, 행동의 장애를 의미하며 점수가 높을수록 정신적으로 매우 혼란스러움을 의미한다. 이 척도의 점수가 유의하게 높다고 해서 반드시 정신분열증이라고 할 수는 없다. 이 척도에서는 사고나 감정, 행동의 장애를 주로 반영하지만 사회적, 정서적 소외감의 정도나 가족 간의 갈등, 성생활 장애, 주의집중의 곤란함 등 다양한 영역을 포함하여 반영하고 있다. 이 척도의 점수가 지나치게 높으면 현실회피성, 공격성, 위축된 감정반응, 특이반응을 보이며 죄책감이 점점 소멸하는 특징을 보인다. 이 척도의 점수가 60~69이면 정상, 70 이상이면 상담적 개입이 요구되며, 80 이상인 경우는 필요에 따라 정신적 약물치료를 포함한 관찰 및 보호가 요구되기도 한다. 또한 점수가 33 이하인 경우는 지나치게 이성적이고 냉정하며 대인관계가 원만하지 못할 수 있으며 혼자 있는 것을 선호하는 특징을 반영한다.

ⓩ 척도 9 : 경조증(Ma; Hypomania)

척도 9(Ma)는 정신적 에너지를 의미하며 이 척도의 점수가 높을수록 정력적이고 무엇인가를 하지 않고는 견디지 못하며 자신만만하고 자신을 과대평가하는 경향을 보인다. 이 척도의 점수가 적절히 높은 것은 신체적으로나 정신적으로 정력적이며 활기찬 것을 반영하지만 점수가 지나치게 높은 경우는 과도하게 활동적이며 행동에 대한 억제가 부족하고 화를 잘 내며 관여하는 일이 많은 것에 비해 성취도가 떨어지는 경향을 나타낸다. 이 척도의 점수가 40(때로는 35)점 이하이면 무기력하며 목표의식이 없고 생활에 있어 활기가 없음을 나타낸다. 이 척도에 대한 성인의 정상범위의 점수는 40~50점이다. 점수가 60 이상이면 비정상, 70 이상이면 상담 및 제어와 치료가 요구되는 수준이다.

ⓩ 척도 10 : 내향성(Si; Social introversion)

척도 10(Si)은 혼자 있는 것을 선호하는 경향성을 의미한다. 점수가 높을수록 내향성이 강한 것인 반면 점수가 낮을수록 다른 사람들과 함께 있는 것을 선호하는 외향성을 반영한다. 다른 사람들과 사회적 관계를 형성하고 상호작용하는 방식을 측정하는 내용, 즉 대인관계 상황에서의 민감성 정도, 대인관계에 대한 욕구수준, 사회적 불편감이나 회피의 정도 등의 내용으로 구성되어 있다. 내향성과 외향성은 개인의 성격적 성향이거나 증상의 일부분인 것으로 해석해야 하며 둘 중 어느 것이 더 좋고 나쁜 가치판단의 관계를 가지는 것은 아니다.

〈표 6-1〉 MMPI 척도구성

척도명		기 호	약 자	문항 수
타당도 척도	알 수 없다		?	
	부인척도		L	15문항
	F척도		F	64문항
	K척도		K	30문항
임상척도	건강염려증	1	Hs	33문항
	우울증	2	D	60문항
	히스테리	3	Hy	60문항
	반사회성	4	Pd	50문항
	남성성 - 여성성	5	Mf	60문항
	편집증	6	Pa	40문항
	강박증	7	Pt	48문항
	정신분열증	8	Sc	78문항
	경조증	9	Ma	46문항
	내향성	0	Si	70문항

3) 로샤검사(Rorschach Test)

로샤검사는 1921년에 스위스의 정신과 의사였던 헤르만 로샤(Hermann Rorschach)가 개발한 이래 현재까지 임상현장에서 가장 널리 사용되는 대표적인 투사검사이다. 좌우대칭을 이루는 잉크얼룩으로 만들어진 검사카드를 사용하고 있어 잉크반점 검사라고도 한다. 로샤검사는 성격검사의 일종으로서 성격의 다각적 차원에 관한 정보를 풍부하게 얻을 수 있어 그 중요성이 높게 평가되고 있다. 즉, 개인의 인지적 측면, 개인의 내적 갈등이나 방어와 같은 자아의 모습(자아상), 정서적 측면, 대인관계와 같은 다각적 측면의 정보를 종합적으로 제공한다는 장점이 있다. 그러나 검사의 실시나 해석과정에서 검사자의 주관이 편향적으로 개입될 가능성으로 인해 결과가 오도될 수 있다는 문제점의 지적과 더불어 검사의 신뢰도나 타당도에 관해 많은 논란이 있어왔다. 이후에 J. Exner(엑스너)가 개발한 '로샤 종합체계'(The Rorschach : A Comprehensive System, 1993)

의 등장으로 인해 이러한 문제점이 보완되었을 뿐만 아니라, 이 체계가 임상 장면에서 가장 표준화된 체계로 받아들여지게 되었고 이러한 배경으로 인해 현재는 로샤검사도 표준화된 절차에 의해 채점, 해석이 가능하게 되었다.

(1) 검사의 구성

총 10장의 카드로 이루어져 있는데, 5장의 흑백카드와 5장의 채색카드로 구성되어 있다. 흑백카드는 I, IV, V, VI, VII번 카드이며, II, III번 카드는 흑백에 붉은 색이 혼합되어 있고 나머지 3장의 카드(VIII, IX, X번 카드)는 여러 색으로 구성되어 있다. 10장의 카드 모두는 명확하고 특정한 형태가 아닌 모호한 형태의 자극으로 되어 있어서 보는 사람에 따라 카드의 자극에 대해 다양한 반응을 보이게 된다. 이처럼 모호한 자극에 대해 해석하는 내용이 사람마다 다양하게 나타나는 것은 피검사자의 다양한 성격적 특징이 반영되는 것이다.

(2) 검사의 실시

검사는 총 2단계에 걸쳐 실시된다. 제1단계는 자유반응 단계로서 I번 카드부터 X번 카드까지 각 카드의 그림자극이 '무엇처럼 보이는지'를 자유롭게 말하게 된다. 제2단계는 '질문(inquiry)' 단계로서, 1단계에서 피검사자가 반응한 것을 정확히 채점하기 위해 질문을 하는 단계이다. 이때 1단계의 반응에 대해 반응위치(그림자극의 어떤 부분이 그렇게 보이도록 한 것인가?), 반응 결정요인(무엇 때문에 그렇게 보게 되었는가?), 반응내용(무엇으로 보았는가?)을 질문하여 그에 대한 정보를 얻는다.

(3) 검사의 채점

로샤검사의 채점은 다음에 제시하는 항목들을 통해 이루어진다.

- **반응위치**(location) : 반점의 어느 부분에 반응하였는지를 채점
- **반응위치의 발달 질**(developmental quality) : 반응위치의 질적 평가, 즉 그 위치 반응은 어떤 발달수준을 나타내는가를 채점하여 인지기능의 발달수준 평가

- **반응 결정요인**(determinant) : 반응결정에 영향을 준 반점의 특징에 관한 정보
  예 형태/ 움직임/ 유채색/ 무채색/ 음영-재질, 깊이, 차원, 확산/ 쌍반응/ 반사반응
- **형태질**(form quality) : 반응과 반점의 형태적 적합성에 관한 채점, 즉 반응한 내용이 자극의 형태적 특징에 적절한가의 채점을 통한 현실검증력과 지각적 장애의 판단지표
- **반응내용**(content) : 반응내용의 범주분류
  예 인간관련/ 인간경험/ 동물관련/ 해부/ 예술/ 인류학적 반응/ 피/ 식물/ 의복/ 구름/ 폭발/ 음식/ 지도/ 가구/ 풍경/ 자연/ 과학/ 성(sex)/ 엑스선(X-ray)
- **평범반응**(popular) : 반응위치와 내용이 보편적으로 흔히 하는 반응인가를 채점
- **조직화 활동**(organization activity) : 자극에 대한 인지적 조직화의 정도를 채점
- **특수점수**(special score) : 특이한 언어반응을 보이는가를 채점
- **쌍반응**(pair response) : 자극을 대칭적으로 지각하였는지의 여부를 채점

4) TAT(Thematic Apperception Test; 주제통각검사)

TAT는 미국의 성격심리학자인 헨리 머레이(Henry Murray)가 1935년에 개발한 검사로서 로샤검사와 더불어 전 세계적으로 널리 사용되는 투사검사이다. 통각(統覺)이란 우리가 주변의 대상을 지각할 때 대상의 물리적 자극만을 지각하는 것이 아니라 대상에 대한 개인의 주관적이고 심리적인 해석이 더해져서 그 대상에 대한 지각이 이루어지는 과정을 지칭하는 용어이다. 즉, 외부세계의 인식은 자극대상의 객관적 조건의 지각뿐 아니라 개인의 선행경험 등에 의한 개인 특유의 심리적 과정이 포함되는 주관적 해석과정이 개입된다는 것을 이론적 근거로 하고 있다.

로샤검사에서는 개인의 원초적 욕구와 환상이 응답에 투사되어 나타난다고 보는 반면, TAT는 개인의 다양한 경험과 대인관계에서 발생하는 역동적 측면이 반응에 투사된다는 특징을 가지고 있다. 로샤검사에서는 인물이 아닌 추상적인 잉크반점이 자극으로 사용되지만, TAT는 인물이 등장하는 모호한

내용의 그림자극을 제시하여 그림에 대한 이야기를 구성해 보도록 하는 방법을 이용하여 대인관계에서의 역동적 측면을 파악한다. 즉, 제시된 그림장면에 대한 이야기를 구성하는 과정에서 개인이 지닌 과거경험, 욕구, 갈등, 상상적 측면 등이 투사되어 개인의 성격적 특징, 발달적 배경, 환경 및 대인 간의 상호작용방식 등에 대한 정보를 제공하게 되는 것이다.

(1) 검사의 구성 및 실시

TAT는 전후 맥락 없이 다양한 생활사건을 묘사한 그림카드로 구성되어 있다. 그림카드는 백지카드를 포함하여 총 31장의 흑백카드로 이루어져 있다. 카드 뒷면에는 각각 남자(M), 여자(F), 소년(B), 소녀(G) 등 카드를 구분할 수 있는 표기가 되어 있어 피검사자의 연령과 성에 따라 카드를 선정하여 검사를 실시한다.

피검사자는 31장의 카드 중 20장의 그림카드를 보게 되는데, 이 중 10장의 카드는 모든 피검사자에게 실시되는 공통카드이며 나머지 10장은 피검사자의 연령과 성별에 따라 달리 제시되는 카드이다. 카드가 제시되면 카드 속의 인물이 무엇을 하고 있는 것인지 등 카드에 대해 설명하도록 지시받는다.

검사의 실시는 약 한 시간 정도 소요하며 총 두 번의 회기로 나누어져 시행된다. 두 번의 검사회기 간에는 적어도 하루 정도의 시간간격을 두도록 한다. 이는 피검사자가 연속적으로 검사를 받지 않아 자신이 충분히 반응할 수 있도록 피로효과를 최소화하기 위한 것이다.

(2) 검사의 해석

TAT의 해석에는 여러 가지 방법이 있다. 가장 보편적인 방법은 '욕구-압력 분석법'이다. 이 방법은 개인의 욕구(need)와 환경으로부터의 압력(pressure), 그리고 이에 대응하는 방식으로서 개인과 환경 간의 상호작용의 결과를 분석하는 것으로 개인의 심리적 상황을 평가한다. 욕구-압력 분석법에 의한 해석과정의 개요는 다음과 같다.

- 주인공을 찾는다.
- 환경의 압력을 분석한다.
  - **인적(人的) 압력** : 착취, 친화, 공격, 존경, 지배, 양육, 배척, 성적(性的), 경쟁 등
  - **환경적 압력** : 재해, 운명, 불행, 결여, 위험 등
  - **내적 압력** : 죽음, 질환, 좌절, 죄의식, 신체적·심리적 부적절감, 열등감 등
- 주인공의 반응에서 드러나는 욕구를 분석한다.
- 주인공이 애착을 표현하고 있는 대상을 분석한다.
- 주인공의 내적인 심리상태를 분석한다.
- 주인공의 행동이 표현되는 방식을 분석한다.
- 일의 결말을 분석한다.

5) BGT(벤더-게스탈트 검사; Bender-Gestalt Test)

BGT는 1938년에 로레타 벤더(Lauretta Bender)가 개발한 검사도구로서, 형태심리학자인 막스 베르타이머(Max Wertheimer, 1923)가 지각의 형태심리학적 법칙(근접성, 유사성, 연속성, 공통성, 완결성 등)을 연구하기 위해 고안한 다양한 도형 중에서 9개 도형을 선별, 응용하여 자극을 개발하였다. 처음에는 뇌의 기질적인 손상이 있는 환자들을 진단하는 데 사용되었던 검사로서 신경심리적인 목적으로 활용되었다. 그러나 BGT 시행과정을 통해 얻어지는 투사적 정보도 매우 유용하게 활용되어 현재는 신경심리적 목적과 투사적 목적 모두에 매우 유용한 검사이다.

BGT의 검사자극은 형태심리학(Gestalt Psychology)적 원리에 따라 구성된 간단한 기하학적 도형이 그려져 있는 9개의 자극카드로 구성되어 있다. 피검사자는 9개의 카드가 한 장씩 차례로 제시될 때마다 자극과 똑같이 백지에 따라 그리고, 이어서 다양하게 변형된 추가단계를 실시한다. 이 과정을 통해 드러

나는 피검사자의 성격, 정서, 인지적 특성 등의 심리적 특성을 분석하여 심리적 장애나 성격적 특성에 대해 진단하게 된다.

(1) 검사의 구성 및 실시

BGT 자극카드는 총 9장으로, 도형 A와 도형 1에서 도형 8까지로 구성되어 있으며 각 카드의 크기는 11x10cm이다. 도형 A는 원과 장방형의 결합, 도형 1은 12개의 점, 도형 2는 3개의 원이 11개의 열로 이루어져 있다. 또한 도형 3은 점들의 조합이 일련의 v자 형태를 이루고 있으며 도형 4는 장방형에 종 모양의 곡선이 결합된 형태, 도형 5는 19개의 점으로 된 곡선에 7개의 점으로 된 선이 달려있는 형태, 도형 6은 물결모양의 곡선이 열십자형으로 배열된 형태이다. 도형 7은 2개의 6각형 모양으로 이루어져 있으며 도형 8은 가로로 긴 육각형 안에 작은 마름모꼴이 들어있는 형태로 되어있다.

BGT는 자극이 단순한 형태들로 구성되어 있어 마치 아이들에게 실시하는 단순한 검사인 것처럼 생각하여 신중하지 않은 태도로 검사에 임하는 일이 없도록 주의해야 한다. 때로는 검사자극이 매우 단순해 보이지만 그 단순함이 오히려 매우 심각한 의미를 내포하고 있을 것이라는 생각에 불안감을 가지고 검사에 임하기도 한다. 따라서 피검사자에게 검사의 실시가 도움이 될 것임을 잘 알 수 있도록 해주고 심리적인 안정감을 가지도록 하는 것이 중요하다.

검사의 실시는 모사(模寫), 변용묘사, 연상, 순간노출, 회상단계의 순서로 진행한다. 모사단계는 자극카드를 보고 똑같이 그리는 것이며, 변용묘사 단계는 각 도형을 피검사자가 임의대로 변형하여 그리도록 하는 단계이다. 연상단계에서는 피검사자가 자신이 그린 그림에 대해서 연상을 해보도록 하는 것이며, 순간노출 단계에는 각 카드를 5초간 보여준 뒤 치우고 다시 그리도록 한다. 변용묘사 단계와 연상단계를 통해 피검사자의 심리적 특징이 가장 많이 투사되며 순간노출 단계는 뇌기능 장애가 의심될 때 사용되는 방법이다. 따라서 일반적인 심리적 문제를 지닌 피검사자의 경우에는 모사단계를 기본으로 하여 변용묘사, 연상단계를 조합하여 사용하고, 기질적 손상이 있는 피검사자의 경우는 순간노출 단계를 먼저 실시하고 모사, 회상단계의 순서로 실시한다.

BGT를 실시하는 것이 특별히 유용한 경우는 다음과 같다.

- 구두로 의사소통을 할 수 있는 능력이 충분히 있는 경우라도 그 피검사자의 언어적 행동을 통해 성격적 특성에 대한 적절한 정보를 얻을 수 없다고 판단될 때
- 말로 의사소통할 수 있는 능력이 없거나, 능력이 있더라도 의사표현을 제대로 할 수 없는 피검사자의 경우
- 교육을 제대로 받지 못했거나 문맹자인 경우, 정신지체가 있는 경우, 또는 외국인으로 글을 모르는 피검사인 경우 교육적, 문화적, 언어적 요인에 편향적이지 않으면서도 지적·정서적 요인에 대한 평가를 할 수 있는 비언어적 검사가 요구될 때
- 뇌기능장애의 가능성이 있어서 언어적 검사로는 제대로 평가되기 어렵다고 판단될 때

(2) 검사의 해석과 평가

① 검사의 해석

BGT의 해석은 5개의 유목으로 나누어서 이루어진다. 5개 유목은 각각 '조직화(organization)', '크기의 일탈(deviation in size)', '형태의 일탈(deviation in form)', '전체적 왜곡(gross distortion)', '그려나가는 방식(movement)'으로 나누어진다.

㉠ 조직화(organization) : 조직화의 방식은 개인의 조직성, 계획성 등과 관련있다. 9개의 도형을 백지에 배열하는 순서의 규칙성, 도형 A를 용지에 그릴 때의 위치(용지의 모서리 쪽에 그리는가?, 왼쪽이나 오른쪽으로 치우쳐서 그리는가?, 중앙에 그리는가? 등), 그리는 도형들 간 공간크기, 도형들이 서로 중첩되어 그려졌는가의 여부, 그리는 용지를 수직에서 수평으로, 또는 90도 정도 회전시키는가의 여부 등이 조직화 항목에서 평가되는 내용이다.

㉡ **크기의 일탈**(deviation in size) : 자극으로 제시된 도형과 모사한 도형의 크기를 비교하여 자극도형보다 크거나 작게 그린 정도를 비교한다. 또한 한 도형 내에서 일부분이 상대적으로 아주 크거나 작은 경우를 찾거나 그림을 그려나가면서 크기가 점점 커지거나 점점 작아지는 경우 등을 통해 평가한다.

㉢ **형태의 일탈**(deviation in form) : 모사하거나 변형시킨 도형의 형태적 측면에서의 다양한 특징을 평가한다. '폐쇄곤란'은 한 도형 내에서 폐곡선을 완성시키지 못하였거나 도형의 부분들을 접촉시키는 데 어려움이 있는 경우이다. '교차곤란'은 도형 6과 도형 7에 해당하는 항목으로서 선이 서로 교차하는 지점에서 지우고 다시 그리거나 선을 지나치게 꾹 눌러 그리거나 하는 경우에 해당한다. '곡선묘사곤란'은 도형 4, 5, 6에서 곡선의 성질이 명백하게 변화된 것을 말한다. '각의 변화'는 도형 2, 3, 4, 5, 6, 7에서 각도가 15도 이상 커지거나 작아지는 경우에 해당한다. 각도를 정확하게 그리는 것은 지적 발달이나 지각적 문제와 관련이 있다고 볼 수 있기 때문에 각도를 정확하게 그리는지의 여부를 통해 기질적 손상이나 정신지체의 판단에 도움이 되는 정보를 얻을 수 있다.

㉣ **전체적 왜곡**(gross distortion) : '형태의 왜곡'은 자극도형의 질적 묘사에서 도형이 회전되어 있거나 지나치게 왜곡되어 그려지거나 형태가 본질적으로 파괴된 경우, 또는 지나치게 단순화시켜 도형을 표현하거나 지나치게 정교하게 그리는 경우 등이다.

㉤ **그려나가는 방식**(movement) : '그려나가는 방식'에서의 평가는 도형의 선과 곡선을 그려나가는 방향이 일정하지 않고 일관성 없이 그려나가거나 처음 의도한 방향으로 그려나가지 않고 방향상에 일탈이 일어났는지, 또는 도형묘사에 사용된 선의 질적 측면이 지나치게 굵은지 혹은 가는지 등을 평가하는 것이다.

② 검사의 진단적 평가

BGT 결과를 위의 해석유목에 따라 해석한 뒤 진단적 평가가 이루어진다. BGT를 통해 나타날 수 있는 진단별 반응 특징은 다음과 같다.

㉠ **기질적 뇌손상** : 중첩(경향)/ 뚜렷한 각의 변화/ 심한 회전/ 단순화/ 중첩곤란/ 심한 단편화/ 경미한 정교화/ 전 도형의 재모사/ 일정치 않은 선의 굵기/ 경직성

㉡ **정신분열증** : 혼란스런 배열방식/ 도형 A의 위치가 심하게 비정상적임/ 지나치게 큰 그림이나 과도하게 많은 용지의 사용/ 지나친 가장자리 사용/ 심한 폐쇄곤란/ 심한 곡선곤란/ 경미한 회전/ 퇴영/ 단편화/ 전 도형의 재모사/ 단순화

㉢ **신경증**(성격장애 제외) : 지나치게 엄격하거나 불규칙한 순서/ 매우 작은 그림/ 고립적인 크기의 변화/ 곡선곤란/ 각의 변화/ 회전(경미)/ 교차곤란/ 그려나가는 방식의 비정상 또는 불일치/ 선의 질이 지나치게 굵거나 가늘거나 심하게 비일관적

6) HTP 검사(집, 나무, 사람 검사; House-Tree-Person Test)

자신을 표현하는 가장 기본적인 수단 중의 하나가 그림이며 그림으로 표현하는 다양한 대상 중 가장 어린 시절부터 상징성이 매우 강한 대상인 집, 나무, 사람을 통해 개인의 내면화된 성격적 특성을 평가하는 검사가 HTP이다. 검사자극이 따로 주어지지 않으며 백지를 제시한 후 집, 나무, 사람을 차례로 그려보게 한다.

(1) 검사의 실시

검사는 그림단계와 질문단계(inquiry)의 두 단계로 나누어 실시한다.

① 그림단계

검사를 위한 준비물은 16절지 백지 4장과 HB 연필, 지우개, 초시계이다. 백지 1장을 제시하면서 집을 그려보도록 하고, 다음에 차례로 나무와 사람을

각각 새로운 용지에 그려보도록 한다. 이때 그리는 데 소요되는 시간을 함께 측정한다. 사람의 경우 얼굴만 그리면 전신을 그려보도록 권한다. 또한 사람을 그렸을 때 성별을 표시한 후 마지막 네 번째 종이를 제시할 때는 좀 전에 그렸던 인물의 성과 반대되는 성을 그리도록 지시하고 시간을 측정한다.

② 질문단계(inquiry)

그림단계가 끝나면 각 그림에 대해 여러 가지 질문을 하는 단계이다. 질문의 형식은 정해져 있지 않으며 피검사자의 상태에 알맞은 질문을 하도록 한다. 질문단계를 통해 피검사자의 개인적 욕구, 압박감 등의 투사된 내용을 알아보기 위한 것이다.

집, 나무, 사람의 그림에 대한 일반적인 질문은 다음과 같다. '집'의 경우 집에 살고 있는 사람은 누구인지, 집안의 분위기는 어떤지, 자신이 이 집에서 살고 싶은지 등을 질문한다. '나무'의 경우에는 그려진 나무가 어떤 나무인지, 나무의 나이나 그림 속의 계절, 나무의 건강상태, 나무의 소원이나 나무의 기분, 이 나무가 지금 어디에 서있는지 등을 질문한다. '사람'의 경우에는 그림 속에 있는 사람의 나이, 직업, 기분, 무슨 생각을 하고 있는지, 그림 속의 사람이 지금 무엇을 하고 있는지, 성격은 어떠한지, 장점과 단점은 무엇인지, 이 사람이 앞으로 어떻게 될 것 같은지 등을 질문한다.

각 그림에 대해 추가로 더하고 싶은 내용이 있는지 자유롭게 말하도록 하며 그림에 대해 이야기하는 내용에서 이해가 어려운 부분에 대해서는 추가적 질문을 통해 자세히 알아본다.

(2) 검사의 해석

HTP 속의 집, 나무, 사람은 모두 상징성을 지닌 대상으로서 개인의 내면에서 억압된 사고나 방어기제 등이 투사된다. '집' 그림은 전반적으로 가정생활과 가족 간의 관계에 대한 내용이 투사되어 있다. '나무'나 '사람' 그림은 주로 성격적 측면을 반영하는 것으로 성격의 핵심적인 갈등 및 방어에 대한 정보를 제공한다.

그림을 통해 검사가 이루어지는 경우 그림의 구조적 요소와 내용적 요소의 두 가지 측면을 동시에 고려해야 하는 것이 중요하다. 그림의 전체적 균형을 고려하면서 세부적인 요소들에 대해 균형적인 해석을 해야 한다. HTP의 해석에서는 집, 나무, 사람에서의 세부사항에 주의를 기울이면서 동시에 검사에 소요된 시간, 그린 순서, 지우개 사용방식, 용지에 그려진 그림의 위치, 선의 강도나 방향, 그림의 크기, 도형의 왜곡 여부, 필수적인 부분의 생략과 같은 측면을 각 도형 모두에 대해 공통적으로 고려해야 한다.

7) SCT(문장완성검사; Sentence Completion Test)

문장완성검사의 토대는 Galton의 자유연상검사를 Cattell이 발전시켜 단어완성검사를 만들었던 것에 기초하여 개발되었다. SCT는 미완성 문장이 제시되면 피검사자가 자신의 생각대로 문장을 완성하도록 하는 검사로서 문장을 완성하는 과정에서 자신의 내면적 사고나 욕구가 투사된다는 가정에 기초하고 있나.

(1) 검사의 실시

검사대상은 개인과 집단 모두가 가능하며 검사시간은 30분 내외(20~40분)가 소요된다. 검사지를 피검사자에게 배분한 후 지시문을 잘 읽어보게 하고 질문이 있으면 질문을 하도록 한 뒤 검사를 시작한다. 검사의 지시문을 통해 자신에게 처음으로 떠오르는 생각대로 기록하여 완성된 문장이 되도록 할 것을 지시하며, 완성된 문장에는 정답과 오답이 정해져 있는 것이 아니라는 점을 숙지시킨다.

(2) 검사의 해석

SCT를 통해 해석할 수 있는 측면은 크게 네 가지 영역이다. 첫 번째는 가족에 대한 것, 두 번째는 성(sex)에 대한 것, 세 번째는 대인관계 영역, 네 번째로는 자기개념에 관한 것이다. 각 영역별로 해석하고 평가하는 내용 및 해당되는 문항의 예는 다음과 같다.

① 가족영역

아버지와 어머니, 그리고 가족 전체에 대한 태도가 나타나는 문장으로 구성되어 있다. 평가하는 내용 역시 아버지, 어머니, 가족 전체에 대한 태도에 관한 것이다. 이에 대한 문항의 예로는 “나의 어머니는 ______________”, “내 생각에 가끔 아버지는 ________________”, “다른 가정과 비교해서 우리 집안은 _________________________” 등이다.

② 성적 영역

이성관계에 대한 태도를 알 수 있는 내용으로 문장이 구성되어 있으며, 여성과 남성, 결혼, 성적 관계에 대한 태도가 나타나도록 구성되어 있다. 문항의 예로는 “내 생각에 여자들이란 _____________”, “남자에 대해 무엇보다도 좋지 않게 생각하는 것은 ___________________”, 결혼생활에 대한 나의 생각은 _________________”, 내가 성교를 했다면 _____________” 등이다.

③ 대인관계 영역

친구나 지인, 권위자에 대한 태도를 나타내는 문장으로 사회적 환경 속에서 부모와 친척 외의 사회적 관계에 놓인 사람들에 대한 자신의 감정을 평가하거나 타인이 자신에 대해 어떻게 느끼고 있다고 생각하는지에 관한 내용을 평가한다. 문항의 예로는 “내 생각에 참다운 친구는 _________”, “내가 싫어하는 사람은 ___________”, “내가 좋아하는 사람은 ___________”, “윗사람이 오는 것을 보면 나는 ________________” 등이다.

④ 자기개념 영역

자신의 능력, 과거, 미래, 목표, 두려움 등에 대한 태도를 나타내는 문장으로 자신의 과거, 현재, 미래에 대한 자기개념과 자신의 미래상에 대한 생각을 평가할 수 있는 내용으로 구성되어 있다. 문항의 예로는 "다른 친구들이 모르는 나만의 두려움은 ________"(두려움에 대한 태도), "무슨 일을 해서라도 잊고 싶은 것은 ____________"(죄책감에 대한 태도), "나에게 이상한 일이 생겼을 때 ___________", "나의 가장 큰 결점은 ______________"(자신의 능력에 대한 태도), "생생한 어린 시절의 기억은 ___________"(과거에 대한 태도), "나의 장래는 __________"(미래에 대한 태도), "나의 평생 가장 하고 싶은 일은 _____________"(목표에 대한 태도) 등이다.

2. 신경 심리검사

노인들을 위한 심리검사는 일반 성인들을 위한 심리검사와 크게 차이가 없지만 인지기능을 위한 검사에서는 차이가 있다. 노년기의 노화과정은 뇌기능이나 신체기능상의 변화에 직접적으로 영향을 미치게 되며 이러한 변화는 인지기능의 감퇴에 민감하게 영향을 미치게 되어 노년기의 인지기능을 위한 신경심리학적 검사는 일반 성인들의 검사와 구별하여 실시한다. 노인들의 인지기능 감퇴는 인지기능 장애를 주 증상으로 하는 치매나 섬망 등이 일반 성인들에 비해 훨씬 더 빈번히 발생할 수 있다는 것과 관련있다. 또한 노년기에 대뇌의 뚜렷한 구조적 이상이 발견되지 않았던 정신장애라도 인지기능 감퇴를 주요 증상으로 가지는 경우가 흔하기 때문에 노인들은 일반 성인들에게 실시하는 심리검사와 더불어 신경심리학적 검사를 반드시 포함해야 한다(대한노인정신의학회, 1998; 최정윤, 2005). 본 교재에서는 대한노인정신의학회에서 제시하는 노인 신경인지기능평가를 중심으로 노년기 신경심리학적 평가를 소개하도록 한다.

1) 신경인지기능 검사의 목적

노인의 신경인지기능 검사를 통한 심리학적 평가는 인지적 기능의 감퇴가 정상적인 노화과정에 의한 인지기능의 저하인지 아니면 치매와 같이 뇌의 기질적 손상에 의한 기능저하에 의한 것인지, 또는 우울증과 같은 정서적 문제로 인한 인지기능의 손상인지를 변별하기 위한 목적으로 실시된다. 따라서 노인들에게 신경인지기능 검사를 실시하는 목적은 다음과 같이 요약할 수 있다.

- **진단의 목적** : 신경인지기능 검사를 통하여 노인들의 인지기능 장애 유무를 판단할 수 있으며, 인지기능상의 장애가 있을 때에는 그 정도를 평가할 수 있다. 또 다른 진단의 목적으로는 치매의 진단과 감별을 위해 검사가 활용된다.
- **임상적 경과의 관찰** : 인지적 기능의 손상으로 인한 인지기능 장애의 진단이 내려진 후 정기적인 검사의 실시를 통해 그 결과를 진단 시의 결과와 비교하여 임상적 경과를 관찰하기 위해 신경인지기능 검사가 활용된다. 대개 치매의 경우는 재평가 결과가 처음 결과보다 악화되어 나타나며, 재평가의 결과가 처음 결과와 비교하여 별다른 변화를 보이지 않는다면 노화와 관련된 연령동반성 인지기능 감퇴 또는 연령동반성 기억장애의 경우에 해당한다.
- **연구의 목적** : 신경인지기능검사를 통해 특수한 신경인지기능장애 환자를 발견하고 그 사례를 연구하여 원인규명 및 그들의 특성을 밝혀내는 데 활용한다.
- **치료의 목적** : 인지기능장애를 가진 환자들에게 적절한 치료방법을 찾아내는데 신경인지기능검사가 활용되며, 치료방법의 효과를 검증하는 데도 검사결과가 활용된다.
- **검사 대상자의 이해** : 검사를 받은 노인의 인지기능에서 어떤 부분이 잘 보존되어 있으며 어떤 부분이 손상이 있거나 장애가 어느 정도인지, 또한 주기적인 반복적 검사를 통해 기능의 장애가 얼마나 빨리 혹은 서서히 진행하고 있는지를 파악하는 등의 정보를 얻을 수 있다.

2) 신경인지기능 검사의 구성

신경인지기능은 여러 부분으로 나누어서 평가되며 그 중요 구성요소는 주의력, 기억력, 언어능력, 시·공간 구성능력, 계산능력, 실행능력, 수행기능에 대한 평가이다.

(1) 주의력(attention)

주의력이란 어느 한 부분에 정신적 활동을 집중시키고, 그 상태를 일정 기간 유지하며, 필요할 때는 다른 부분으로 정신적 활동을 옮길 수 있는 능력(대한노인정신의학회, 1998)을 지칭한다. 주의력의 측정은 각성(arousal), 집중(concentration), 주의력 전환(attentional shifting)의 세 가지 요소로 이루어진다.

주의력을 측정하는 대표적인 방법으로는 '숫자 따라 외우기' 검사가 있다. 피검사자에게 1초당 숫자 한 개씩을 불러주고 순서대로 따라하게 한다. 처음에는 세 개의 숫자를 불러주고 따라하게 하고 그 수행이 성공하면 다음 순서로는 네 자리, 다섯 자리, 혹은 그 이상의 숫자를 따라하게 한다. '바로 따라하기' 순서 다음으로는 '거꾸로 따라하기'를 실시하는데 방법은 바로 따라 외우기와 같지만 불러준 숫자의 역순으로 숫자를 말해야 한다. 정상적 노화과정에서는 바로 따라 외우기는 잘 수행하지만 거꾸로 따라 외우기에서는 장애가 있다.

거꾸로 말하기에는 숫자 거꾸로 따라 하기 외에도 제시되는 단어의 일련의 순서를 거꾸로 말하기도 있다. 또한 집중력 평가를 위한 검사로는 연속 빼기 검사(예 100에서 7을 연속으로 다섯 번 빼기) 등이 있다. 집중력은 모든 인지적 과제 수행의 기본이 되는 요소로서 집중력에 문제가 있는 경우는 다른 신경인지기능에도 장애가 있는 경우가 많다.

(2) 기억력

기억은 신경인지기능 중에서 가장 중요한 영역이며 따라서 가장 많은 연구가 이루어진 영역이다. 기억력 검사는 기억유형에 따라 단기기억과 장기기억 검사, 최근기억과 원격기억, 삽화기억과 어의적 기억, 언어성 기억과 시공간 기억 등으로 분류한다. 또는 기억과정에 따라서 기억의 등록(registration) 또는 학습(learning), 저장(storage) 또는 보유(retention), 회상(recall)으로 분류하기도 한다.

기억검사 중 가장 많이 사용하는 방법 중의 하나는 단어목록 검사(word list test)가 있다. 일련의 단어들을 제시하고 이를 학습하게 한 뒤 되도록 많은 단어를 회상하도록 한다. 이 시행을 여러 번 반복하는 과정에서 회상하는 단어목록의 수가 점점 증가하게 되는데 이는 학습이 일어나고 있다는 것을 반영하는 것이다. 또한 이 과정은 작업기억(working memory, 즉각적 기억)을 평가하는 과정이기도 한다. 이처럼 단어를 학습한 후 이를 자유롭게 회상하도록 하였을 때 수행을 잘못하기도 하는데 이때 단어의 첫 자나 단어의 범주와 같은 단서를 제공하면 단어재인이 잘 이루어지는 경우는 학습과정에 문제가 없으나 기억인출과정에서 문제가 있음을 반영하는 것이다. 그러나 단어의 단서를 제공했을 때에도 회상이나 재인이 제대로 이루어지지 않는다면 이는 학습과정 자체에 문제가 있거나 학습정보의 저장이 제대로 이루어지지 않았음을 반영한다. 단어목록을 통한 기억력 검사는 언어성 기억력에 대한 정보로 활용된다. 언어성 기억에 문제가 있다면 좌측 대뇌반구의 기능장애를 의미한다.

또 다른 대표적 기억력 검사로는 시·공간적 기억검사가 있다. 시·공간 기억 검사는 기하학적 도형을 제시하고 즉시 또는 일정 시간이 지난 후에 제시된 자극을 보지 않고 그대로 따라 그려보게 한다. 이 수행에서 문제가 있다면 이는 우측 대뇌반구의 기능장애를 의미하는 것이다.

원격기억검사는 피검사자의 인생에서 먼 과거에 학습되었던 정보를 기억하는 능력을 검사한다. 예컨대 피검사의 출생지, 가족생일, 자신이 다녔던 초등학교 이름, 역대 대통령 이름 등을 회상하는 능력을 검사한다. 대뇌피질의 기능이 온전한 경우는 원격기억이 비교적 온전하며, 변연계 기능에 이상이 있는 경우는 새로운 정보는 학습하지 못하나 원격기억은 온전하다.

(3) 언어능력

언어능력은 자발적 언어, 이해력, 반복, 사물 이름 맞히기의 네 가지 영역이 포함된다. 네 가지 영역의 언어능력 평가를 위해 '단순명령 수행'("~을 하십시

오"와 같은 간단한 명령에 대해 그대로 수행하는 능력을 관찰, 평가함), '예-아니요 검사'(간단한 질문에 '예' 또는 '맞다' / '아니요' 또는 '틀리다'로 대답), '소리내어 읽기'(간단한 문장을 소리내어 읽게 한 후 의미를 물어본다) 등의 검사를 수행한다. 각 검사마다 수행이 제대로 이루어지지 않는다면 과제에 관련된 뇌의 특정 부위에 기능적 손상이 있음을 의미한다. 예컨대 좌측 측두엽 후부 또는 두정엽-측두엽 피질의 기능장애가 있으면 언어이해에 장애가 있음을 의미한다.

(4) 시·공간 기능

신경인지기능 중 시·공간 기능의 장애는 뇌기능장애를 가장 예민하게 반영하는 영역 중 하나이다. 친숙한 환경에서 길을 잃고 헤맨 경험이 있거나 자신의 집안에서 화장실이나 방의 위치를 찾지 못한다면 시·공간 장애가 있음을 의미한다. 또한 친숙한 가족이나 친지의 얼굴을 알아보지 못하는 증상도 시·공간 기능의 손상을 반영한다. Rey-Osterrieth 복합그림 검사(Rey-Osterrieth Complex Figure Test)는 대표적 시·공간 기능검사이며 기하학적 도형을 제시하고 도형을 그대로 따라 그리게 하여 인지기능의 장애 여부를 판단한다. 또는 유명배우나 전·현직 대통령과 같이 유명인사의 얼굴을 보여주고 누구인지 알아맞히게 하는 안면 재인검사도 시·공간 기능검사로 활용되기도 한다.

(5) 계산능력

계산능력 검사는 간단한 계산문제를 풀어보게 하는 것인데, 처음에는 7+8, 6×5와 같이 간단한 연산문제로 시작하여 17+25, 15×7과 같이 점점더 어려운 문제를 풀어보게 한다. 처음에는 암산만으로 수행하게 하다 127+49, 435×17과 같이 어려운 문제를 풀 때는 연필과 종이를 주고 풀게 한다. 계산능력은 주의집중력, 가감승제의 원리에 대한 이해, 구구단의 암기와 같은 다양한 인지기능이 요구되며, 계산장애는 다양한 원인의 대뇌 기능장애에서 발생할 수 있다.

(6) 실행기능

어떤 일을 수행하기 위해서 필요한 기본적인 감각기능이나 운동기능, 지시를 이해하는 능력은 정상인데도 복잡한 운동행동을 수행할 수 없는 것을 실행증(失行症; apraxia; 운동불능증)이라고 한다. 예컨대 착의실행증(dressing apraxia)은 옷 입는데 필요한 행동에 장애가 나타나는 경우이다. 옷 입는 순서를 모르거나, 단추를 잘못 끼우거나, 겉옷과 속옷 또는 상의와 하의를 구분하지 못한다. 이런 경우는 우측 두정엽이나 양측 대뇌반구의 전반적 기능부전이 있음을 나타내는 것이다. 실행증 여부의 평가를 위해서는 촛불을 입으로 불어서 꺼보기, 머리 빗는 흉내내 보기, 양치질하는 흉내내 보기, 윙크하기, 열쇠로 여는 흉내내 보기 등 일상생활 속에서 일어나는 다양한 동작들의 흉내를 내보도록 하여 수행이 제대로 이루어지는지를 평가한다.

(7) 수행기능

복잡한 인지과제나 복잡한 행위를 수행하는 정신활동이 수행기능(executive function)이다. 수행기능은 욕구(drive), 프로그램 작성(programming), 반응통제(response control), 종합(synthesis) 등의 네 가지 영역으로 구분한다. '욕구'는 인지활동을 시작하고 과제를 수행하려는 동기(motivation)를 포함한다. 욕구영역은 별도의 검사를 통해 평가하기보다는 신경인지기능을 검사하는 동안에 자연스럽게 평가할 수 있다. '프로그램 작성'은 형태를 제대로 알아보거나 시간적 순서에 따라 사건을 배열할 수 있는 능력, 또는 일정한 순서를 가지고 있거나 일정한 패턴을 가진 사물이나 사건을 기존 순서나 패턴에 따라 제대로 배치할 수 있는 것과 같이 계획성 있게 사물이나 사건을 배치할 수 있는 능력을 말한다. '반응통제'는 복잡한 인지과제를 계획해서 효과적으로 완성하는 능력을 의미한다. '종합' 영역은 의미파악, 지적 형태(intellectual gestalt)의 형성, 인지과제 수행의 감시능력을 포함하며 교육의 영향을 많이 받는다.

(8) 보속증

보속증(保續症; perseveration)이란 새로운 자극에 대해 행동의 전환이 일어나지 못하고 이전의 행동요소들이 지속되는 것이다. 새로운 행동으로 변경되었음에도 이전에 하던 행동의 일부가 새로운 행동에 끼어드는 경우이거나, 반응이 중단되어야 하는데도 불구하고 계속되는 경우가 모두 해당한다. 보속증은 대뇌반구 전반의 장애로서 치매를 포함하여 정신착란상태, 건망증 등에서도 관찰되는 증상이다.

3) 치매의 신경심리학적 평가

노인의 인지기능에 대한 신경심리학적 평가가 이루어지게 되는 가장 대표적 증상이 노인성 치매이다. 노인들의 인지기능 쇠퇴는 정상적 노화에 의해서도 일어날 수 있으며 치매와 같은 명백한 인지적 손상에 의해 발생할 수도 있기 때문에 신경심리학적 평가를 통해 치매와 정상적 노화에 따른 인지기능의 쇠퇴를 잘 구분해야 한다. 따라서 치매의 진단을 위해서는 인지기능의 손상 여부를 포함하여 우울이나 불안, 또는 화를 잘 내는 행동을 보이는 것과 같은 명백한 정서적 변화에 대한 평가도 함께 이루어져야 한다. 정상적인 노화과정에서도 노년기 우울과 같은 정서적 변화에 따른 증상이 나타나기 때문에 신경심리학적 평가를 통한 치매의 진단 시에는 정서적 측면에 대한 검사도 반드시 포함되어야 한다. 또한 정서적 측면에 대한 평가는 가성치매와 진성치매의 변별을 위해서 활용되기도 한다.

치매의 진단을 위해서는 위에서 언급한 신경심리학적 평가와 정서적 평가 외에 일상생활에서의 직업이나 사회적 생활에서의 기능에 있어서의 감퇴가 동반되어야 한다. 만약 인지기능에서 쇠퇴를 보이지만 일상생활에서의 기능은 잘 유지되고 있다면 치매가 아닌 노화에 따른 정상적 건망증이나 다른 원인에 의한 인지적 쇠퇴일 수도 있다. 따라서 신경심리학적 평가를 통한 치매의 진단에서는 신경심리학적 검사 외에 정서적 측면과 더불어 일상생활 수행능력도 반드시 함께 고려하여 평가해야 한다. 가성치매와 진성치매의 구별을 위해서, 또는 치매에 따른 정서적 변화인지의 여부를 판단하기 위해서 사용되는 검사도구로는 GDS(Geriatric Depression Scale), CUSPAD(Columbia University Scale for Psycho-pathology in Alzheimer's Disease) 등이 있다. 일상생활 능력에 대한 기능평가를 위해서는 SNSB(Seoul Neuro-psychological Screening Battery), S-IADL(Seoul-Instrumental Activities of Daily Living), Barthel ADL index(Barthel Ativities of Daily Living index) 등이 사용된다.

4) 신경인지 검사도구의 선택

앞서 살펴본 바와 같이 신경인지기능의 영역은 매우 다양하며 그에 따라 검사도구도 매우 다양하다. 평가대상의 영역 또한 임상적 수준에서 평가할 수도 있고, 신경심리학적 도구를 사용하여 정밀한 평가를 할 수도 있다. 이처럼 신경인지 검사는 신경인지 기능적 측면과 평가적 측면을 모두 고려하여 다양한 도구 중에서 신중한 선택을 하여 실시하게 된다. 대표적인 신경심리학적 검사도구로는 「Luria-Nebraska Neuropsychological Battery」와 「Halstead-Reitan Neuropsychological Battery」가 있다. 그러나 이러한 신경심리학적 검사도구들은 검사의 대상영역이 매우 광범위하면서 동시에 자세하게 평가할 수 있다는 장점이 있는 반면, 검사시간이 매우 오래 걸리며 경비도 많이 들고 검사의 실시와 해석에도 신경인지 분야에 전문적 교육을 받은 전문가가 필요하다. 그러므로 한 편으로는 임상적 수준에서 사용할 수 있는 신경인지기능 평가도구가 매우 유용할 수 있다.

현재 임상적 수준에서의 신경인지기능 평가도구는 다양하게 개발되어 있다. 신경인지기능의 다양한 영역별로 임상적 검사도구가 다양하게 마련되어 있으며 우리나라에서 사용되는 대표적 인지기능검사 도구로는 「한국판 간이정신상태검사」, 「인지기능장애 진단도구」, 「신경행동학적 인지상태 검사」, 「노인용 인지검사」 등이 있다. 검사도구의 선정은 평가의 목적, 피검사자의 형편 등을 고려하고 임상전문가의 개인적 선호도와 임상적 경험에 근거하여 매우 신중하게 도구의 선택이 이루어져야 한다.

한국판 간이정신상태 검사는 간이정신상태검사(Mini-mental State Examination)와 유사하지만, 몇 개의 문항을 우리나라의 현실에 적합하게 바꾸어서 구성하였다. 예컨대 언어기능을 알아보는 문항 중에서 'Close your eyes!'와 문장쓰기는 각각 분실된 주민등록증을 주인에게 되돌려 주는 방법과 옷을 세탁하는 이유로 바꾸었다(<표 6-2> 참조). 피검사자의 교육 유무에 따라 점수를 교정하도록 권장하는데, 구분점 24/23에서 치매진단의 민감도가 92.0%이며 지역사회 노인들에게서는 치매에 대한 음성 예측치가 매우 높은 것으로 평가된다. 20점 이하는 확정적 인지기능장애, 21~24점은 인지기능장애 의심, 25점 이상은 확정적 정상으로 구분하여 사용하기도 한다.

인지기능장애 진단도구는 인지기능에 초점을 맞춘 반구조화된 정신의학적 면담도구로서 한국판 간이정신상태검사에서 다루고 있는 모든 내용을 포함하고 있다. 평가되는 인지기능은 단기기억, 장기기억, 주의집중 및 계산, 추상적 사고, 판단력, 기억등록, 시간 및 장소에 대한 지남력, 물건 이름 맞히기 등 10개 부문을 포함한다. 최고점수는 77점이며 점수가 높을수록 인지기능이 잘 보존되어 있는 것으로 판단한다. 치매진단 기준점은 57점이며 이 검사 역시 지역사회 노인들에 대해서 치매에 대한 음성 예측치가 매우 높은 것으로 평가된다.

최근에 국내에서도 전반적 인지기능의 진단과 평가를 위한 다양한 임상적 검사들이 지속적으로 개발되고 있으며, 특정한 신경심리학적 인지기능의 평가를 위한 평가도구도 개발되고 있다. 예컨대 Alzheimer's Disease Assessment Scale은 알쯔하이머 질환의 환자들을 평가하기 위한 목적으로 개발되었으며 이를 위시하여 다양한 노인용 인지기능 검사도구들이 일반적 인지기능의 평가를 위한 것과 특정한 인지기능의 신경심리학적 평가를 위한 도구 등으로 매우 세분화되어 개발되고 있어 검사의 실시 이전에 평가의 목적을 명확하게 구분한 후 적합한 도구를 사용하여 평가하는 것이 중요하다.

〈표 6-2〉 한국형 간이정신상태검사(MMSE : Korea – Minimental State Examination)

1. 오늘은 며칠입니까 ? 5점 □ (년 월 일 요일 계절 각 1점 가산함)

2. 당신의 주소는 (시(도) 구(군) 동(면) 번지) ? 4점 □

3. 여기는 무엇을 하는 곳입니까? 1점 □

4. 물건 이름 세 가지 (예 : 나무, 자동차, 모자) 3점 □

(기억력에 관한 검사라고 말하고 세 개의 단어를 1초 간격으로 정확히 불러주고 따라하게 함. 첫째 시행에서 반복하는 것에 점수를 가산함. 세 단어를 완전히 따라할 때까지 6회까지 반복함. 그래도 따라하지 못하면 5번은 수행하지 않음)

5. 3분 내지 5분 뒤에 위의 물건이름들을 회상 (7번 뒤) 3점 □
   (정답에 각각 1점 씩)

6. 100－7=93－7=86－7=79－7=72－7=65 5점 □
   (또는 삼천리 강산을 거꾸로 말하기)

(100에서 7을 계속해서 5회 빼라고 함. 계산을 못하는 경우 삼천리 강산을 거꾸로 말하게 하고 올바른 배열에 있는 글자의 수만큼 점수를 산정)

7. 당신이 가지고 있는 물건(연필, 열쇠 등)을 보이며 이름을 다시 묻는다. 2점 □

8. 오른손으로 종이를 집어서 반으로 접어서 무릎 위에 놓기 3점 □
   (종이 한 장을 피검자에게 주고 3단계 명령, 단계별로 1점)

9. 5각형 2개를 겹쳐 그리기 1점 □
   (5각이 분명한 2개의 도형과 이것들이 겹쳐지어 4각의 도형을 한 경우에 정답임)

10. '간장공장 공장장'을 따라하기(1번만 시행함) 1점 □

11. 옷을 왜 빨아(세탁)서 입습니까? 1점 □

12. 길에서 남의 주민등록증을 주웠을 때 어떻게 하면 쉽게 주인에게 되돌려 줄 수 있겠습니까? 1점 □
    (우체국에 관계된 대답에만 점수를 가산함. 예를 들어, 우체국, 우체통 등은 정답이고, 동사무소, 경찰서 등은 오답임)

PART

03 노인복지상담의 실천

CHAPTER

07 우울노인을 위한 노인복지상담

학·습·목·표

1. 노인 우울증에 대한 전반적인 개념 및 원인에 대해 이해한다.
2. 노인 우울증에 대한 증상과 진단에 대해 안다.
3. 노인 우울증에 대한 상담과정을 익힘으로써 실제적인 현장에서 적용할 수 있다.

다음은 노인들이 일반적으로 겪는 우울에 대한 상담사례이다.

78세 ○○○(남자)은 고등학교 졸업 후 전직 공무원생활을 하였다. 몇 년 전 부인과 사별 후 유료양로원에서 생활하고 있다.

상담자 1 : 그동안 어떻게 지내셨어요?

내담자 1 : 그럭저럭 지냈다. 이곳에서는 특별한 일도 없고 매일 먹고 앉아 있다가 자고 또 때 되면 밥 먹고 … 양로원에 있는 내 모습을 생각할 때면 … 희망도 없고 모든 게 싫어진다. 혼자 있는 시간이 많다 보니 이 생각 저 생각도 나고 … 우울해진다.

상담자 2 : 이 생각 저 생각이 무엇인지 구체적으로 말씀해 주실 수 있으세요?

내담자 2 : 아내가 나의 무관심 때문에 죽었다는 생각에 힘들다. 의사가 혈압약을 먹어야 된다고 했을 때 먹였어야 했는데 나중으로 미루고 나는 무관심했다. 아내는 갑자기 뇌출혈로 쓰러졌고 반신불수로 살았다. 그때 병원에 데리고 갔어야 했는데 갑자기 응급실로 실려가서 죽었다. 병원 응급실에 오래 있었는데 그때 노후대책으로 마련해놓은 돈을 많이 써버렸다.

상담자 3 : 어르신은 그 환경에서 최선을 다해서 할머니를 보살펴 드렸어요. 중환자실에서 몇 년을 모시고 보살펴 드린다는 것은 참 어려운 일인데 어르신은 하셨잖아요.

내담자 3 : 그렇게 생각하나?

상담자 4 : 그럼요. 할머니의 죽음이 다 어르신 탓이라는 생각이 우울과 불면증을 가져오는 것이니 그런 생각을 바꾸는 것이 중요합니다.

사건	아내의 죽음
사고내용	나의 무관심 때문에 아내가 죽었다. 나는 아내에게 해준 것이 아무 것도 없다.
감정	우울, 죄책감

노인우울은 노년기의 가장 보편적이고 흔한 부정적 심리현상으로, 노인의 정신건강을 측정하는 데 주로 사용되어온 지표이다(Robert, Dunkle & Hang, 1994; Spitzer, Kroenke & Linzer, 1996). 우리나라 60세 이상 노인의 20%가 우울증상을 보이고 있고, 우울은 노인의 삶의 질과 직접적인 연관이 되고 신체적, 인지적, 그리고 사회적 문제들을 동반하기 때문에 그 중요성이 더욱 부각되고 있다(오인근 · 오영삼 · 김명일, 2009).

현대 사회에서 노인들은 노화에 따라 동반되는 신체적인 질병뿐 아니라 배우자의 죽음, 은퇴와 실직으로 인한 경제사정의 악화, 사회로부터의 고립 및 일상생활에 대한 통제불능 등 여러 가지의 스트레스를 경험하면서 우울감이 더욱 심해지는 경향이 있다(이민수 · 최윤경 · 정인과 · 곽동일, 2000). 노년기에는 어쩔 수 없는 다양한 상실의 경험으로 인해 노인들 누구나 어느 정도의 우울감이 생기는 것은 불가피한 일이다. 그러나 이러한 이유로 대부분의 상담자들은 노인의 우울을 노화의 한 과정이라고 잘못 생각하는 경우가 많다. 그러나 노인의 우울은 정상적인 노화의 과정이 아니라 임상적인 증상임을 명심할 필요가 있다(Anderson, 2001). 그렇기 때문에 이에 대한 예방과 완화의 실천적 개입이 중요하다.

따라서 이 장에서는 노인우울상담에 필요한 노인 우울증에 대한 전반적인 개념 및 원인, 증상과 진단, 그리고 실제적인 현장에서 적용할 수 있는 상담과정을 다루어 보고자 한다.

1. 노인우울증의 이해

1) 노인우울증의 개념과 증상

우울은 단순한 슬픔이나 울적한 기분상태로부터 지속적인 상실감이나 무력감을 포함하는 정서장애에 이르기까지 인간의 광범위한 심리적 상태를 말한다(김성일 · 정용철, 2001). 노인들은 신체적, 정신적, 사회적, 경제적인 상실을 경험할 가능성이 다른 연령대보다 높기 때문에 노년기에는 우울이 가장 보편적이고 흔히 나타나는 증상이다(김도환, 2001).

노인에게는 우리가 일반적으로 알고 있는 주요 우울증보다는 만성적 우울증이 더 흔하다(김동배 외, 2007). 만성적 우울증은 심리적・사회적 영향을 더 많이 받게 되어 생기는 것으로, 노인들의 경우 신체적 질환이나 질병, 퇴직으로 인한 경제적 어려움과 사회적 지위의 박탈, 소외감, 새로운 사회적 역할에 대한 부담감 등이 관련이 있는 것으로 보여진다. 이러한 스트레스가 오랫동안 지속되거나 소극적으로 대처한다면 심각한 병리적인 우울증의 유발 가능성을 증가시켜 준다.

노인의 우울에서, 우울증의 전형적인 증상인 우울한 기분은 식욕의 저하나 불면, 무기력, 흥미의 상실만큼 뚜렷하지 않다(Lebowitz et. al., 1997). 우울을 경험하는 노인들은 주로 슬픈 감정, 낮은 자아존중감, 무기력함, 삶의 무의미와 무가치감, 절망감 등을 경험하게 되는데, 특히 노인에게 나타나는 우울증의 특징 중 하나는 인지적・신체적 문제와 함께 가장된 형태로 나타난다는 것이다. 즉, '온몸이 아프고 기운이 없다'라든지 '밥맛이 없다' 등의 신체적 문제나 '기억이 가물가물하다'라는 인지적 문제와 함께 나타난다. 그래서 우울양상이 가성치매의 형태로 나타나기도 하며 주의할 것은 자살위험이 비교적 높다는 점이다. 그러므로 우울한 상태의 강도 또는 다양한 우울증상이 2주 이상 지속되어 일상생활에 지장을 가져온다면 치료가 필요한 우울증이라 할 수 있다. 일반적으로 누구나 느낄 수 있는 정도의 그리고 몇 시간에서 몇 일 정도의 짧은 기간 동안의 우울감은 노인들의 연령이 높을수록, 교육수준이 낮을수록, 사별한 사람일수록, 생활수준이 낮을수록 그리고 시골노인보다는 도시노인에게 높게 나타났고, 여성노인이 남성노인보다 스트레스 사건에 더 민감하기 때문에 우울의 가능성도 높다고 보고되고 있다(정미경・이규미, 2009).

다음은 노인에게 나타나는 우울증상이다.

- 계속되는 우울, 불안 혹은 공허감
- 절망적인 느낌, 염세적 사고
- 죄책감, 무가치감 혹은 무기력감

- 불면, 아침에 일찍 깨거나 과다한 수면
- 식욕 감소나 체중 감소, 과식이나 체중 증가
- 힘이 없고 피로하며 몸이 처지는 기분
- 죽음이나 자살에 대한 생각, 자살기도
- 가슴이 답답하고 초조감, 쉽게 짜증남
- 집중력 및 기억력 저하, 의사결정을 하는 데 어려움
- 두통, 소화기장애 또는 만성통증 등 치료에 잘 반응하지 않고 계속되는 신체증상
- 성생활을 포함하여 한때 즐거웠던 일이나 취미생활에서 의욕 및 흥미상실

2) 노인우울증의 원인

노인우울증에 대한 유전적인 요인은 아직 명확하지 않으나, 노년기에 발생하는 노인 정신질환의 대부분은 기질적인 부분보다는 신체적, 정신적, 사회적, 경제적 복합요인에 의해 발생한다(박선아, 1997).

주요 우울증과 같은 병리적인 우울증은 유전의 요인성이 크다는 연구가 많이 나오고 있으며 유전적인 요인으로 발현되는 우울증은 인생주기 중 이른 시기에 나타난다. 젊은 시절부터 우울증을 갖고 있었던 노인 이외의 일반적인 노인의 경우는 유전적인 원인으로 인한 우울증보다는, 일생 동안 개인적, 사회적으로 겪은 스트레스가 쌓여 우울이 발현되었다고 볼 수 있다.

노인들은 평생을 살아오면서 다양한 문제를 겪었고 지금도 겪고 있고 앞으로도 계속 겪게 될 것이다. 즉, 소득상실로 인한 빈곤문제, 노화에 따른 신체적 문제, 고독과 소외문제 그리고 가정과 사회에서의 역할상실문제 등 복합적인 문제들을 동시에 겪을 수밖에 없다. 이러한 노년기의 심리·사회적인 환경의 변화는 노인들의 심리적 부적응 문제로 축적되어 생활의 모든 면에 영향을 주게 된다. 특히 상실의 경험은 노인들에게 피할 수 없는 심리적 부적응을 가져다 주며 노년기의 우울증과 밀접히 관련된 중요한 경험의 하나라고 볼 수 있다(Bulter & Lewis, 1982). 이 중 배우자 사별은 대표적인 상실경험이다.

이는 단순한 삶의 사건 중 하나가 아니라 건강, 사람과의 관계, 경제, 역할에 영향을 주는 사건이다. 사별상실은 우울이나 불안과 같은 부정적인 정서를 동반하기 때문에 심하면 자살의 원인이 되기도 한다(Bankoff, 1993).

또한 노인들은 지금까지 살아온 자신의 인생에 대한 평가를 스스로 하게 된다. 자신의 인생을 생각하면서 자기 자신에게 묻는 것은 아마도 '내가 지금까지 잘 살아왔고 현재도 잘 살고 있는 것인가? 또 나에게 어떤 미래가 주어질 것인가' 라는 질문일 것이다. 이러한 질문의 결과에 따라 노인들의 감정과 정서에는 많은 변화가 있게 된다. 어떤 노인은 만족감과 희열감을 느끼는 반면 어떤 노인은 절망감과 무망감, 무가치함을 갖게 되고 이것은 우울로 이어지게 된다. 이렇듯 노인들은 자신의 삶에 대한 주관적인 판단에 의해 만족과 절망을 느끼게 된다. 마지막 발달단계인 노년기에 지나온 발달시기를 긍정적으로 통합하는 것은 매우 중요한 일이다. 그러므로 노인들의 지나온 인생에 대한 가치와 그것을 바탕으로 하여 현재 삶, 앞으로의 삶을 후회없이 보낼 수 있도록 노인 자신은 물론이고 주위의 사람들이 도와야 할 부분일 것이다.

3) 노인 우울증의 진단

노인복지상담에서 노인 우울증 평가의 기초가 되는 것은 면담이다. 이때 다양한 평가척도가 사용되는데, 특히 상담자들이 상담 전후에 노인의 우울 정도를 측정하기 위해 CES-D(Center for Epidemiologic Studies Depression Scale)와 단축형 GDS-K(Korea-Geriatric Depression Scale)를 주로 사용한다. CES-D(<표 7-1> 참조)는 우울증상의 주요 요소인 우울한 기분, 죄의식이나 가치 없는 느낌, 무기력감과 절망감, 정신운동의 지체, 식욕상실과 수면장애 등 우울증의 주요 범주를 포함한다. 이 척도는 점수가 높을수록 우울증상이 많은 것으로 보며 보통 16점 이상부터 우울증상이 있다고 본다.

〈표 7-1〉 CES-D

지난 1주 동안의 나의 기분	극히 드물게 1일 이하	가 끔 1~2일	자 주 3~4일	거의 대부분 5~7일
1. 평소에는 아무렇지도 않던 일들이 귀찮게 느껴졌다.				
2. 먹고 싶지 않았다; 입맛이 없었다.				
3. 가족이나 친구가 도와주더라도 울적한 기분을 떨쳐 버릴 수 없었다.				
4. 다른 사람들만큼 능력이 있다고 느꼈다.*				
5. 무슨 일을 하든 정신을 집중하기가 힘들었다.				
6. 우울했다.				
7. 하는 일마다 힘들게 느껴졌다.				
8. 미래에 대하여 희망적으로 느꼈다.*				
9. 내 인생은 실패작이라는 생각이 들었다.				
10. 두려움을 느꼈다.				
11. 잠을 설쳤다; 잠을 잘 이루지 못했다.				
12. 행복했다.*				
13. 평소보다 말을 적게 했다; 말수가 줄었다.				
14. 세상에 홀로 있는 듯한 외로움을 느꼈다.				
15. 사람들이 나에게 차갑게 대하는 것 같았다.				
16. 생활이 즐거웠다.*				
17. 갑자기 울음이 나왔다.				
18. 슬픔을 느꼈다.				
19. 사람들이 나를 싫어하는 것 같았다.				
20. 도무지 무엇을 시작할 기운이 나질 않았다.				
* 역코딩 문항				

특히 단축형 GDS-K(<표 7-2> 참조)는 실시가 용이하고 짧은 시간 안에 실시가 가능한 노인용 우울검사로, 신뢰도와 타당도가 확증된 검사이기 때문에 상담자들이 많이 사용하고 있다. 이 척도는 0~5점까지는 우울성향이 없는 정상상태이고 5~9점까지는 경증의 우울한 상태에 있음을 의미하며 10점 이상인 경우는 증증으로 심한 우울증상이 있음을 의미한다.

〈표 7-2〉 단축형 GDS-K

지난 1주 동안의 나의 기분	예	아니요
1. 당신은 평소 자신의 생활에 만족합니까?	예	아니요
2. 당신은 활동과 흥미가 많이 저하되었습니까?*	예	아니요
3. 당신은 앞날에 대해서 희망적입니까?	예	아니요
4. 당신은 대부분의 시간을 맑은 정신으로 지냅니까?	예	아니요
5. 당신은 대부분의 시간이 행복하다고 느낍니까?	예	아니요
6. 당신은 지금 살아 있다는 것이 아름답다고 생각합니까?	예	아니요
7. 당신은 가끔 낙담하고 우울하다고 느낍니까?*	예	아니요
8. 당신은 지금 자신의 인생이 매우 가치가 없다고 느낍니까?*	예	아니요
9. 당신은 인생이 매우 흥미롭다고 느낍니까?	예	아니요
10. 당신은 활력이 충만하다고 느낍니까?	예	아니요
11. 당신은 자주 사소한 일에 마음의 동요를 느낍니까?*	예	아니요
12. 당신은 자주 울고 싶다고 느낍니까?*	예	아니요
13. 당신은 아침에 일어나는 것이 즐겁습니까?	예	아니요
14. 당신은 결정을 내리는 것이 수월합니까?	예	아니요
15. 당신의 마음은 이전처럼 편안합니까?	예	아니요
* 역코딩 문항		

2. 노인우울증의 상담

노인 우울증에 대한 상담에는 상담으로만 호전이 되는 경우에서 우울증이 심한 경우 의사처방에 따른 약물복용과 함께 상담을 병행하는 경우가 있다. 다양한 상담방법이 있겠으나 일반적으로 이용되고 있는 치료방법으로는 지지적 치료(supportive therapy), 대인관계 치료(interpersonal therapy), 인생회고(life review), 인지치료(cognitive therapy) 등이 있다(이호섭, 2010; 이장호 · 김영경, 2006).

지지적 치료는 노인의 어려움과 고통을 그대로 수용해 주어 자존감을 높이며, 약물을 복용하는 경우 약물의 순응도를 높이고 약물 부작용을 견디는 데 도움을 준다. 특히 지지적 집단상담은 공통의 문제를 가진 사람들이 집단 구성원들 간의 상호작용을 통해 정서적 지지를 극대화하고 스트레스를 유발하는 사건에 적응하도록 할 뿐만 아니라 새로운 유대관계를 형성하도록 도와준다. 또한 노인들의 불안을 감소시켜 주며 자신이 이해받고 있다는 느낌을 가지게 하여 노인들의 자아존중감을 증진시킬 수 있기 때문에 노인이 직면하는 대부분의 문제를 해결하는 데 이용되고 있다(Peter et. al., 1998).

대인관계치료는 노인의 우울증상을 해소하고 자존감을 증진시키는 것을 목표로 하여 보다 효율적으로 사회적·개인적 관계를 맺도록 돕는 치료이다. 현재의 우울증상을 야기시킨 대인문제에 국한하여 단기적으로 이루어지며 현재의 의미있는 다른 사람과의 관계를 체계적으로 검토하고 관계를 향상시키는 데 이용되고 있다.

인생회고(life review)는 노인이 자신의 삶에 대한 회상을 통해 자신의 삶의 경험과 열정 등에 대해 공유함으로써 삶에 대한 가치와 생에 대한 의미를 발견하도록 도와준다. 자서전, 자신의 사진첩, 과거에 살았던 장소로의 여행, 중요인물과의 재회, 스크랩북 등을 사용한다.

인지치료(cognitive therapy)는 우울증의 증상과 특성에 대한 교육과 함께 우울증을 유발하고 증상을 가중시키는 요인들에 대해 알아보고 자신이 가지고 있는 부정적인 사고와 행동에 대한 생각과 태도를 바꾸도록 격려하는 것이다. 우울증을 겪는 노인은 자신, 미래, 환경에 대한 부정적인 인지나 사고를 갖고 있다. 따라서 치료과정을 통해 부정적 사고를 찾아내어 변화시키고 문제를 합리적으로 다루는 방법을 개발하고 유지되도록 돕는 것이다.

이 장에서는 노인우울에 대한 상담방법으로 인지치료를 위주로 하여 서술하였다.

1) 노인 우울증의 상담과정 : 인지치료

노인 우울증에 대해 도움을 줄 수 있는 상담방법으로 인지치료를 활용하는 것이 효과적이다(<표 7-3> 참조). 노인들은 '나는 이제는 쓸모없고 가치 없는 인간이다', '나에게는 미래도 없고 이렇게 살면 뭐하나'라는 생각과 '아내(남편)가 나의 무관심 때문에 죽었다' 등의 생각에 많이 사로잡혀 있다. 인지치료에서는 이러한 사고가 부정적이고 비합리적이라는 것을 깨닫게 되고 부정적인 사고내용의 객관성, 논리성, 유용성을 탐색함으로써 기존의 사고를 합리적이고 긍정적인 사고로 바뀔 수 있도록 도움을 주는 것이다. 노인들은 실제적으로 우울을 가져올 만큼 대단한 사건이 아님에도 불구하고 자신의 과거의 사건 중에서 실패한 일과 잘못된 일을 모두 생각해내서 그것을 매우 큰 사건으로 스스로 결론짓는다. 그 결과 자신의 가정된 잘못이나 사건에 대한 부정적인 생각으로 인해서 죄책감에 사로잡히게 된다. 이렇게 부정적인 일에 잡히다 보면 부정적인 생각을 하게 되고 부정적인 정서로 이어지게 되는 것이다.

또한 노인들은 특별히 하는 일 없이 많은 시간을 무료하게 보내다 보니 자신에게 일어났던 지워버리고 싶은 사건에 생각이 노출되기 쉽다. 그렇기 때문에 노인들이 무료한 시간을 어떻게 보내느냐 하는 것은 우울을 완화시키고 예방하는 데 중요하다고 할 수 있다. 상담 시 노인과 상담자는 노인들에게 주어진 많은 시간을 대체할 수 있는 노인 자신이 할 수 있는 일들을 함께 찾아보는 것이 중요하다. 그것이 사소한 일상적인 일일지라도 생각을 전환시키는 데 도움을 주게 된다. 우울증에 걸리게 되면 즐거움의 상실, 에너지의 저하, 대인관계의 갈등과 고립, 자신감의 상실 등의 여러 가지 요인들로 인해서 활동량이 줄어들게 된다. 그리고 줄어든 활동량은 기분이나 생각에 부정적인 영향을 주게 된다. 따라서 생각의 변화가 오기 전인 치료 초기에는 활동을 북돋는 것도 도움이 된다. 따라서 활동스케줄을 만들어 활동을 부추기고, 그것을 체크하고, 격려하는 것이 필요하다. 노인들에게 현실적이고 실행가능한 매일의 생활활동계획표을 만들어 보게 하고 그 계획을 실행하게 되는 일련의 과정에서 긍정적인 강화를 받게 되고 계획들을 실행하는 자신의 모습에서 자신의 긍정적인 부분을 바라보게 된다는 점이 중요하다고 할 수 있다.

〈표 7-3〉 노인우울에 대한 인지치료의 예

선행사건 (부정적인 생활사건)	사고내용 (자동적 사고)	결과적 감정 (우울증상)
다양한 상실로 인한 복합요인	자신, 미래, 환경에 대한 부정적 사고	신체적 증상 정신적 증상
1) 아내의 죽음	나의 무관심 때문에 아내가 죽었다 나는 아내에게 해준 것이 아무 것도 없다.	우울증 죄책감
2) 남편과의 사별	남편이 저 세상으로 갔으니 나는 더 이상 살고 싶지 않고 따라가고 싶은 생각뿐이다.	우울증 두려움
대안적 사고		
1) 나는 어려운 생활 중에도 중환자실에서 아내를 끝까지 보살폈다. 나는 그 상황에서 최선을 다했다.		
2) 비록 남편이 먼저 저 세상으로 가고 나 혼자 남았지만 두려워하지 말자. 남은 여생 보람 있게 살다 하늘이 부르는 날 행복하게 떠나자.		

다음은 인지치료의 기본적인 과정을 설명하였다(Beck et. al., 1979; 서혜경 외, 2006).

(1) 노인이 호소하는 우울증상을 정서적, 행동적, 신체적 문제별로 명료화, 구체화하여 노인과 합의하여 치료의 목표를 삼는다.

(2) 문제의 사고와 문제감정을 파악한다

노인을 우울하게 만드는 생활사건과 부정적인 자동적 사고를 함께 탐색한다. 노인이 현재 생활 속에서 경험한 사건들에 대해 어떤 내용으로 해석하여 파악하고 있는지에 대해 구체적으로 살펴본다. 이런 해석내용이 노인에게 우울증상과 어떤 관련이 있는지 이야기한다.

- 기분 나쁜 감정을 일으키게 한 일이나 생각 또는 상황은 무엇이었습니까?
- 그때 발생한 자신의 경험을 점수로 매겨 보세요.

(3) 비합리적인 자동적 사고를 찾아낸다

생활사건에 대한 노인의 해석내용, 비합리적인 자동적 사고의 현실적 타당성을 알아보면서 생활사건이 사실적 자료에 근거하여 부정적인 사고내용의 객관성, 논리성, 유용성 등을 살펴보고 인지적 오류의 개입 가능성에 대해 이야기한다.

- 어떤 성격이나 장면이 마음 속을 스쳐갔습니까? 그것들을 얼마나 믿었습니까?
- 이러한 자동적 사고를 뒷받침할 만한 증거는 무엇인가?(객관성 탐색)
- 이러한 생각이 과연 논리적인가?(논리성 탐색)
- 이러한 자동적 사고를 믿어서 나에게 무슨 도움이 되겠는가?(유용성 탐색)

(4) 생활사건에 대한 보다 객관적이고 타당한 대안적 해석을 탐색한다

대안적이고 합리적인 반응을 탐색하여 지금까지의 사고내용에 대처하고 그리고 사고대체 결과로 우울증상이 완화되고 변화되는 과정을 살펴본다. 대안적 사고내용으로 대체하는 작업을 꾸준히 계속하도록 격려해 준다.

- 당신의 생각 중 잘못된 부분을 적어보고 상황을 더 객관적이고 공정하게 판단해 보세요.
- 만일 다른 사람이 나와 비슷한 상황에 있다면 나는 어떤 도움이나 충고를 해줄 수 있을까?(긍정적이고 대안적인 사고 발견하기)
- 합리적 반응 후의 감정강도를 다시 점수로 매겨 보세요.

2) 노인 우울증에 대한 집단상담

노인이 우울증에 빠져들게 되면 타인과의 접촉을 회피할 수 있는데, 이것은 타인에 대해 거부나 비판반응을 보일 수 있고, 이는 다시 자기거부 또는 자기비판경향을 활성화시키게 된다. 그 결과로 형성되는 부정적인 개념화는 노인 스스로를 더욱 고립상태로 이끌 수 있다. 이러한 악순환이 계속되어 나중에는 자신의 감정상태에 대해 무감각해져 힘든 일상을 보내게 된다. 조화로운 대인관계는 우울의 증상을 완화해줄 수 있다. 강력한 사회적 지지체계는 수용, 존경, 애정에 대한 강한 증거가 되므로, 개인차는 있겠으나 노인이 스스로를 격하시키는 경향이 줄어들게 될 뿐 아니라 자신의 가치에 대한 중요성을 인식하게 된다. 이에 따라 다양한 인간관계를 경험할 수 있는 집단상담 프로그램이 노인의 우울치료에 도움이 된다고 알려져 있다. 집단상담은 참여자들이 경험하게 되는 어려움과 다양한 삶의 현장에서 경험하게 되는 문제들을 집단 속에서 드러내어 표현하게 하고 서로 상호작용 할 수 있도록 한다. 노인들은 집단상담을 통해 비슷한 처지에 있는 동료들과의 새로운 관계를 형성하고, 자신이 겪고 있는 문제와 상황들이 자신만이 겪는 일이 아니라는 것과 자신도 다른 사람에게 도움을 주는, 누군가에게는 필요한 사람이라는 것을 알게 된다. 이러한 점을 고려해 볼 때 노인들에게 집단상담을 권장하게 된다(Hartford, 1980).

이 장에서는 노인의 우울을 완화시키고 예방하는 데 초점을 맞춘 노인우울예방 집단상담(<표 7-4> 참조)과 우울의 증상을 완화해 줄 수 있는 조화로운 대인관계에 중점을 둔 동년배 관계향상 집단상담(<표 7-5> 참조)을 소개하였다.

〈표 7-4〉 우울예방 집단상담 프로그램

회기	제 목	목 표	세부내용
1	오리엔테이션	관계형성	• Pre Test 실시(우울척도) • 강사소개, 집단 구성원 소개와 인사 • 프로그램 소개(전체 8회기, 1회기의 진행과정) • 별칭 만들기
2	우울! 그것이 알고 싶다	자기문제 드러내기	• 자기의 우울증상에 대해서 논의하기 • 우울증에 대한 교육(원인, 증상, 예방, 치료)
3	감정 알기	감정인식하고 표현하기	• 감정표현 그림 중에서 자신의 현재 감정을 고르고 왜 그렇게 느끼는지 표현하기 • 앞으로 바뀌고 싶은 감정 고르고 왜 그렇게 변화하고 싶은지 표현하기
4	내 편 알기	지지체계를 강화하기	• 가족 또는 친구의 (영상)편지
5	나에게 선물하기	자신의 소중함을 인식하기	• 자기가 가지고 있는 강점(성격/신체적 기능/행동) 등에 대해서 이야기하기 • 소중한 자기에게 선물하기
6	스트레스 날리기	부정적인 감정을 표출하여 해소하기	• 신문지 등을 찢어서 풍선에 붙이고 터뜨리기 • 북, 소고 등을 두드리면서 상대방에게 듣고 싶은 말을 함께 소리지르기
7	행복한 미래 만들기	구체적 실천행동으로 전환하기	• 정말 하고 싶은 일에 대해서 이야기하기 • 구체적 실천행동 과제 정하기
8	프로그램 정리	프로그램 정리	• 수료증 증정 • 사후검사 및 만족도검사 • 집단경험 나누기

출처 : 경기도 노인복지상담실 집단상담 매뉴얼.

〈표 7-5〉 동년배 관계향상 집단상담 프로그램

회기	제 목	목 표	세부내용
1	반갑습니다	얼굴 익히기와 프로그램의 이해	1) 프로그램 소개 2) 집단규칙 3) 자기소개 4) 별칭짓기
2	알고 지냅시다	활동을 통한 신뢰감 발달 및 자유로운 상호작용	1) 신체활동 : 체조(나의 살던 고향은) 2) 짝을 지어 기본 정보를 공유한 후 서로를 소개
3	나의 자화상	자아존중감과 자기인식	1) 내가 보는 나(A4용지에 목탄으로 자화상 그리기) 2) 타인이 보는 나(다른 사람이 알고 있는 나)
4	멀어지는 친구 다가오는 친구 1	친구를 사귀는 데 어려운 요인을 찾아보고 대응할 수 있는 방법과 대안을 탐색	1) 나의 친구관계 역사 이야기 2) 글씨카드를 이용하여 친구를 사귀는 데 걸림돌이 되는 것을 찾아본다. 3) 어떻게 해결해야 하나?
5	멀어지는 친구 다가오는 친구 2	친구의 의미알기 및 자신의 친구관계 탐색	1) 우리가 생각하는 친구란? 2) 나의 친구관계는?(내가 되고 싶은 친구)
6	세대차 극복하기	정확한 자기의사표현	1) 나-너 전달법(사례제시) 2) 옆사람과 손을 잡고 연습하기 : 나는 ○○님이 어떠해서 좋아요.
7	나는 말이 통하는 노인이에요	공감표현 연습	1) 적극적으로 상대방의 이야기를 듣는 자세에 대해 이야기를 나눈다. 2) 주어진 상황에 대해 짝을 지어 공감연습을 해본다.
8	우리는 친구	친구의 소중함을 인식하고 하나의 친구관계가 형성됨을 느껴본다.	1) 그동안의 활동에 대해 나누어 본다. 2) 집단활동을 통해 변화된 마음과 삶의 태도를 중심으로 이야기를 나눈다. 3) 구성원들끼리 마음의 선물을 나누어 본다. 4) 평가서 작성

출처 : 정미경(2006). 노인을 위한 동년배 관계향상 집단상담 프로그램의 효과. 아주대학교 대학원 석사학위 논문.

그러나 노인 정신건강의 일반적인 문제로 대두되는 우울의 중요성에도 불구하고 심리적 상담치료를 받는 노인은 소수에 불과한데, 그 이유는 다음과 같이 지적되고 있다(Ken, 2001). 첫째, 노인에게는 심리적 상담치료가 적절하지 않다고 보는 견해이다. 나이가 들고 늙으면 자기 자신이 불행한 것 같고 우울해지는 것이 당연하다라는 생각이 만연해 있기 때문이다. 둘째, 노인 정신건강 전문가의 부족이다. 실제적으로 우리나라에서 노인상담의 중요성에 대해 언급된 지는 얼마 안 되었다. 특히 눈에 보이는 노인의 질병이나 질환에는 관심을 갖고 대처했을지는 몰라도 우울, 분노, 불안, 화병과 같은 심리적인 고통으로 인한 보이지 않는 마음의 병에는 관심이 없었다. 셋째, 심리적 상담치료의 효과 또는 변화에 대한 정신적 적응력이 노인에게는 부족하다고 여기는 견해이다. 상담을 하는 사람들조차 노인상담에 다소 회의적인 반응을 보이기도 했는데 이것은 노인들과 라포가 형성된 후 우울증상이 완화되는 듯하다가 상담이 끝난 후 또는 종결을 앞두고 다시 이전처럼 되돌아가는 경향이 있기 때문이다. 넷째, 연령차별주의의 일종으로 노인은 심리적 상담치료에 친숙해하지 않다라는 것과 시간을 투자한 만큼의 성과가 없다는 것이다.

이상과 같은 지적은 앞으로 노인상담을 담당하는 노인 정신건강 전문가들이 다양한 현장사례와 실천결과를 바탕으로 해결해야 할 부분일 것이다.

3. 노인우울 상담 사례연습

다음의 사례를 읽고 인지치료 상담과정에 따라 상담진행에 대해 생각해 보도록 하자.

> 70세 ○○○(여자)은 무학으로 가족 없이 혼자 32평 아파트에 거주하고 있다. 결혼 후 남편의 폭력과 외도를 참다못해 아들을 데리고 집을 나왔고 닥치는 대로 일을 하며 생활했다. 아들은 내담자를 돈밖에 모른다고 하지만 악착같이 돈을 벌어 재산이 좀 모아지고 아들 결혼식 때문에 남편을 찾아갔으나 죽었다는 소식을 접했고 아들은 백혈병으로 1년 반 정도 투병하다 죽었다. 아들이 투병 중일 때 내담자는 암수술(위, 대장, 십이지장)을 받았다. 의지했던 아들이 백혈병으로 세상을 뜨고 나니 삶이 지옥이고 아들에게 못해준 것만 생각나니 살 수가 없다. 모든 게 재미가 없고 외롭다. 이렇게 혼자되고 나니 옛날에 주변사람들이 재혼하라고 하는 말이 자꾸 생각나고 그렇게 했더라면 자식도 있고 이렇게 혼자는 아닐텐데 후회가 될 때도 있다. 아침에 일어나면 짜증이 나고 우울한 기분에서 벗어나기 어렵다. 정리할 것도 있고 해서 살고는 있으나 이건 사는 게 아니다.

1	호소하는 우울증상을 정서적, 행동적, 신체적 문제별로 명료화해 본다.	
2	문제의 사고와 문제감정을 파악한다.	
3	비합리적인 자동적 사고를 찾아낸다.	
4	문제에 대한 보다 객관적이고 타당한 대안적 해석을 탐색한다.	
5	합리적인 사고가 계속 유지되도록 돕는다.	

CHAPTER

08 배우자와 사별한 노인을 위한 노인복지상담

학·습·목·표

1. 배우자와 사별하고 비통을 경험하는 노인의 심리상태나 행동을 배움으로써 배우자와 사별한 노인을 이해할 수 있다.
2. 배우자와 사별한 노인의 문제점을 파악함으로써 개입을 용이하게 하며 이들의 적응을 도울 수 있다.
3. 비통을 경험하는 노인에 대한 상담기술을 습득함으로써 비통을 경험하는 노인의 감정표현을 도와 비통을 해결하고 심리적 안정과 적응을 도울 수 있다.

다음은 배우자와 사별한 노인의 감정표현에 대한 상담사례이다.

(부적절한 반응)
내담자 1 : 울먹이며 … 어떻게 그렇게 먼저 갈 수가 있어?
상담자 1 : 사실 만큼 사셨잖아요. 그렇게 슬퍼하실 필요 없어요.
(비통의 필요성 부정)
내담자 2 : … 내가 좀 더 잘했어야 하는데. 그 시간에 밖에 나가지 말았어야 하는데…
상담자 2 : 왜 자꾸 그런 얘기를 되풀이 하면서 스스로 고통스럽게 하세요.
(언어표현의 억제)

(적절한 반응)
내담자 1 : 울먹이며 … 어떻게 그렇게 먼저 갈 수가 있어?
상담자 1 : 마음이 많이 상심되시지요.
내담자 2 : … 내가 좀 더 잘했어야 하는데. 그 시간에 밖에 나가지 말았어야 하는데…
상담자 2 : 그만하면 잘하셨어요. 죄책감을 가지실 필요 없어요.

배우자가 한 날 한 시에 사망하지 않는 한 생존해 있는 배우자는 먼저 간 배우자의 사망으로 인해 어려움을 겪게 된다. 이때 겪는 슬픔을 비통이라고 한다. 비통은 상실 후에 나타나는 깊은 슬픔, 분노, 죄책감 등 여러 가지 감정을 의미하며 애도는 죽음에 대한 슬픔의 행동이나 느낌 혹은 비통을 표현하는 방법이다(Fitzgerald, 1994; Kail & Cavanaugh, 2007). 노인들은 배우자 외에도 친구나 친척 등 정상적인 생애발달 단계에서 사별을 통한 비통을 경험하게 되는데 비통을 경험하지 않는 노인은 친구나 친척, 배우자 중 제일 먼저 사망하는 사람 뿐일 것이다. 배우자와의 사별을 통해 다음은 자신의 차례임을 인지하고, 즉 자신의 기대죽음(anticipatory death)에 대해(Wisocki & Averill, 1987) 비통해 할 수도 있을 것이다.

사별에 대한 적응은 역할연습이나 계획 등과도 밀접한 관계가 있다(Heimenamm & Evans, 1990). 특히 남녀의 기대수명의 차이로 여성노인은 배우자의 사별에 대해 정신적으로 연습하는 기대사회화를 경험하게 되므로(George, 1980) 여성노인은 남성노인보다 배우자 사별에 적응하는 데 어려움이 덜하다. 이 장에서는 정상적인 비통을 경험하는 배우자와 사별한 노인이 겪는 어려움과 심리적 장애에 대해 논의해 보고 배우자와 사별한 노인의 비통과 비통 시의 상담기술 방법과 실제 상담에 관해 살펴보고자 한다.

1. 배우자와 사별한 노인의 이해

1) 배우자와 사별한 노인의 비통 이해

배우자와 사별한 사람은 사별에 적응해야 하며 사회에서는 적응을 도와야 한다(Novak, 2006). 즉, 비통과정은 혼자만의 일이 아니며 사별을 경험한 사람은 사별한 상황에 잘 적응하여 삶을 재구성해야 한다. 이 과정에서 사회는 사회적 지지와 상담 등으로 배우자와 사별한 사람이 적응하는 것을 도와야 한다. 배우자와 사별한 노인은 배우자의 죽음을 통하여 상실을 경험하며 때로는 다음이 자신의 차례로 죽음에 대한 두려움을 느끼기도 하지만 죽음에 대한 기대사회화를 통해 자신의 남은 삶은 더 의미있고 풍요로와질 수도 있다(Orbach, 2003).

Holmes & Rahe(1967)에 의하면, 배우자 사망은 개인이 경험하는 생애사건 중 스트레스 비중이 가장 크다고 한다. 노년기에 배우자의 죽음은 생애발달 단계에서 정상적으로 경험하는 것이라 하더라도 평생을 같이 살아온 동반자의 죽음은 그동안 부부로 형성되어온 애착관계의 분리로 이에 적응하는 것은 쉽지 않을 것이다. 배우자와 사별 후 겪는 어려움은 경제적인 어려움, 거주지의 이전, 배우자 사별에 대한 적응 등 다양한 문제가 있다.

비통의 정서적인 면 외에 여성노인과 남성노인은 다른 역할로 인하여 배우자 사별 후에 겪는 어려움도 다르다. 남성노인은 가계부양자의 역할을 주로 하므로 여성노인은 남성노인보다 경제적인 어려움을 겪으며, 사회적인 지위가 없는 여성노인의 경우 아내로서의 역할정체성 상실로 인해 어려움을 겪는다. 남성노인은 전통적인 세대로 배우자 사망 후 혼자 살 경우 가사를 포함한 일상생활에 어려움을 겪게 되며 가장 중요한 사회적 지지체계인 배우자를 상실하는 것뿐 아니라 배우자를 중심으로 한 사회적 지지체계를 상실하는 어려움도 겪는다.

비통은 정상적인 적응과정이지만 배우자의 죽음의 형태에 따라 비통에 대한 적응과정이 달라질 수 있다. 특히 기대하지 않았던 죽음, 갑작스러운 죽음은 정상적인 극복을 방해하여 비통과정이 길어질 수 있다(Heinemann & Evans, 1990). 또한 생존자의 나이나 성별에 따라 반응 정도도 달라지게 된다. 젊은 나이인 경우 죽음은 생애발달단계에 비정상적인 사건으로 생애발달단계에 정상적인 사건으로 죽음을 받아들이는 노년기보다 적응과정에서 많은 어려움을 보일 수 있다.

(1) 정상적인 비통과 비정상적인 비통

배우자사별 후 노인들은 슬픔 때로는 우울 등 여러 가지 어려움을 겪게 된다. 그러나 이러한 증상이 여러 달 동안 계속되지 않는 한 정상적인 비통으로 간주한다. 비정상적인 비통은 복잡한 비통양상을 보이며 심한 죄책감, 자살생각, 심각한 기능상실 등을 나타낸다(Nolen-Hoeksema, 2008). 이와 같이 비통은 사별 후 일어나는 정상적인 과정으로(James & Friedman, 2009; Shuchter & Zisook, 1993) 이러한 과정에 잘 적응하는 것을 돕는 것이 상담이다. 비록 사별 후 경험하는 비통이 정상적인 것이라 할지라도 비통과정은 고통스러운 경험이다. 정상적인 비통으로 인해 어려움을 겪는 것은 비통상담을 통해 해결이 가능하다. 비통상담은 정상적인 비통을 돕는 것이고 비통치료는 정상적인 비통을 넘어 나타나는 심리병리적인 현상을 돕기 위한 것이다(Worden, 1991). 비통은 사별에 대한 정상적인 반응이지만 비통에 대한 반응이 너무 과장되거나 계속되면 병이라고 생각한다(Wisocki & Averill, 1987). 심리병리적 비통은 특성이나 지속기간, 증상의 강도 등이 정상적인 비통과 다르다. 비통치료는 좀 더 전문적인 영역으로, 비정상적인 비통을 경험하는 내담자를 치료하기 위해서는 더 많은 전문지식, 훈련과 경험을 필요로 한다(Compton, Galawah & Cournoyer, 2005).

(2) 배우자 사별 후 겪는 증상

배우자 사별 후 겪는 어려움에는 크게 신체적·정신적 증상이 있다.

비통의 신체적 증상은 심장 두근거림, 다양한 위장장애, 두통, 현기증 등이다(Lieberman & Jacobs, 1987). 배우자와 사별 후 처음 1년 동안은 우울로 어려움을 겪는 사람들도 있으며(Worden, 2009), 특히 남성의 경우 배우자와 사별 후 6개월 이내에 사망으로 이어지기도 한다(Stroebe & Stroebe, 1987). 가장 빈번한 증상은 슬픔, 눈물, 식욕상실, 체중감소, 피곤, 수면장애 등이며 심리적 불안수준은 대부분의 경우 시간이 지남에 따라 줄어든다. 상실에 대한 첫 번째 반응은 쇼크며 그 다음은 무감각상태다. 이러한 반응들은 개인이 상실에 대해 서서히 받아들이는 것에 도움이 되며 무감각 후에는 정서적 고통을 경험하고 상실한 사람에 대해 열망하게 된다(Heinemann & Evans, 1990). 고독감은 배우자를 상실한 사람들이 보통 느끼는 감정이며(Worden, 2009) 사별을 경험하지 않은 노인들보다 높은 디스트레스와 우울을 보인다(Gallagher-Thompson, Futterman, Farberow, Thompson, Peterson, 1999).

Atchley(2000)는 사별을 경험한 사람들의 신체적, 정서적, 지적 세 가지 반응 유형을 설명하고 있다.

첫째, 신체적 반응으로 숨이 가쁘고 빈번한 한숨, 가슴이 빼근함과 복부의 공허함, 힘이 없고 기운이 없는 것 등이다.

둘째, 정서적 반응은 분노, 우울, 불안, 사망한 사람에 대한 상념 등이다.

셋째, 지적 반응은 작고한 사람에 대한 생각의 정화로 나쁜 기억은 다 사라지고 긍정적인 기억만 남게 되어 다 좋게 느껴지는 것이다.

2) 애착이론

애착이론(Bowlby, 1980)에 의하면, 중요한 대상과 애착을 형성하는 것은 어린 아이뿐 아니라 성인들에게도 정상적인 행동으로 간주된다. 개인은 결속력이 위협을 받거나 깨지게 되면 강한 정서적인 반응을 한다. 배우자는 긴 세월 동안 동반자로서 강한 애착으로 결속되어 있으며 서로 안정감과 보호의 근간을 제공한다고 할 수 있다. Bolwby(1980)의 애착이론에 의하면, 가족결속은 상호안전과 보호를 기초로 하고 있으므로 애착대상인 배우자가 사망했을 때는 애착대상이 사라진 것으로 생존자는 사망한 배우자를 회상하며 적극적으로 찾게 된다. 예를 들어, 배우자의 사별로 인해 실질적인 관계는 사라졌지만 내면화되고 상징적인 관계를 계속 유지하며 발전시키려고 한다. 배우자의 위치는 천국에 두면서 안도하는 한편 계속적으로 접촉을 시도한다. 즉, 찾고 기다린다든가 배우자의 임재를 느낀다든가 대화를 한다든가 유품을 곁에 둔다든가 옛날 사진을 본다거나 꿈에서 배우자를 본다거나 하는 것들이다(Shuchter & Zisook, 1993). 이렇게 사별한 배우자를 찾고, 열망하는 고통스러운 과정은 사망한 배우자와의 분리와 사망한 배우자가 없는 삶을 재구성하고 다른 사람들과의 새로운 관계를 형성하는 것을 통하여 해결된다(Moss & Moss, 1995). 그러나 배우자와 중요한 결속이나 애착관계가 있을 경우 배우자상실로 인해 일상생활이 방해가 되기도 하며 때로는 개인의 가치관이나 정체성의 변화를 가져오기도 한다(Heinemann & Evans, 1990).

3) 애도 직무

사별을 경험하게 되면 사람들은 상실에 대한 애도를 하게 된다(Mourning). 상실을 경험한 사람들의 애도에는 시간이 필요하며 그것을 통과하여 다시 삶의 원위치로 돌아오는 데는 도움이 필요하다.

Worden(1991)은 애도의 네 가지 직무를 설명하고 있다. 이것은 정적인 상태로 머물러 있는 것이 아니라 상실 후 평형을 유지하기 위한 애도과정으로 여러 단계로 이루어져 있으며 각 단계에서 배우자를 상실한 미망인이 해야 하는 직무는 다르다.

(1) 애도의 첫 번째 직무 : 사별을 현실로 받아들인다

사람들은 누군가의 사망이 예측된 것이라고 하더라도 "일어나지 말았어야 했는데"라는 생각을 하게 된다. 또한 실질적으로 사망이 일어났어도 사망이 정말 일어난 것이 아니라는 생각으로 배우자의 사망을 받아들이기 힘든 경우가 많다. 그러나 비통의 가장 첫 번째 직무는 사망을 현실로 받아들이는 것이다. 장례식 등은 사별을 현실로 받아들이는 것을 돕는다. 특히 입관이나 하관의 목격은 죽음을 현실로 받아들이는 데 도움이 된다. 죽음을 현실로 받아들이지 못할 때, 즉 죽음에 대한 부정은 첫 번째 직무인 사별을 현실로 받아들이는 것을 어렵게 만든다. 사별에 대해 현실로 받아들이지 못할 때 사별에 대해서 부정을 하게 되는데 사별에 대한 부정은 세 가지 유형으로 나눈다.

① 사별한 "사실"에 대한 부정, ② 사별에 대한 "의미"를 부정, ③ 사별에 대한 "지적, 정서적 수용"에 대한 부정이다

(2) 애도의 두 번째 직무 : 비통의 고통과정을 경험한다

사별에 대해서 비통한 고통을 경험하는 것은 당연한 것이다. 그러나 환경이 오히려 비통과정을 경험하는 것을 힘들게 할 수 있다. 예를 들어, 주위사람들이 애도자의 느낌에 대해 불편해 한다든가 슬퍼할 필요가 없다고 한다든가하여 비통의 필요를 부정하게 하여 비통을 표현할 기회를 막게 될 수도 있

다. 두 번째 직무인 비통과정을 제대로 표현하지 못할 때, 즉 두 번째의 직무가 제대로 이루어지지 않을 때 나중에 자신이 피했던 고통을 기억하여 직면하게 되면 더 어려움을 겪을 수가 있으며 치료를 필요로 하기도 한다. 그러므로 비통상담은 두 번째 직무인 비통의 고통과정을 잘 표현할 수 있도록 돕는 것이다.

(3) 애도의 세 번째 직무 : 사별한 사람의 환경에 대한 적응을 한다

사별한 배우자와의 관계나 배우자의 역할이 무엇이었느냐에 따라 영향을 받는다. 왜냐하면 배우자와 사별한 사람은 이전에 배우자가 했던 역할을 다 해야 하기 때문이다. 이것은 배우자의 역할에 대한 적응뿐 아니라 자신에 대한 적응도 포함한다. 배우자와의 관계를 통해 형성된 정체성은 배우자와의 사별로 인해 자신의 정체성에도 영향을 주기 때문이다. 그러나 시간이 지날수록 새로운 역할을 수행하고 적응하는 방법을 배우게 된다. 사별에 적응하지 않을 경우 세 번째 직무에서 문제가 생긴다. 예를 들어, 환경의 요구를 받아들이지 않고 적응하지 않는 것인데 대부분의 사람들은 이러한 부정적인 과정을 경험하지 않는다고 한다.

(4) 애도의 네 번째 직무

사별한 사람의 위치를 감정적으로 다시 세우고 자신의 삶으로 돌아온다.

이미 세상을 떠난 사람이 다시 그 위치에 돌아올 수 없기 때문에 생존한 사람의 심리적 삶을 위해 사별한 배우자를 적당한 위치에 두는 것이다. 많은 경우 네 번째 직무를 수행하기 힘들다고 한다. 그러므로 이 단계에서 상담가의 역할은 사망한 배우자를 포기하는 것이 아니라 사별한 배우자를 둘 적절한 위치를 찾도록 도와주는 것이다. 각 단계의 비통직무가 다르듯이 비통은 정적인 상태에 머무르는 것이 아니라 단계단계의 과정을 경험하는 것이 중요하며 각 단계의 과정을 잘 경험해야 건강한 결과를 낳을 수 있을 것이다. 비통이 끝난 시점은 사별한 사람을 고통없이 생각할 수 있는 시점이 되었을 때다. 사랑하는 사람이 떠난 것에 대해 항상 가슴이 아픈 것이지만 더 이상 쓰라림은 느끼지 않는 때를 말한다(Worden, 1991).

4) 장례절차와 비통

장례절차는 미망인이나 가족들의 비통을 용이하게 한다(Shuchter & Zisook, 1993; Worden, 1991). 장례식은 사별 후 가장 처음 하는 의식으로 장례절차가 잘 진행될 때 가족들은 비통을 건강하게 해결할 수 있게 된다. 사망한 사람의 시신을 보는 것은 사망을 사실로 받아들이게 한다. 장례식 때 입관절차는 사망한 사람의 실체를 마지막으로 볼 수 있는 기회며 작별인사를 할 수 있는 기회로 죽음을 현실로 인지하고 받아들이게 되므로 첫 번째 애도직무인 사별을 현실로 받아들이는 것을 용이하게 한다. 장례서비스는 고인에 대한 생각이나 느낌을 표현할 기회를 제공하는 중요한 기회로 사별한 사람에 대한 이야기, 사망과정에 대한 감정표현 등이 허락되어 비통과정을 경험하는 데 많은 도움이 된다. 또한 고인의 생전의 삶, 즉 생전의 모습, 즐겨하시던 것, 좋아하셨던 것, 성품 등을 회고할 수 있는 시간이 된다. 장례식은 평소에 가까웠던 친지, 친척들이 한 곳에 모이는 곳으로 가족들은 위로 등의 정서적 지지를 받을 수 있어 비통을 해결하는 데 도움이 된다. 이와 같이 장례가 미망인들이나 가족들에게 주는 의미는 사망한 자를 마지막으로 떠나보낸다는 것 외에도 비통을 해결하는 데 사망을 현실로 받아들이고 고인에 대한 회고의 시간, 친척과 친지들로부터의 정서적 지지 등 비통과정을 순조롭게 이행하는 데 도움이 된다.

2. 배우자와 사별한 노인을 위한 비통상담

비통과정은 상실에 대한 정상적인 정서적 표현이며 다른 사람과의 상실에 대한 이야기를 통해 상실에 대한 이해를 할 수 있다. 그러므로 상실에 대한 표현을 통하여 상실에 대한 정상적인 비통과정을 경험하게 해야 한다. 상실에 대해 개인들의 처음 반응은 쇼크며 일주일에서 한 달 가량은 무감각 상태를 보인다. 그 후 정서적 고통을 경험하며 상실한 사람과 장소, 대상에 대해 열망하게 된다. 비통과정은 개인에 따라 다르며 보통 1년에서 3년 정도 걸린다(Heinemann & Evans, 1990). 비통상담의 목적은 애도직무의 각 단계－사별을 현실로 받아들이고, 비통의 고통과정을 경험하며, 작고한 사람의 환경에 대한 적응을 하며, 작고한 사람의 위치를 감정적으로 세우는 것—에서 경험하는 것들을 용이하게 해주는 것이다. 상실에 적응하기 위해서는 상실에 대한 정서적 표현을 통해 다른 사람으로부터 상실에 대한 이해를 받는 것이 중요하다. 이때 환경이 이러한 표현을 받아들여주고 이해하지 못한다면 부적응적인 행동으로 나타날 수 있다(Heinemann & Evans, 1990). 그러므로 상실에 대한 정서적 표현을 할 수 있는 비통상담이 필요하며 특별한 경우가 아니더라도 배우자를 상실한 사람이 마음 놓고 솔직하게 상실에 대한 자신의 감정을 터놓고 이야기할 사람이 필요하다.

1) 상 담

(1) 개별상담과 집단상담

비통상담의 형태는 개별상담과 집단상담으로 이루어질 수 있다. 개별상담은 의사, 간호사, 사회복지사 등 전문가에 의해 이루어지는 상담으로 내담자와 상담가 간 일대일 관계 속에서 이루어지며 내담자의 내적 자원을 강화시키는 것을 목적으로 한다(서혜경 · 정순둘 · 최광현, 2006). 배우자를 상실한 초기 6주나 심각한 신체적 · 병리적 현상을 가진 사람들은 개인상담이 필요하다. 개별상담은 비공식적인 것으로 상담을 하는 장소는 내담자의 집과 같은 편안한 장소가 무난할 것이다.

집단상담은 자조집단을 통해 이루어지며 배우자를 상실한 같은 경험을 가진 노인들이 전문가의 도움으로 혹은 전문가의 도움없이 배우자와 사별한 다른 노인들을 돕는 것이다. 집단상담은 배우자와 사별한 미망인들에게 효과적이고 능률적인 상담방법이다(Worden, 1991). 집단상담의 대표적인 유형은 자조집단으로 배우자와 사별한 사람들로 이루어지기 때문에 배우자와 사별한 사람이 자신만이 아니라는 동질성과 공감대를 통해 정서적으로 위로 받을 수가 있다. 또한 먼저 배우자와 사별한 경험자를 통한 정서적 · 정보적 지지는 비통에 적응하는 데 도움이 된다. 자신의 슬픈 감정이나 비통감을 배우자 사별을 미리 경험한 경험자 앞에서는 거리감과 거리낌 없이 표현할 수 있으며 무경험자인 젊은 상담가보다 동료의식도 느낄 수 있으므로 집단으로부터의 위로나 조언이 더 효과적일 수 있다.

상담의 목적은 상담을 통해 내담자를 강화하는 것이다. 그러므로 상담가는 내담자가 여러 문제로 상담을 할 때 호의적인 태도를 가져야 하고 겸손하며 개방적이어야 한다. 또한 노인에 대한 편견을 없애고 자신들도 언젠가는 노인이 될 것이라는 생각으로 내담자의 입장에 처해서 상담하는 태도가 필요하다(Orbach, 2003). 비통상담은 내담자들의 감정에 기초한 상담으로 특별히 배우자와 사별한 경우 그들의 비통이 어느 정도 수준인지 표현할 수 있어야 한다. 불안을 느끼는지, 죄의식을 느끼는지, 두려워하는지 현재의 비통상태, 즉 내담자의 현재 정서상태는 내담자가 그들의 감정이나 느낌들을 모두 솔직히 표현할 때 파악이 가능하다(Comptom, Galawah & Cournoyer, 2005). 비통상담에서 배우자를 상실한 사람이 슬픈 감정을 부담없이 잘 표현할 수 있도록 해주는 것은 Worden의 비통의 두 번째 직무인 비통의 고통과정을 경험할 때 잘 표현할 수 있게 돕는 것으로 중요하다고 할 수 있다.

상담은 상담가와 내담자 사이에 대화를 통해서 이루어진다. 의사소통은 중요한 상담방법으로 내담자는 배우자의 사망에 대해 다른 사람에게 이야기함으로써 자신의 감정을 정리할 수 있다. 상담가는 내담자와 좋은 관계를 유지하여 효과적인 상담을 하기 위해서 좋은 의사소통기술을 가져야 한다. 의사소통은 말하는 것뿐 아니라 듣는 것도 중요하다.

여러 유형의 의사소통 중(Cournoyer, 2000) 비통상담에 유용한 의사소통방법은 아래와 같다.

① **몸짓** : 비언어적인 의사소통방법으로 내담자의 몸짓에 대한 주의와 관심을 보일 필요가 있다. 특히 상담 초기에 내담자에게 관심을 보여 내담자가 자유롭게 자신의 감정이나 의사를 표시하도록 격려해야 한다.

② **듣는 것** : 내담자의 언어적 · 비언어적인 의사를 모두 듣는 것이다. 듣는 것은 내담자에 대한 존경의 표시며 가치를 인정하고 상대방과의 상담에

흥미를 보인다는 것을 나타내는 것이다. 듣는 것은 다양한 효과를 갖고 있는데 첫째, 내담자의 정보를 획득할 수 있고, 둘째, 내담자를 편안하게 하여 긴장과 불안을 줄이게 하며 긍정적인 반응을 이끌어낼 수 있다. 셋째, 내담자가 자유롭게 이야기 할 수 있는 분위기를 통해 자기이해와 자신의 효능감을 높일 수 있으며 문제해결이 가능하게 한다.

③ 격려 : 내담자가 이야기할 때 단어 한 마디, 문장 하나, 표정, 제스처 등으로 내담자가 계속 자신에 대한 표현을 할 수 있도록 격려한다.

특히 비통상담의 경우 노인들이 자신의 비통한 감정들을 표현해야 하므로 상담가가 말하는 것보다 내담자의 말을 듣는 것이 중요하다. 비통을 경험하는 내담자는 여러 가지 감정이나 느낌의 변화를 표현함으로써 자기치유가 될 수 있다. 그러므로 상담가는 비통상담에서 내담자가 슬픈 감정 등을 거침없이 잘 표현하도록 도와줘야 하며 내담자의 감정표현에 대해 경청하는 것이 중요하다. 경청을 한 후 들은 내용을 요약해서 이야기 함으로써 내담자의 상황, 경험에 관심이 있음을 보여준다(Cournoyer, 2000).

2) 상담가의 태도

상담가와 내담자 사이에는 힘의 균형을 맞출 필요가 있는데 일반적으로 노인은 반응속도가 느리고 신체적으로 약하지만 노인의 인생경륜을 인정하고 권위를 인정해 줘야 하며 노인에 대한 편견없이 그들의 입장에 서야 한다(Orbach, 2003). 상담을 효과적으로 하기 위해서는 상담가는 내담자와의 관계형성이 중요하며 상담과정에 내담자가 적극적으로 참여할 수 있도록 한다(서혜경 · 정순둘 · 최광현, 2006). 내담자와의 관계형성은 내담자를 강화시키는 중요한 요소다. 비통상담은 특별히 내담자가 사별을 경험한 슬픈 감정을 표현해야 하기 때문에 내담자에 대한 관심을 보이며 수용하는 태도를 가져야 하며, 특히 내담자의 존엄성을 인정하며 감정에 대해 민감해야 하고 내담자가 원하는 것을 이해해야 한다. 특별히 사별을 경험한 내담자에 대해 감정이입이 잘 되어야 한다.

상담가는 내담자의 아픔이 곧 내 아픔인 것 같이 느껴야 한다(Cournoyer, 2000). 또한 상담가는 내담자의 배우자의 죽음에 대해 기꺼이 이야기할 의사가 있다는 것을 보여줘야 한다. 상담가가 내담자에게 죽음에 대해 이야기할 준비가 되어있다는 것을 보여주기 전에 내담자는 상담가가 자신이 하고 싶은 주제에 대해 이야기하는 것을 받아들을 것인지에 대해 염려할 것이므로 사망 등에 대한 이야기를 꺼내는 것을 상담가가 꺼린다고 생각할 수도 있다(Orbach, 2003).

특별히 비통에 관한 상담을 할 때는 조심스럽기 때문에 상담가는 많은 준비가 되어있어야 한다. 대부분의 경우 내담자와 상담가가 나이차이가 있을 때 상담가가 배우자 상실 등을 경험해 보지는 못했을지라도 가까운 친지나 친척 등의 상실을 경험한 것 등의 자기노출은 내담자의 표현이나 자신의 감정노출에 도움이 된다. 배우자의 죽음에 대해 조심스럽기는 하지만 주변의 친구나 친지 등 죽음을 많이 경험한 노인들은 오히려 죽음주제에 대해서 쉽게 자신들의 감정을 표현할 수 있다. 그러므로 죽음을 경험하지 않은 상담가가 내담자와의 나이나 인생경험의 차이를 극복하기 위해서는 간접경험으로 준비할 필요도 있다.

3) 의사소통방법

사별을 통해 비통을 경험하는 사람들은 자신의 원래의 삶으로 돌아오는데 도움이 필요하다. 비통은 현대인만 겪는 것이 아니고 인류가 있은 후 죽음이 있는 한 누구나 경험하는 것이다. 그러나 예전에는 대가족제도로 가까운 친척들이나 이웃들이 상실을 잘 극복할 수 있는 강한 결속력을 제공하였다. 그러나 현대의 핵가족 제도 하에서 이러한 결속력은 많이 약화되어 도움을 받는 것이 쉽지 않게 되었다(Worden, 1991; 2009). 환경이 비통이나 애도를 받아들이지 않는다면, 즉 배우자를 상실한 사람들이 자신의 비통이나 애도를 표현할 수 없다면, 즉 비통과정을 제대로 경험하지 못한다면 비통과정이 아주 길어지며 부적응적인 행동으로 나타날 수도 있다(Heinemann & Evans, 1990). 비통상담자가 내담자를 도울 수 있는 것은 자신이 경험하는 비통을 모두 느끼게 하는 것이며 표현하게 하는 것이다. 그리고 이러한 표현에 대하여 무조건적으로 긍정적인 관심을 보여야 한다. 그리고 내담자에게 충고는 필요없으며 공감하는 것이 가장 중요하다(Orbach, 2003).

(1) 상담 시 의사소통방법

배우자를 상실한 노인에 대한 비통상담기법을 소개하면 다음과 같다(Kadushin & Kadushin, 1997).

① **내용요약** : 내담자가 한 이야기의 내용 중 중요한 것을 선별적으로 이야기함으로써 내담자가 이것을 받아들이는지 확인이 가능하다. 내용을 요약하기 위해서는 내담자의 말을 주의깊게 경청해야 한다.

② **느낌의 반향** : 특별히 배우자와 사별한 노인의 비통상담의 경우 내담자의 비통한 감정을 잘 파악해야 한다. 그런 후 상담자도 내담자의 느낌에 대한 반향을 해야 한다. 느낌의 반향은 내용요약과 비슷하지만 감정이나 느낌이 들어가는 것이 다르다. 이것은 내담자가 구두로 표현한 것뿐 아니라 비언어적인 표정에 대한 것도 포함하며 느낌의 반향을 통해 내담자는 감정이 공유됨을 느낄 수 있으며 상담가가 자신을 이해하고 있다는 것을 알 수 있다.

③ **자기노출** : 내담자가 상담가의 감정을 알도록 하는 것으로 내용의 적절성과 상담가와 내담자의 균형을 이루기 위해서 사용된다. 내담자는 자신이 표현하고 있는 내용이 적절한가, 즉 비통감정에 대해서 계속 표현할 때 상담자가 내담자가 경험한 동일한 경험을 이야기하면 내담자는 자신의 표현이 적절하다는 인식을 통해 계속 자신의 경험이나 느낌 등에 대한 표현이 가능하게 된다.

④ **해석** : 상담가가 내담자의 표현에 대한 의미를 부여하는 것으로 해석을 통해 내담자가 표현하지 않은 감정적인 것의 이해가 가능하다.

(2) 기대비통

기대비통(anticipatory grief)은 노년기에 배우자와의 사별을 맞이할 노인들에게 죽음을 준비시키며 배우자 상실 후에도 적응을 도울 수 있는 비통에 대한 예방차원으로, 배우자가 말기환자로 임종이 가까울 경우 비통을 미리 준비한다면 배우자 상실 후 비통과정을 용이하게 보낼 수 있을 것이다. Futterman, Hoffman, Sabshine(1972, Heinemann & Evnas, 1990 재인용)에 의하면, 죽음을 불가피한 것으로 인식하며, 앞으로 일어날 상실에 대한 정서적 충격과 경험을 표현하고 자신을 조정하며, 임종을 앞에 둔 환자와 정서적으로 분리할 경우 배우자 사망 후 장기적인 적응이 훨씬 용이하여 비통과정에 어려움을 겪지 않게 된다. 죽음을 앞에 두고 있는 사람과 많은 시간을 보내는 것도 기대비통으로 사별 후 비통에 적응하는 데 도움이 된다(Fitzgerlald, 1994). 그러나 만성질환을 오래 갖고있던 배우자를 수발한 경우 장기간의 기대비통으로 인해 미성숙한 분리, 양가감정, 적대감, 죄의식 등으로 비통과정에 어려움을 겪을 수도 있다고 한다.

4) 상실에 대한 극복전략

배우자와 사별한 노인들은 가장 근본적으로 배우자 없이 사는 삶에 적응해야 한다.

(1) 사회적 지지와 자조집단

가족과 친구, 친척들은 배우자와 사별한 노인에게 좋은 지지체계가 되며 이들로부터 정서적 지지, 충고, 직무지지 등을 받게 된다. 비통과정에서 가장 중요한 지지는 정서적 지지다. 사회적 지지는 새로운 가치체계, 삶의 태도, 삶의 스타일을 재구성하는 데 도움이 된다(Heinemann & Evans, 1990). 노인의 사회적 지지체계를 가깝게 인지하고 접촉하며 신뢰를 공유하는 등의 질적인 영역은 배우자와 사별한 노인들의 극복에 도움이 되며 정신건강에 긍정적인 효과를 보인다(Lund, Caserta, & Dimond, 1999). 자조집단은 특히 배우자와 사별한 노인의 비통과정에 도움을 주는 중요한 요소다. 자조집단을 통하여 경험을 공유하게 되고 사회적 기술과 역할을 배우며 고독감을 경험하기 쉬운 노인들이 비슷한 처지에 있는 친구들을 사귀며 소속감과 결속력을 갖게 된다(Heinemann

& Evans, 1990). 자조집단은 정신보건서비스나 다른 전문가의 도움을 받기를 꺼리는 노인들에게 도움을 줄 수 있다. 자조집단을 통하여 새로운 사람을 만나게 되고 새로운 사회활동에 참여하는 것 등을 통해 배우자와 사별한 노인들의 고독감을 줄일 수 있으며 긍정적인 피드백을 통해 자긍심도 높일 수 있다 (Lund, Redburn, Juretich & Caserta, 1989).

(2) 실질적인 극복전략

배우자와 사별한 노인들이 실질적으로 경험한 극복전략은 상담가가 배우자 상실을 경험하는 노인들에게 실질적으로 상담해줄 수 있는 내용들이다 (Heinemann & Evans, 1990).

아래의 내용은 배우자와 사별한 노인들이 실질적으로 사용한 극복전략들이다.

① 너무 바쁘지 않은 범위 내에서 활동적으로 보낸다.
② 감정표현을 분명히 한다.
③ 사회집단이나 자조집단 등에 참여한다.
④ 혼자 살아가는 데 필요한 새로운 기술 등을 습득한다.
⑤ 사별한 배우자가 옆에 있는 것과 같이 이야기하거나 즐거웠던 기억을 회상하며 관계를 유지한다.
　㉮ 외출할 때 사별한 배우자의 사진을 보며 "어디 다녀올께요" 하고 인사를 하고 외출하는 것
⑥ 애완동물을 키우는 것—돌봄으로 인해 삶의 동기를 부여해 주기 때문이다.

5) 상담과정

(1) 내담자의 느낌

아래는 내담자가 배우자와 사별 후 실질적으로 느낀 표현들이다.

① 혼자 있으니까 무섭다.
② 남편이 쓰던 물건을 보니까, 특히 쓰러졌던 장소를 보니까 너무 마음이

아프다.

③ 돌아가신 모습이 아주 온화해서 그래도 위안이 된다.

④ 말동무가 없어 외로움을 느낀다.

위와 같이 배우자와 사별한 노인들은 정서적으로 다양한 감정들을 느끼게 된다. 아래의 내용들은 비통기간 동안 정서적으로 어려움을 겪는 내담자 혹은 감정이 혼동되는 것을 경험한 내담자에게 도움이 될 수 있는 상담과정들이다. 개인의 감정은 자연스러운 것으로 배우자가 사망했을 때의 슬픔은 당연한 감정이다. 그러한 슬픈 감정을 표현한다고 그것이 금방 다 해결되는 것은 아니지만 슬픈 감정을 표현하는 것은 비통을 해결하고 관리하는 데 중요하다. 그러므로 배우자와 사별했을 때 어떻게 느끼며, 그 느낌에 대해서 어떻게 생각하는지를 파악하는 것은 중요하다.

아래의 과제는 상담과정 중 내담자가 느낄 수 있는 느낌과 내담자가 자신의 느낌에 대해서 어떻게 생각하는가에 대해 발췌한 내용의 소개다. Rich(2001 : 72-78)에 의하면, 이러한 내용은 상담 시간에 하는 것보다 과제로 내줄 경우 내담자는 자신의 상황과 느낌에 대해서 좀 더 심각하게 생각할 기회를 가질 수가 있어 효과적이라고 한다. 이 장에서는 특히 앞의 사례에서 소개했듯이 내담자의 비통의 필요성, 즉 감정표현과 의사표현을 돕기 위한 방법들을 소개한다. 이러한 연습을 통하여 내담자는 자신의 문제를 파악하고 스스로 해결할 수 있는 것들을 배우게 된다. 이 과제는 아무런 감정들을 느끼지 않을 때까지 계속적으로 반복한다. 이러한 과제는 자신의 문제에 좀 더 관심을 갖고 책임을 갖게 한다. 이를 통해 자신의 강점(strength)을 확인하게 되므로 내담자의 강화(empowerment)가 가능하다. 이러한 과제를 통해 비통의 필요성을 내담자에게 인지시키며 비통의 감정을 피하는 것보다 잘 받아들이고 관리하는 것이 필요함을 습득하게 한다.

(2) 감정표현 과제

과제 1) 아래의 감정들을 어떻게 느끼는가? 느끼는 감정에 표시하고 내가 왜 그렇게 느끼는가?를 적으세요.

1) 두려움______ ____
2) 염려 ______ ____
3) 방치감______ ____
4) 불안 ______ ____
5) 무력감______ ____
6) 슬픔 ______ ____
7) 그리움______ ____
8) 실망감______ ____
9) 행복감______ ____
10) 미안함______ ____
11) 죄책감______ ____
12) 무감각______ ____
13) 외로움______ ____
14) 소망없음____ ____
15) 허탈함______ ____

1)에서 15)까지 느낀 감정이 있다면 그러한 감정을 일으킨 상황들을 써보세요.

____

____

____

____

과제 2) 자신의 느낌에 대한 생각의 정리(과제 1을 한 후에 한다)

자신의 느낌에 대한 생각을 적으면 자신의 느낌에 대한 분석이 가능하다. 이러한 연습을 통해 내담자는 자신의 감정에 대해 익숙해지고 편안함을 느끼게 된다.

1) 자신의 느낌에 대해 많이 배웠는가?
2) 자신의 느낌을 이해한 후 느낌을 잘 관리할 수 있었는가?
3) 과제 1)에서 선택한 느낌 중 두 가지 가장 중요한 것은 무엇인가?
4) 다시 그 느낌이 무엇인지 적어보고, 어떻게 느끼는지, 어떠한 상황이 그러한 느낌을 들게 만드는지 적어 보세요.
5) 왜 그런 느낌이 드는지 이해가 됩니까?
6) 그러한 느낌을 어떻게 극복합니까?
7) 그러한 느낌에 대한 자신의 극복방법에 만족합니까?
8) 만족하지 못한다면 다른 극복방법은 무엇일까요?

이러한 연습들을 통하여 자신의 생각과 행동을 바꿀 수 있다.

(3) 비통상담에 사용될 수 있는 실질적인 방법들

① 편지쓰기

배우자 사별 후 해결되지 않은 감정은 비통과정의 극복을 어렵게 할 수도 있다. 편지쓰기는 사별한 배우자와의 감정을 처리하는 데 도움이 되어 비통과정을 용이하게 할 수도 있다. 비통을 해결하는 기술 중 편지쓰기 등은 사별자와의 그동안 정리되지 못한 감정을 정리하는 데 도움이 될 것이다. 사별자에 대한 느낌이나 생각을 글로 표현함으로써 자신의 감정이 정리가 되며, 자신이 사별한 배우자에게 하고 싶은 말, 하지 못했던 말－사랑, 용서 등－을 표현함으로써 사별자와 해결되지 않았던 감정 등이 정리될 수 있다.

② 역할놀이

과제 1의 결과 미망인은 배우자가 사망한 것에 대한 두려움, 염려, 불안 등을 느낄 수도 있다. 이때 상담가는 내담자와 역할놀이를 통하여 문제를 해결한다.

③ 강점평가

배우자의 사망에 대해 혹은 상실에 대해 죄책감을 갖는 경우가 흔히 있다. "그때 조금 더 잘 해드릴 걸", "조금 더 병원에 빨리 갔었으면" 등으로 죄책감이 심하면 우울증상으로도 나타날 수 있다. 이때 상담자는 이러한 느낌은 사별한 사람 대부분이 느끼는 감정으로 이로 인해 내담자는 죄책감을 느낄 필요가 없다는 것을 인식시켜 줘야 한다(이호선, 2009). 반면 사별한 배우자를 위해 그동안 했던 일들을 회고하도록 하며 강점평가를 하도록 해야 한다.

④ 문제해결능력

실질적인 생활에의 적응을 위해 문제해결능력을 키워주는 문제해결 접근은 중요한 상담방법의 하나다. 예를 들어, 배우자 없이 살 수 있도록 스스로 의사결정 하는 것을 통해 배우자가 했던 역할들을 감당하게 하는 것이다.

⑤ 급격한 삶의 변화 예방

배우자 사별 후 노인들은 배우자 없는 새로운 환경에 적응해야 하지만 급속한 삶의 변화는 바람직하지 않다. 예를 들어, 집을 판다거나 직장을 바꾼다거나 하는 것으로 사별한 배우자를 생각나게 하는 평소 자주 사용하던 물건이나 장소 때문에 집을 팔고 이사하는 경우가 있다. 그러나 반면 갑작스러운 처치는 사별한 사람의 기억을 모두 지워버리는 것으로 나중에 후회할 수도 있으므로 신중한 선택을 하도록 돕는다.

CHAPTER 09

치매노인을 위한 노인복지상담

학·습·목·표

1. 치매노인의 심리와 행동장애를 배움으로써 상담현장에서 치매노인의 문제를 이해할 수 있다.
2. 치매노인을 위한 복지서비스에 대해 이해하고 현장에 적용할 수 있다.
3. 치매노인과 대화하는 상담기술의 방법을 습득함으로써 치매노인의 말과 행동을 수용하고 치매노인의 감정을 표현할 수 있도록 도울 수 있다.

다음은 지남력이 떨어진 치매노인이 자신의 남편이 집에서 기다린다며 빨리 집에 가야한다고 불안해하는 사례이다.

(부적절한 반응)

내담자 1 : (다급하게) 어서 우리집에 가자. 우리 남편이 기다리고 있어.
상담자 1 : 할머니의 집은 이제 여기예요. 여기에서 저희와 함께 지내셔야 해요.
내담자 2 : 아니야, 우리 남편이 기다리고 있단 말이야.
상담자 2 : 할아버님은 20년 전에 간암으로 돌아가셨잖아요.
내담자 3 : (울먹이며) 우리 남편이 누워서 내가 오기만을 기다리고 있단 말야.
상담자 3 : 할머니, 할아버님은 하늘나라에서 편안히 잘 계세요. 할아버님 걱정은 이제 그만하세요.
내담자 4 : (다른 사람을 보고) 이봐요, 집에 가야해요. 집에 보내줘요.

(적절한 반응)

내담자 1 : (다급하게) 어서 우리집에 가자. 우리 남편이 기다리고 있어.
상담자 1 : 할머니, 누가 집에서 기다리고 있어요? (5하원칙)
내담자 2 : 우리 남편 말야. 지금 집 안방에 누워서 내가 오기만을 기다리고 있어.
상담자 2 : 남편분이 무엇을 하고 있나요? (5하원칙)
내담자 3 : 몸이 아파 움직이지도 못하고 누워만 있잖아. 아이고 가엾어라.
상담자 3 : 집에 가셔서 무엇을 하실 건가요? (5하원칙)
내담자 4 : 밥 차려 줘야지. 그 사람은 내가 해준 밥을 제일 좋아해. 내가 밥 차려주지 않으면 그 사람은 굶어 죽을꺼야…
상담자 4 : 자, 그럼 저와 같이 집에 가셔서 할아버님께 맛있는 식사 차려 드려요. (요구확인)
(할머니를 모시고 나와 일정 시간 가까운 곳을 산책하고 다시 돌아온다)

치매(dementia)란 인간 뇌의 만성 또는 진행성 질환으로 인해 생긴 '증후군'이며 이로 인해 기억력, 사고력, 지남력, 이해, 계산, 학습능력, 언어 및 판단력 등의 기능이 저하되는 치매는 내과, 신경과 및 정신과 질환 등 70~80가지 이상의 원인에 의해 야기되는 대표적인 신경정신과적 질환으로 종류 또한 다양하다. 치매는 알쯔하이머병과 혈관성 치매를 유발하는 다발경색성 치매(multi-infarct dementia)가 대표적이다. 기타 질병에 의한 치매로 피크씨병(Pick's disease), 크로이츠펠트-야콥병(Creutzfeldt-Jacob disease), 헌팅턴병(Huntington disease), 후천성면역결핍증(AIDS) 감염에 의한 치매 등이 있다.

우리나라의 치매노인 수는 매년 증가하는 추세에 있으며, 치매 유병률 또한 지속적으로 증가하여 2020년에는 약 84만 명, 2030년에는 약 127만 명, 2050년에는 약 217만 명으로 매 20년마다 약 2배씩 증가할 것으로 예상하고 있다(<표 9-1> 참조). 보건복지부는 계속 늘어나고 있는 치매노인에 대해 노인복지법에 의거하여 치매관리사업을 시행하도록 규정하고 있고, '치매상담센터'의 운영을 통해 치매와 관련된 상담과 조언을 제공토록 하고 있다(치매관리빕 제17조).

이 장에서는 상담자가 알아야 할 치매노인의 심리와 행동장애에 대해 논의해 보고, 다음으로 치매노인과 대화하는 상담기술의 방법과 실제에 관해 살펴보고자 한다.

1. 치매노인의 이해

1) 치매노인의 심리이해

치매노인은 기억장애로 인해 하루에도 많은 심리적 변화를 가져오게 된다. 즉, 무엇을 보거나 들어도 곧 잊어버리게 되므로 생활에 연속성이 없게 되고, 마치 영화의 한 단편 속에서 살아가는 것 같은 느낌으로 매일 불안하게 생활하고 있다(이성희, 2001). 치매노인들이 경험하는 심리적 증상으로는 만성적 불쾌감, 불안, 우울, 혼란, 감정변화, 작화, 과거와 현실의 혼돈 등을 들 수 있다(박재간 외, 2011 : 278-279).

(1) 만성적 불쾌감

치매노인은 자신이 잊어버리고 싶어서 잊어버리는 것이 아닌데도 계속적인 실수로 인해 남들로부터 질책을 받아야 한다는 사실 때문에 불쾌감을 갖는다. 특히 치매 초기에는 이러한 일로 스트레스가 쌓이게 된다.

(2) 불안

인간은 과거, 현재, 미래에 대한 '선(線)'의 생활을 하는 것이 일반적이나 치매가 되면 현재밖에 존재하지 않기 때문에 어제 어떤 일을 했는지 전혀 기억하지 못하는 '점(點)'의 생활을 하게 되므로 늘 불안하고 피곤하다. 또한 시간, 계절, 자신이 있는 장소도 분명하게 알지 못할 수 있으며 증상이 진행되면 주변사람도 알아보지 못하게 될 수 있다. 이러한 증상이 있는 치매환자는 사소한 것에서 불안이나 초조감에 시달린다. 치매의 정도가 경도나 중등도인 경우에 불안과 초조감이 특히 심한 경향이 있다. 흔히 저녁이 되면 더욱 침착성이 없어지고 불안과 초조감을 보이기도 한다.

(3) 우울

기억장애로 인해 치매노인들은 우울하게 되고 무기력해지며, 심한 경우 자살을 시도하기도 한다. 우울 증상으로 비애감, 무감동, 수면장애, 죄책감, 절망감, 식욕저하, 자살충동 등의 반응을 보인다.

(4) 혼란

치매노인은 장소와 시간에 대한 판단력이 떨어지므로 혼란스러운 상태에 빠지게 된다. 뿐만 아니라 옷 입는 방법, 목욕하고 세수하는 법, 집안일조차도 하는 방법을 점점 잊어버리는 자신이 답답하다. 치매노인은 나름대로 이유가 있는 행동을 하지만 다른 사람들은 이를 문제가 있는 행동으로 평가하므로, 치매노인은 그 상황이 혼란스럽다.

〈표 9-1〉 치매노인 수 (단위 : 명, %)

구 분	2010	2020	2030	2040	2050
치매노인 수	474,066	840,010	1,272,444	1,964,056	2,710,032
치매 유병률	8.7	10.4	10.0	11.9	15.1

출처 : 보건복지부 · 서울대학교병원(2012). 2012년 전국 치매유병율 조사.

(5) 감정변화

치매노인은 계속적인 스트레스로 감정의 변화를 가져오게 된다. 자신이 알고있는 것을 기억해내거나 말로 표현하는 것이 어려워진다. 그러다보니 실어증이 생기기 쉽고, 상대방에게 자신의 의사를 표현하는 것이 뜻대로 되지 않아 화를 내거나 폭력적 행동을 하게 되는 경우가 많다.

(6) 작화(作話)

치매노인은 자신의 끊어진 기억의 필름을 연결시키기 위해 이야기를 꾸미거나 말을 만들어낸다. 이것은 뇌의 기질적 병변으로 인해 생기는 것이므로 부양하는 가족들은 치매노인이 거짓말을 한다고 화를 내거나 속상해 하기보다는 이해해야 한다.

(7) 과거와 현실의 혼돈

치매노인은 기억력 장애로 현재부터 과거를 지워가는 인생을 살게 되므로 어디에 초점을 맞춰야 할 지 모를 때가 많다. 치매노인이 과거와 현실을 혼돈하는 것에 대해 질책을 하게 되면 마음의 안정상태를 유지하지 못하고 혼란상태를 일으키게 된다.

〈표 9-2〉 노인치매 이해를 위한 8대 법칙

제1법칙 기억장애에 대한 법칙

- 기억력 저하 : 자신이 말한 것, 보았던 것, 행동했던 일 등을 순간적으로 잊어버리는 기억장애. 같은 일을 반복하는 것은 매번 잊어버렸기 때문이다.
- 전체 기억장애 : 자신이 식사했다는 사실 전체를 잊어버리고 만다.
- 기억의 역행성 상실 : 현재부터 과거로 지워가는 인생을 사는 것이 특징. 옛 시절 속에 머문다.

제2법칙 증상출현 강도에 대한 법칙

노인을 가깝게 케어해 주는 사람에게 치매증상을 심하게 나타낸다.

제3법칙 자기유리의 법칙

노인 자신에게 불리한 일은 인정하지 않는다.

제4법칙 가끔 치매의 법칙

정상적인 부분과 치매부분이 혼재되어 생긴다. 초기부터 말기까지 보여지는 증상이다. 불합리한 언행 때문에 주위사람들이 혼란스러워지므로 이에 대한 원인은 치매증상으로 인해 생기는 것이라고 이해한다.

제5법칙 감정잔존의 법칙

노인의 기억력 저하로 자신이 얘기하거나 듣거나 행동한 것 모두를 잊어버리지만 감정은 남아있게 된다. 즉, 이성의 세계에서 감정의 세계로 바뀐 것이다.

제6법칙 망상의 법칙

한 가지 일에 대해 집착하며 고집을 부린다. 설득하거나 부정하는 것은 망상을 더욱 부추긴다. 본인이 안심할 수 있도록 유도한다.

- 그대로 놔둔다.
- 장소를 바꿔본다.
- 노인의 생각보다 앞서 생각해 본다.
- 제3자가 해본다.
- 지역의 협조를 구한다.
- 노인의 과거를 살펴본다.
- 망상이 오래가지 않는다고 생각한다.

제7법칙 치매증상 예측 가능성에 대한 법칙

노년기의 지적 기능 저하로 생기는 특성으로 모든 치매증상을 이해하고 설명할 수 있다.

제8법칙 쇠약 진행에 대한 법칙

치매노인의 노화속도는 매우 빠르게 진행된다. 일반노인보다 세 배 정도 빠르다. 정상노인의 4년 후 사망률은 20.4%인 반면 치매노인 4년 후 사망률은 83.2%이다.

출처 : 이성희(2012). 노인치매와 케어매니지먼트. 숭의여자대학교 대표브랜드사업 교육자료집.

2) 치매노인의 행동장애

치매노인의 행동장애에는 배회, 망상, 흥분 및 공격적 행동, 성적 행동, 섬망, 거부증 등이 포함된다(보건복지부, 2004 : 13-17).

(1) 배회

치매노인은 인지능력이 매우 떨어지기 때문에 집을 나간 후 돌아오지 못해 행방불명이 되는 경우가 자주 발생한다. 이 경우 경찰서나 기타 안전한 장소에 보호되는 일도 발생하지만, 예기치 못한 사고를 당할 수도 있기 때문에 치매환자의 외출은 매우 위험한 행동이다. 치매환자가 언제 길을 잃게 될지 모르므로 사전에 이웃주민이나 교통순경, 역무원 등에게 치매노인의 증상을 알려주고 노인이 혼자 돌아다니고 있는 것을 발견하면 연락해 줄 것을 부탁해 두어야 한다. 또한 이름과 연락처가 기입된 팔찌나 목걸이, 기타 부착물을 이용하는 것도 도움이 될 수 있다.

(2) 망상

치매노인들은 사신의 물건을 잃어버리는 망상이나 질투망상, 가족들로부터 버려졌다는 망상 등에 시달릴 수 있다. 치매노인에게 망상이 빈번하게 발생한다면 가까이서 돌봐주는 사람을 힘들게 할 수 있다. 실제 발생한 일과는 무관하게 다른 사람이 자신의 물건을 가져갔다고 생각하며, 그 물건을 가져가지 않았다고 해도 환자는 쉽게 납득하지 못한다. 이때에는 노인이 주장하는 것이 잘못되었다고 하거나 설득하려 하면 더욱 강하게 불신하므로, 물건이 없다는 사실을 간병인이 받아들이고 환자와 함께 찾는 것이 오히려 도움이 될 수 있다. 사람에 따라 물건을 감추는 장소에 특징이 있을 수 있으므로 평소에 노인의 행동을 자세히 관찰하고, 노인이 직접 찾도록 유도하는 것도 도움이 될 수 있다.

(3) 흥분 및 공격적 행동

치매노인은 쉽게 분노하고 공격적인 행동을 보인다. 그러나 이유가 없어보이는 치매노인의 공격적인 행동에도 대부분 그 나름의 원인이 있다. 예를 들면, 가족이나 주변사람들이 치매노인의 자존심을 상하게 했다거나, 말이나 생각에 오해가 있는 경우가 대표적이다. 이외에도 신체적으로 불편할 때, 불만이 있을 때, 불안과 공포를 느낄 때, 노인이 과거의 괴로웠던 기억에 집착하고 있을 때에 흥분하거나 공격적 행동을 보일 수 있다.

치매노인은 자신의 의사표시를 할 수 없는 경우가 많다. 가능하면 노인의 행동원인을 이해하도록 하고, 노인의 곤란한 행동에 개입하는 과정에서 간병인이 흥분하거나 노인을 무시하는 모습을 보여서는 안 된다. 이러한 모습은 문제나 사고를 야기할 수 있기 때문이다. 원인이 짐작되지 않거나 간병인의 노력으로 이러한 행동이 해결되지 않는 경우는 정신과의사와 의논하여 약물치료 등을 받도록 해야 한다.

(4) 성적 행동

치매노인은 인격의 변화나 상식의 쇠퇴로 주변사람과 자신과의 관계를 알 수 없게 되므로, 간병인이나 가족을 곤란하게 하는 성적 행동을 취할 경우가 있다. 예를 들면, 사람들 앞에서 옷을 벗고 아무 데서나 외설적인 이야기를 하며 조금 전에 한 성행위를 잊어버리고 다시 요구하여 배우자를 당황하게 할 수도 있다. 치매환자라는 편견을 갖거나 조소하는 것은 좋지 않으며, 오히려 인간이기 때문에 나타나는 행동으로 받아들이는 것이 중요하다. 경우에 따라서는 정신과의사와 의논하는 것이 필요하다. 경우에 따라서 노인의 어깨를 주물러 주거나 등을 가볍게 쓰다듬는 등 다정하게 대해주는 것이 도움이 될 수도 있다.

(5) 섬망

치매노인은 밤에 자지 않고 잠이 덜 깬 것 같은 상태에서 착시 및 환시 현상 등으로 커튼이나 벽의 옷을 보고 도둑이라 하며 소란을 피우고 흥분하거나 그 장소에 어울리지 않는 행동을 하는 때가 있다. 야간섬망을 일으키는 원인으로는 골절, 수술, 화상 등의 신체적 질환, 알코올중독, 약물부작용 등이 있다. 치매노인이 심하게 불안과 공포를 느끼는 경우 혼자 있지 않도록 하는 것이 필요하다. 보호시설의 경우에도 간병인이 옆에서 계속 관찰하여 사고방지에 노력해야 한다. “섬망”상태 때에는 자극적인 소리나 빛은 피하고 조용한 환경에서 지내도록 배려한다. 불안이나 혼란을 줄이기 위해서는 현실을 알려주는 것이 중요한데, 예를 들면 간병인의 이름을 알려주고 밤이라는 것을 알려준다. 또한 환각증상이 있을 때는 그것이 무엇인지 상냥하게 물어보면서 접근하도록 하고, 강한 직접조명에 의하여 그림자를 만드는 것은 되도록 피하도록 한다.

(6) 거부증

치매노인의 일상생활을 도와줄 때 식사거부, 약 복용거부, 목욕거부 등 여러 가지 거부에 부딪힐 때가 있다. 치매노인은 자기의 생각을 적절히 표현하지 못하므로, 거부하는 이유가 무엇인지 노인의 입장에서 생각해 보아야 한다.

식사거부가 계속되면 영양실조나 수분의 부족으로 다른 병을 일으키거나 탈수상태가 된다. 그 원인으로는 신체적 상태가 나쁠 때, 열이 있을 때, 먹는 방법을 잊어 버렸을 때 등의 경우가 있다. 노인이 식사를 거부할 때는 우선 신체적 상태가 나빠지지 않았나를 살펴본다. 평상 시와 다른 경우는 의사와 상의한다. 때로 간병인이나 주위사람들이 사소한 것에도 자존심을 상하게 해서 식욕에 영향을 주는 일도 있으므로 식사 중에는 꾸짖거나 쓸데없는 주의는 주지 않도록 한다. 음식물을 가지고 노는 노인은 간병인이 먹여주도록 한다. 입원이나 입소 등 갑작스런 환경변화로 혼란이 왔을 때는 식탁에 앉아서 식사하는 것이 곤란하게 되므로 어떠한 형태로 어디에서라도 먹을 수 있도록 도와준다. 환경에 익숙해지면 노인이 안정되어 식탁에서 식사할 수 있게 될 수도 있다.

목욕을 거부하는 데는 그 나름대로 이유가 있다. 어떤 노인은 목욕하고 있을 때 벗어놓은 옷이 없어지는 것이 아닌가 하고 불안해져 목욕을 하지 않으려는 경우도 있다. 치매의 정도가 심해지면 목욕을 하자고 해도 무엇을 말하는지 이해할 수 없고 적절한 행동도 알 수 없게 된다. 목욕을 거부하는 사람에 대해서는 그 이유를 파악하여 목욕을 하도록 유도한다. 치매의 정도가 매우 심한 경우에도 속옷을 벗는 것을 부끄러워할 수 있다. 아무리 시도해도 목욕을 거부하는 경우나 간병인이 혼자서 목욕을 시켜주기 어려운 경우에는 주위의 도움을 받는 방법을 고려해 보아야 한다.

2. 치매노인을 위한 복지서비스

1) 치매상담센터

보건복지부(2013)는 지역사회의 치매 예방과 관리를 원활히 수행하기 위해 전국 보건소에 치매상담센터를 설치·운영하도록 규정하고 있다(치매관리법 제17조, 지역보건법 제9조). 치매상담센터는 지역사회에 거주하는 치매노인과 가족을 대상으로 상담과 조언을 해드리고 치매가정의 간호 부담감을 완화시킴과 동시에 양질의 서비스를 제공함으로써 치매노인이 보다 건강한 삶을 영위하도록 지원한다. 이와 같은 사업을 수행하기 위해 치매상담센터에서는 의사, 한의사, 간호사 또는 정신보건전문요원 중에서 보건복지부가 실시하는 치매전문교육을 수료한 치매상담 전문요원을 배치하고 있다.

치매상담센터의 주요 업무를 소개하면 다음과 같다. 첫째, 지역에 사는 치매노인의 등록 및 관리를 담당한다. 치매상담전문요원은 치매노인등록카드에 의거하여 노인상태에 따른 관리체계를 수립한다(<표 9-3> 참조). 그리고 이들 등록환자에 대하여 치매치료 관리비를 신청할 경우 선정기준에 적합한 대상자에게 치매치료관리비를 제공한다. 둘째, 치매노인과 그 가족에 대한 상담 및 지원을 한다. 치매노인 가족 상호 간의 정보교환을 통해 치매노인 간호 및 보호에 대한 경험을 지원할 수 있게 하고, 치매노인 간호에 따른 부담감을 해소할 수 있도록 치매가족 자조모임을 활성화한다. 그리고 배회할 염려가 있는 치매노인에게 신원확인을 위한 인식표를 보급하는 업무를 실시한다. 셋째, 치매 예방 및 치매노인 간병요령 등에 관한 교육을 실시한다. 치매노인 및 그 가족들이 치매질환과 치매노인을 올바르게 이해하고 치매의 치료지원을 통해서 치매가정의 간호에 따른 부담감을 해소할 수 있도록 교육을 실시한다. 또한 지역사회 주민을 대상으로 각종 홍보활동을 통해 치매예방 및 치매노인에 대한 사회적 편견 해소를 위한 교육을 실시한다. 넷째, 재가 치매노인에 대한 방문・관리를 실시한다. 치매전문요원은 지역사회의 예방적 보건서비스 제공 차원에서 방문보건사업, 노인일자리사업 등 관련사업과 적극적으로 연계하여 지역사회 노인의 치매 여부 확인, 질병의 진행경과 및 증상의 관찰, 치매노인에 대한 치료 및 보호안내 등을 수행한다. 다섯째, 치매노인의 사회적 지원을 안내한다. 필요한 경우 치매노인이 노인장기요양보험 등급 인정조사를 신청할 수 있도록 안내하거나 치매노인의 상태에 따라 치매거점병원, 주간보호시설 및 관내 복지관 재활 프로그램의 이용, 전문요양시설, 치매전문요양병원 등의 입소 등을 안내한다(보건복지부, 2013).

〈표 9-3〉 치매노인등록카드

등록번호 □□ - □□ - □□□□

◇ 등록일 : 년 월 일

◇ 인적사항

1. 성명　　2. 성별 □남 □여
3. 실제생년월일 년 월 일
4. 주민등록번호 -
5. 주소
6. 전화번호
7. 주거상황 □노인단독 □노인부부 □자녀동거 □시설거주 □기타
8. 의료보장형태 □건강보험 □의료급여 1종 □의료급여 2종

◇ 신체상태

1. 키(cm)　　2. 몸무게(kg)
3. 혈당　　4. 혈압(mmHg) /
5. 영양상태 □양호 □불량
6. 치매선별검사
7. 신체표식
   ① 문신 -
   ② 흉터 -
   ③ 기형 -
   ④ 점 -
   ⑤ 기타 -

◇ 배회정보

1. 배회경험 □없음 □있음 □가끔(주 1-4회) □습관적(주 5회 이상)
2. 보조기 □지팡이 □청력보조기 □의치 □안경 □기타 ( )
3. 가능한 배회장소 주소
   (예 : 전 주소, 친인척집 등)
   ① ______________
   ② ______________
   ③ ______________
4. 인식표 고유번호
   ( )

◇ 질병상태

① 심장/질환
- □ 뇌졸중
- □ 울혈성심부전
- □ 관상동맥질환
- □ 고혈압
- □ 부정맥
- □ 말초혈관질환

② 신경계
- □ 두부손상
- □ Parkinsonism

③ 근골격계
- □ 관절염
- □ 고관절골절
- □ 기타 골절
- □ 골다공증

④ 감각
- □ 백내장
- □ 녹내장

⑤ 정신/정서
- □ 우울증
- □ 기타

⑥ 감염
- □ 폐렴
- □ 결핵
- □ 요로감염(지난 30일간)

⑦ 기타 질병
- □ 암(5년간)
- □ 당뇨
- □ 위염
- □ 폐기종/COPD/천식
- □ 신부전
- □ 갑상선 질환

□ 기타 질병(진단명, 있는 대로)

◇ 치매 진단현황
① 최초 진단시기 :
② 진단코드(확인불가 시 치매유형 기재) :
③ 등록 시 치매 정도 : CDR 또는 GDS 기재(불가한 경우 소견서 등 참조하여 중증도 기재)

◇ 치매노인관리기록(치매노인상태기록, 전문요원 의견 등 기타 사항)

출처 : 보건복지부(2013). 2013 노인보건복지 사업안내.

2) 치매조기검진 사업

치매는 다양한 원인에 의해 발생되며 조기에 발견하여 적절히 치료할 경우 중증상태로의 진행을 억제시키거나 증상을 개선하는 것이 가능하다. 따라서 치매 조기검진 사업을 통해 치매노인과 그 가족의 고통과 부담을 경감시키고, 치매로 인한 사회적 비용을 절감시켜나가는 것이 필요하다. 이에 국가에서는 2006년부터 치매노인과 부양가족의 삶의 질을 제고하고자 치매 조기검진 사업을 실시하고 있다.

치매 검진 대상자의 선정기준은 만 60세 이상 모든 노인을 대상으로 하되 저소득층에 우선권을 부여하고 있다. 치매 조기검진은 3단계의 절차를 통해 진행된다(<그림 9-1> 참조). 먼저 보건소는 치매선별용 간이정신상태검사(MMSE-DS)를 통하여 치매 의심 및 위험군을 선별해낸 다음, 보다 정밀한 검사가 필요할 경우 거점병원에 검진을 의뢰한다. 치매진단검사는 전문의 진찰, 치매척도검사, 치매신경인지검사, 일상생활척도 검사 등을 실시하며 치매로 진단받는 경우에 치매의 원인에 대한 감별검사를 실시하게 된다. 감별검사는 CBC, 간기능검사, 신장기능검사, 갑상선기능검사, 전해질검사, 매독검사, 요검사, 뇌영상촬영(두부 CT) 등을 실시한다.

이상의 치매 검진결과에 따라 치매로 진단받는 치매노인에 대해서는 치매환자 등록관리, 장기요양보험서비스, 노인돌봄종합서비스, 치매치료관리비 지원, 인지재활 프로그램, 조호물품제공, 치매인식표 보급 등을 연계하는 서비스 및 기타 치매관련 정보를 제공받는다.

1단계	선별검사 (MMSE-DS)	보건소
2단계	진단검사 (신경인지검사, 전문의 진료 등)	협약병원
3단계	감별검사 (혈액검사, 뇌 영상촬영 등)	협약병원

| 그림 9-1 | 치매 조기검진사업의 절차

출처 : 보건복지부(2013). 2013 노인보건복지 사업안내.

보건복지부는 예산을 배정하고 사업을 총괄한다. 치매검진사업의 예산규모는 2013년 기준 총 3,360백만 원(국고와 지방비 각각 50%)이며, 정밀 및 감별진단 검진대상 인원은 약 42천 명이다. 시·도는 보건소의 치매 조기검진사업을 지도·감독한다. 시·군·구 보건소는 치매검진사업 자체계획을 수립하여 시행하고 협약병원과 사업수행을 위한 연계체계를 구축한다(<그림 9-2> 참조).

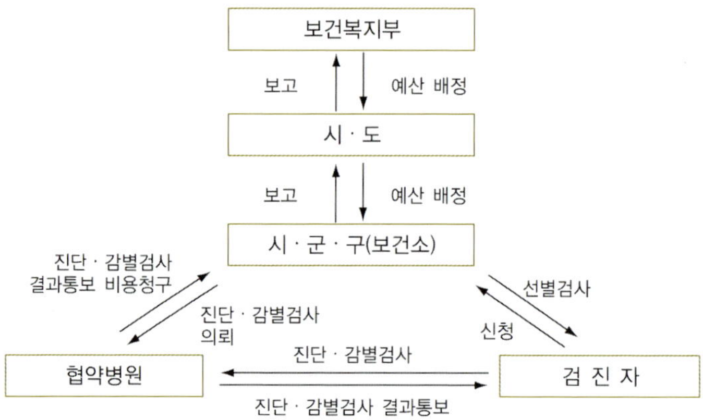

그림 9-2 치매 검진사업 실시체계

출처 : 보건복지부(2013). 2013 노인보건복지 사업안내.

3) 치매치료관리비 지원사업

치매치료관리비 지원사업은 치매를 조기에 지속적으로 치료·관리함으로써 효과적으로 치매증상을 호전시키고 증상이 심화되는 것을 방지하기 위해 치매관리법 제12조(치매환자의 의료비 지원사업)에 근거하여 실시하고 있다. 치매치료관리비 지원사업의 절차는 그림 9-3에서 보는 바와 같다. 치매치료관리비 사업의 대상자는 보건소(치매상담센터)에 치매환자로 등록되고 연령이 60세 이상인 자로서, 치매치료관리비를 신청한 자 중에서 전국가구 평균소득의 100% 이하로 치매치료제 중 아세틸콜린 분해효소 억제제(Anticholinesterase) 또는 NMDA 수용체 길항제(NMDA receptor antagonist) 등을 성분으로 하는 약을 복용하는 치매노인이다. 이들 치매노인에게는 치매치료관리비 보험료 중 본인부담금을 월 3만 원(연간 36만 원) 범위 내에서 지원하고 있다. 치매치료관리비 지원 신청은 주소지 관할 보건소에 치매치료관리지원신청서를 작성하여 해당 구비서류와 함께 제출하면 된다(<표 9-4> 참조).

〈표 9-4〉 치매치료관리비 지원 신청서

<table>
<tr><td colspan="5">신청자</td></tr>
<tr><td>성 명</td><td></td><td rowspan="2">연락처</td><td>자 택</td><td></td></tr>
<tr><td>대상자와의 관계</td><td></td><td>직 장</td><td></td></tr>
<tr><td colspan="5">지원 대상자</td></tr>
<tr><td>성 명</td><td></td><td>주민등록번호</td><td colspan="2"></td></tr>
<tr><td rowspan="2">주 소</td><td colspan="4">현 주소</td></tr>
<tr><td colspan="4">이전 주소(재신청 시에만 기재)</td></tr>
<tr><td>연락처</td><td colspan="4">(휴대폰 :)</td></tr>
<tr><td>치매치료관리비 지원경력</td><td colspan="4">□ 지원받은 적 있음(보건소명 :)
□ 지원받은 적 없음</td></tr>
<tr><td colspan="5">계좌번호</td></tr>
<tr><td>□ 지원대상자
□ 비용관리자</td><td colspan="4">은행 :
계좌번호 : (예금주 :)</td></tr>
<tr><td colspan="5">치매환자 등록관리 및 치매치료관리비 지원을 신청합니다.

2013. . .

신청자명 : (인)

보건소장 귀하</td></tr>
</table>

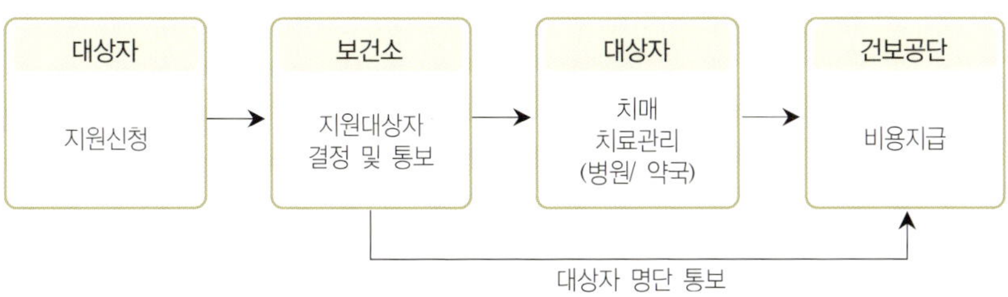

❙그림 9-3❙ 치매치료관리비 지급의 절차

3. 치매노인에 대한 상담기술

뇌의 후천적·기질적 변화에 의해 발병하는 치매는 대부분 진행성이고 비가역적이다. 이러한 치매에 대해 최근 심리사회적인 치료접근의 시도가 증가하고 있다. 심리사회적인 치료접근은 환자에 대해 인간적 존중심을 가지고 경청하고 공감하며 환자 – 가족 – 치료진 사이의 언어적·비언어적 의사소통에 주목하는 것이며, 그 양식과 내용을 이해하도록 노력하는 것이다. 치매노인에 대한 상담기법으로 치매노인의 말과 행동을 수용하고 치매노인의 감정을 표현할 수 있도록 돕는 인정치료(Validation Theroy)에 대해 소개하고자 한다.

1) 인정치료의 개념

인정치료(Validation Theroy)란 지남력이 손상된 치매노인의 혼돈된 말과 행동을 근거있고 유효한 것으로 인정하는 것이다. 페일(Feil, 1993)은 알츠하이머나 치매진단을 받은 노인들의 혼돈된 말과 행동들을 그대로 수용하면서 인간적인 위엄, 심리적 안위와 자존감을 회복시키는 인정치료를 개발하였다. 치매노인의 말과 행동 안에는 의미가 담겨있다. 그러므로 치료자는 치매노인의 말과 행동을 수용하고 치매노인의 감정을 배려하고 표현할 수 있도록 유도해야 한다.

인정치료에는 다음과 같은 기본 전제들이 있다(Neal & Barton, 2003).

① 모든 사람은 유일한 존재이며 개별화의 접근을 지향해야 한다.
② 모든 사람은 지남력에 장애가 있다하더라도 가치가 있는 존재이다.
③ 치매노인들의 지남력 장애행동 안에는 이유가 담겨있다.
④ 치매노인의 행동들은 단순히 뇌의 해부학적 기능변화보다는 전 생애를 통한 신체, 심리, 사회적 변화가 조합되어 나타난다.
⑤ 치매노인들의 행동을 강제로 바꿀 수는 없다. 단지 노인 스스로 변화를 원할 때만 변화가 가능하다.
⑥ 치매노인들을 무비판적으로 수용해야 한다.

⑦ 생의 단계에는 각기 발달과업들이 있다. 각 시기에 완성해야 할 과업들이 실패를 하면 심리적인 문제들이 야기된다.

⑧ 치매노인은 최근에 있었던 일을 기억해내는데 실패하면, 옛날의 기억들을 회상함으로써 생의 균형을 회복하려고 시도한다.

⑨ 치매노인은 신뢰할 수 있고 공감해 주는 경청자에게 자신의 감정들을 쏟아내고 인정받게 되면 고통스런 감정들이 누그러지지만, 감정을 억누르고 무시하게 되면 더 강화될 것이다.

인정치료에서 감정이입은 신뢰를 만들며 불안을 감소시키고 존엄성을 회복시킨다. Feil(1992)에 따르면, 치매노인을 대상으로 하는 인정치료의 장점은 자기가치의 회복, 약물, 신체적 제지의 완화, 외부세계로부터 도망가려는 상태를 최소화, 다른 사람과의 의사소통과 상호작용의 증진, 스트레스 및 불안의 완화, 휴지상태의 잠재력을 자극화, 미완성된 생의 과업을 해결하도록 원조, 그리고 가급적 독립적인 생활을 영위하도록 한다는 것이다(Neal & Barton, 2003).

2) 치매노인의 상담을 돕는 기법들

치매노인의 상담을 돕는 인정치료의 주요 기법들을 다음과 같다(김경애, 1998; Neal & Barton, 2003).

(1) 개인의 감정을 인정하는 것에 초점 두기

치매노인이 표출하고자 하는 감정들을 인정해 주는 것에 초점을 두고 대화를 유도한다. 노인이 말하려는 내용보다 표출하고자 하는 감정이 중요한 경우가 있다. 인내심을 갖고 이야기를 경청하면서 말하는 것 이면에 감추어진 감정들을 살피고 인정해 준다.

(2) 신뢰를 주는 비위협적이고 구체적인 단어로 대화하기

"왜(why)" 단어를 제외한 "누가(who)", "무엇을(what)", "어디서(where)", "어떻게

(how)"의 단어를 사용한다. 치매노인은 자신의 행동과 감정을 논리적으로 이해하려 하지 않는다. 즉, 왜 그렇게 행동했는지에 대하여는 관심이 없다. 치료자는 치매노인에게 '왜' 그러한 행동을 했는지를 추궁해서는 안 된다. 그리고 노인이 느끼는 감정에 직면하도록 강요하지 말고 '누가, 무엇을, 어디서, 어떻게'를 묻는 사실적인 질문을 통해 감정을 표현하도록 유도한다.

(3) 반복하기

치매노인이 한 말을 반복해준다. 치매노인은 자신이 말한 내용을 다른 사람에 의해 다시 듣게 될 때 종종 안위를 느낀다. 핵심단어뿐만 아니라 목소리 톤과 말의 속도도 비슷하게 말하도록 한다.

(4) 반대의 상황을 상상하기

생각하고 설명할 수 있는 시간을 준다. 현재의 행동이나 상황이 일어나지 않을 때인 반대의 경우를 생각해 보게 함으로써 그 문제에 대한 과거의 해결방법을 돌이켜 볼 수 있게 한다.

(5) 극단적인 상황을 이용하기

극단적인 예들을 생각해 보게 한다. 즉, 노인이 불평하는 부분의 극단적인 상황을 생각해 보라고 한다. 최악의 경우를 생각함으로써 치매노인은 자신의 감정을 보다 충분히 표현할 수 있게 된다.

(6) 회상하기

노년기의 특성인 과거회상을 유도함으로써 과거에 사용했던 익숙한 적응기제를 재정립할 수 있게 한다. 과거에 있었던 즐거웠던 경험(예 결혼, 자녀출산, 승진 등)으로 언어적 자극을 주고 대화를 유도해나간다.

(7) 눈을 마주보며 진심으로 대하기

치매 노인과 대화를 나눌 때 눈을 마주보면서 진지하게 상대한다. 상대의 얼굴이 편안한지, 상대가 눈을 잘 마주치는지, 시선을 피하는지 등을 보면서 노인에 대하여 관심을 기울인다.

(8) 모호한 표현을 사용하기

대명사를 사용하여 대화한다. 이해가 안 가는 말을 한다거나 엉뚱한 단어를 사용하는 경우 잘못을 지적하거나 고쳐주려고 하지 말고 '그것', '이것' 등으로 대응하면서 자신의 생각을 표현하도록 유도한다. 치매노인이 말하는 것을 반복해서 듣다보면 의미를 이해할 수 있다.

(9) 명확하고, 낮고, 정감있는 톤으로 말하기

진실되고 긴밀한 눈맞춤을 하고, 명확하고 침착하며 친밀감 있는 목소리로 대화한다. 목소리 어조를 의식하면서 말하는 속도는 천천히 하도록 신경을 쓴다.

(10) 동작 따라하기

반복적인 동작을 따라해 본다. 치매 말기에 노인이 어떤 행동이나 동작을 반복할 경우 상대의 몸동작을 따라하면서 함께 소통하고 있음을 느끼도록 해준다. 몸짓, 표정을 나누는 것은 공감과 신뢰를 구축한다.

(11) 충족되지 않은 욕구를 확인하기

치매노인의 행동을 잘 관찰하여 그 행동이 과거의 충족되지 않은 욕구와 관련이 있는지 파악한다. 가령, 인형을 계속 껴안고 있는 노인은 유아였던 자녀와의 미해결된 사건이 있을 수 있다.

(12) 선호하는 감각을 파악하기

선호되는 감각을 파악한다. 치매노인이 주로 사용하는 감각통로를 파악하고 남아있는 감각기능을 이용하여 대화를 유도한다. 환각이나 망상으로 실제적이지 않은 내용을 호소한다하더라도 그것이 실제적이 아니라는 것을 곧바로 알려주려 하지 말고, 그런 내용이 어떠한 것인지 노인이 사용한 감각적 용어를 사용하여 대화한다.

(13) 신체적 접촉하기

손을 잡거나 어깨를 감싸는 등의 신체적 접촉을 한다. 치매노인이 불안해 보일 때 손을 잡아주어 편안하게 해준다. 이때 주의할 점은 경증의 지남력 장애로 의심이 많은 치매노인에게는 신체적 접촉이 오히려 부정적인 효과를 줄 수 있으므로 경우에 따라 적당한 간격을 두고 접근한다.

(14) 분위기에 적합한 음악을 사용하기

치매노인의 기억이나 생각을 유발시키기 위해 음악을 사용한다. 음악에 반응토록 하면서 삶의 흥미를 자극한다. 치매노인이 평소 좋아하는 음악을 틀어놓거나 노래를 함께 불러 보는 것도 도움이 된다.

CHAPTER

10 학대노인을 위한 노인복지상담

학·습·목·표

1. 노인학대의 개념, 발생(실태), 위험요인(원인), 징후 등에 대해 이해할 수 있다.
2. 노인학대 의심사례를 발견했을 때, 적절하게 대응할 수 있다.
3. 노인학대 예방을 위한 대응방법에 대해 이해할 수 있다.
4. 노인학대 피해자를 상담하는 과정에 대해 이해하고, 실제적으로 적용할 수 있다.

다음은 아들에게 신체적 및 정서적 학대를 당한 할머니에 대한 상담사례이다.

(부적절한 반응)

내담자 1 : 아들이 자꾸 나를 괴롭혀 …
상담자 1 : 왜 아들은 할머니를 괴롭힌다고 생각하세요?
내담자 2 : 왜 … 내가 무식하고 돈이 없어서이지 …
상담자 2 : 그럼 이 문제를 어떻게 했으면 좋겠습니까?
내담자 3 : 내 잘못인데 …그냥 이대로 살아야지 뭐 …
상담자 3 : 할머니 다시 한 번 생각해 보세요.
내담자 4 : 난 잘 모르겠는데 …

(적절한 반응)

내담자 1 : 아들이 자꾸 나를 괴롭혀 …
상담자 1 : 할머니 어떻게 되었으면 좋겠어요? (바람탐색)
내담자 2 : 아들하고 다시 잘 지냈으면 하지 뭐 …
상담자 2 : 과거에 아들하고 잘 지낸 좋은 추억이 있으면 하나 말씀해 주세요. (과거의 긍정적인 활동)
내담자 3 : (미소 지으며) 아들에게 첫 아이가 태어났을 때, 같이 키우면서 많이 웃었지.
상담자 3 : 아들이 할머니를 괴롭힐 때 어떻게 하셨나요? (현재 행동에 대한 탐색)
내담자 4 : 뭐 내가 돈도 없고 못 배워서, 자식에게 해준 것이 없다고 생각하고 그냥 있었지 …
상담자 4 : 할머니 그 방법이 아들하고 잘 지내는 데 도움이 되시나요? (행동에 대한 자기평가)
내담자 5 : 아니 … 내가 너무 괴로우니 …
상담자 5 : 예전 관계로 돌아가기 위해서 지금까지 사용한 방법이 할머니를 너무 힘들게 하는군요?
내담자 6 : 그렇게 되는구만.. 어떻게 해야 할지 모르겠어?
상담자 6 : 할머니가 우선 아들의 폭력으로 위험하니 여기 쉼터에서 며칠 계시면서 생각해 보는 것은 어떨까요? (대안제시)
내담자 7 : 여기서 지내면서 방법을 생각해 본다고?
상담자 7 : 할머니가 원하시면 가능합니다. 제가 강요할 수는 없습니다. (내담자 자기결정권 부여)

노인학대는 동・서양을 막론하고 발생하는 매우 심각하고 확산되고 있는 사회문제이다(Lachs & Pillemer, 2004; Lee, 2009; Shugarman et. al., 2003). 노인학대는 가정폭력에 해당되며, 노인과 가족에게 매우 부정적인 영향을 미친다. 특히 우리나라에서 노인인구의 급격한 증가, 출산율 저하, 가족기능의 약화 등으로 인하여 노인부양이 부담으로 인식되면서, 노인학대 문제의 발생이 증가하는 추세를 보이고 있다. 하지만 가정에서 발생하는 노인학대는 숨겨지고 또한 알려지기 힘들다는 속성을 가지고 있다. 학대를 당하는 노인이 지역사회에서 고립되는 경우가 많고, 학대피해자인 노인이 가해자에게 현실적으로 의존하고 있기 때문이다. 가족에 의해 학대를 당한 대부분의 노인들이 피해사실을 타인에게 알리려 하지 않거나 축소하려는 태도를 갖고 있다(Lee & Kolomer, 2005). 결국 가정에서 발생하는 노인학대 사례가 노인보호전문기관에 신고되는 경우는 매우 드물며, 대부분은 전혀 알려지지 않고 계속적으로 노인을 학대피해자로 남게 한다.

노인학대의 개입 필요성은 학대의 발생이 문제의 마지막 단계가 아니기 때문이다. 노인학대가 발생 자체로 끝나는 것이 아니라 피해노인, 가해자, 노인의 가족 등 모두에게 매우 부정적으로 영향을 미치게 된다. 학대를 당한 피해자는 우울증, 학습된 무기력감과 소외감, 외상후 스트레스 장애, 죄책감, 수치심, 두려움, 부정 등의 고통을 당하게 된다. 가해자는 폭력적인 행동으로 우울증, 불안, 무기력감, 절망감, 수치, 죄책감, 감정적 소진 및 소외감을 경험하게 된다(Wolf, 1997). 또한 사랑하는 가족의 학대피해는 다른 가족구성원에게 죄책감, 불안, 두려움, 가족불화를 가져온다.

노인학대 발생이 가해자와 피해자 모두에게 부정적으로 작용하고, 가정이나 지역사회에서 노인학대를 관찰하게 되는 아동에게까지 미치는 영향이 매우 크므로 노인학대 예방은 노인복지에서 우선적으로 강조되어야 할 사항이다. 여기에 더하여, 노인학대 사례가 가정이나 노인거주시설에서 발생했을 때 효과적으로 개입할 수 있는 노인복지상담이 이루어져야 할 것이다. 노인학대 가해자와 피해자에 대한 전문화된 상담은 문제를 해결하거나, 부정적인 파급효과를 최소화시키게 한다. 따라서 이 장에서는 전문적 상담을 하기 위해 요구되는 노인학대의 전반적 지식(개념, 발생, 위험요인, 징후, 대응방안)과 실제적으로 적용할 수 있는 상담과정에 대해 살펴보고자 한다.

1. 노인학대의 이해

1) 노인학대의 개념

노인학대는 1970년대 영국에서 "할머니 때리기(granny bashing)"라고 처음으로 Burston(1975)의 논문을 통해 문제로 제기된 이후로 현재까지 노인학대에 관한 연구가 매우 활발하게 진행되고 있다(White, 2000). 노인학대 문제를 설명하는 대부분의 연구에서 공통적으로 노인학대의 정의가 일치되지 않음을 지적하고 있다(Choi & Mayer, 2000). 노인학대를 설명하는 개념이 연구자 간 일치의 부족으로 인해 가정에서 발생하는 노인학대 문제의 심각성을 탐색하는데 있어 상이한 기준이 사용되었다(Cordon & Brill, 2001). 이는 노인학대 연구결과로 나타난 발생률 및 위험요인을 비교히는데 있어서 신뢰성을 떨이뜨리며, 노인학대 문제를 개입하거나 예방하는 프로그램의 개발에도 방해요인으로 작용하였다(Wolf, 1988).

노인학대 개념의 불일치는 노인학대가 다차원적이고, 복잡한 특성을 가지고 있어 단순하게 하나의 현상으로 설명하기보다는 매우 다양한 현상을 학대로 설명하고 있기 때문에 발생한 것이다(Lithwick et. al., 1999). 노인학대의 개념은 연구의 목적이나 초점에 따라서도 달라질 수 있다. 예를 들어, 사회복지학에서는 노인학대 개념이 예방이나 개입에 관련되어 있다면, 법학에서는 법적 권리로 노인학대를 설명하고 있다. 또한 연구를 위한 노인학대 개념과 실천을 위한 노인학대 개념 간에도 차이가 발생하게 된다(Fulmer & O'Malley, 1987). 최근 들어, 노인학대의 정의를 광의적으로 접근하고, 주요 학대유형들을 사용함으로써 노인학대 개념을 일치시키려는 시도가 연구자들 사이에서 설득력을 얻고 있다(Lachs & Pillemer, 2004). 즉, 노인복지 실천현장과 학계에서 노인학대를 광의적으로 개념화하고, 학대발생의 특성에 따라서 범주화(유형화)하여 정의한다. 이러한 방법이 노인학대 발생, 위험요인, 개입의 효과성 평가 등을 설명하는 과정에서 보편적으로 적용되고 있다.

첫째, 노인학대의 정의를 이론적으로 개념화하여 수치적으로 조작화하기보다는 노인학대 정의의 일치를 위해 다소 광의적으로 개념화하는 접근이 선호되고 있다. 예를 들어, White(2000)는 노인학대를 노인에게 피해를 줄 수 있는 "모든 형태의 행동(action)이나 비행동(non-action)"으로 정의하고 있다(p. 21). Wolf(2000)는 노인에 대한 "모든 형태의 잘못된 대우나 학대적인 행동을 표현할 수 있는 포괄적인 용어"로 노인학대를 정의하였다(p. 7). 국내에서도 노인학대를 "노인에게 해나 장애를 가져오는 행동 및 행위의 결핍"이라고 광의적으로 정의하였다(이연호, 2005 : 29).

둘째, 대부분의 노인복지문헌에서 노인학대를 단일한 개념으로 설명하기보다는 주요 발생유형으로 노인학대를 정의하고 있으며, 주로 발생하는 학대유형에 대해서는 전반적으로 일치한다(이민홍, 2006; Choi & Mayer, 2000; Gordon & Brill, 2001). 많은 연구에서 사용하는 주요 학대유형으로는 신체적 학대, 심리적(정신적 및 정서적) 학대, 경제적 학대, 성적 학대, 방임으로 구분된다(Kim, 2003; Lachs & Piller, 2004). 국내에서도 노인복지법에서 노인학대를 노인에 대하여 신체적·정신적·정서적·성적 폭력 및 경제적 착취 또는 가혹행위를 하거나 유기하는 것으로 설명하고 있다.

구체적으로 신체적 학대는 노인에게 신체적 고통이나 상처를 일으키고자 의도를 갖고 행해진 행동(예 때리기, 밀기, 차기, 화상, 구속 등)을 의미한다(Lachs & Pillemer, 2004). 심리적 학대는 언어적 공격, 협박, 모욕, 의도적인 무시 등을 통해 정신적 또는 정서적으로 고통을 주는 것이다. 경제적 학대는 노인의 자산이나 자원을 불법적으로 부적절하게 사용함(예 재산이나 돈의 악용, 훔치기, 부동산을 무단으로 처리 등)을 의미한다(Dimah & Dimah, 2002). 성적 학대는 노인의 동의 없이 이뤄지는 모든 형태의 성적 행위(예 옷을 벗기기, 접촉하기, 성행위 하기 등)이다. 방임은 노인의 건강과 안전을 위해 필요한 기초적 보호를 의도적으로 또는 비의도적으로 제공하지 않는 것이다(Gordon & Brill, 2001). 노인 스스로가 일상생활을 수행하기 위해 필요한 역할을 전혀 하지 않을 때에는 자기방임이라고 한다. 유기는 독립적으로 일상생활을 하기 어려운 노인을 격리하거나 방치하는 행위이며, 방임의 하위차원으로 볼 수 있다.

종합적으로 노인학대 관련문헌에서 제기된 노인학대 개념의 불일치성을 최소화하기 위해서 노인복지실천현장과 연구에서는 노인학대를 광의적으로 정의하고, 주요 학대유형으로 설명하고 있다. 따라서 이 장에서도 노인학대는 의도적 또는 비의도적으로 노인을 해하는 모든 행동과 비행동이라고 광의적으로 정의하고자 한다. 또한 주요 학대유형으로 신체적 학대, 심리적 학대, 성적 학대, 경제적 학대, 방임, 유기 등으로 구분한다.

2) 노인학대의 발생률

노인학대의 발생률(prevalence)은 전국단위의 노인학대 사례조사와 노인보호전문기관에 신고된 사례 수를 통해서 접근할 수 있다. 노인학대 발생률만을 측정하기 위해 수행된 설문조사의 경우에는 응답자의 비밀을 지켜줘야 하는 원칙과 노인관련 전문연구가로서 학대의 가해자를 신고해야 할 의무가 충돌하여 윤리적 문제가 발생할 수 있는 단점이 있다(Lee & Kolomer, 2007). 반면 노인보호전문기관에 접수된 노인학대 사례를 통해 노인학대 발생률을 추정하는 것은 노인학대 발생률을 과소탐색(under detection)하기 때문에 한계가 크다고 볼 수 있다.

국내에서 노인학대 발생률을 전국단위로 조사한 연구는 1999년 한국보건사회연구원과 2002년 국가인권위원회에 의해 수행되었으며, 국내외 연구를 통해 한국의 노인학대 심각성을 보여주는 지표로 가장 빈번하게 인용되고 있다(Lee, 2009). 노인학대의 발생률은 1999년 한국보건사회연구원이 전국 6개 광역시에서 노인복지관을 이용하는 865명의 노인을 대상으로 노인학대 경험에 대한 조사에서 처음 보고되었다(조애저 · 김승권 · 김유경, 1999). 조사에 참여한 노인의 8.2%가 학대를 당한 경험이 있다고 응답하였다. 학대유형별로는 신체적 학대가 0.3%, 심리적 학대가 7.7%, 경제적 학대가 2.1%, 방임이 2.5%, 기타 학대유형이 1.0%이었다.

국가인권위원회(2003)는 전국을 4개 영역으로 분리하여, 농촌노인이 1/4, 도시노인이 3/4 비율로 대표성을 갖추도록 1,349명을 면접조사하였다. 조사결과 면접한 노인의 37.7%가 방임, 정서적 학대, 언어적 학대, 신체적 학대, 경제적 학대 등에 해당하는 학대유형 중에 적어도 한 가지 이상의 피해경험이 있는 것으로 나타났다. 예를 들어, 8.6%는 자신이 신체적 및 인지적 장애로 음식을 준비할 수 없는 상황에 있음에도 가족들이 자신만 집에 방치해 두었다고 하였으며, 2.2%는 가족이 자신을 손이나 발로 때리기도 하였다고, 3.1%는 자신을 밀어서 넘어진 경험이 있다고 응답하였다.

보건복지부에 의하면, 2010년 12월 말 기준으로 전국 노인보호전문기관에 신고된 노인학대 신고접수는 3,068건이었다. 구체적으로 연도별로 살펴보면, 2005년 2,038건, 2006년 2,274건, 2007년 2,312건, 2008년 2,369건, 2009년 2,674건, 2010년 3,068건으로 노인학대가 계속적으로 증가추세를 보이고 있다. 특히 2010년에 노인보호전문기관에 접수된 노인학대신고는 3,068건으로 2005년에 비해 50% 증가하였다(보건복지부, 2011).

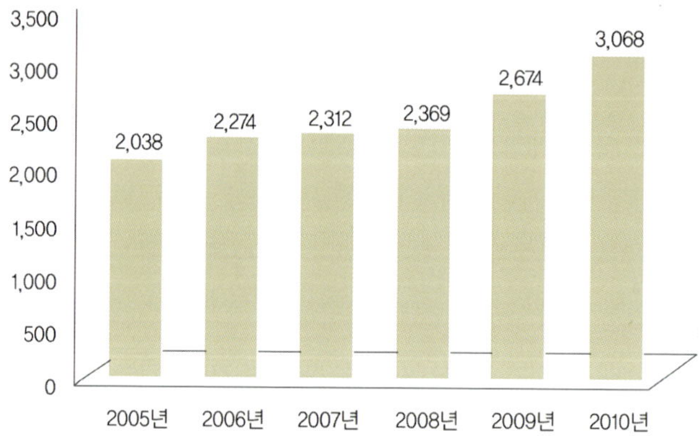

| 그림 10-1 | 2005-2010년 노인학대 신고현황(보건복지부, 2011)

2010년에 전국에 있는 노인보호전문기관에서 접수한 노인학대 사례에 대해 학대유형별로 살펴보면 <그림 10-2>와 같다. 정서적 학대가 39%로 가장 높은 비율을 차지하고 있으며, 다음으로 신체적 학대 25.7%, 방임 21.4%, 경제적 학대 11.3%, 유기 1.8%, 성적 학대 0.8% 순으로 나타났다.

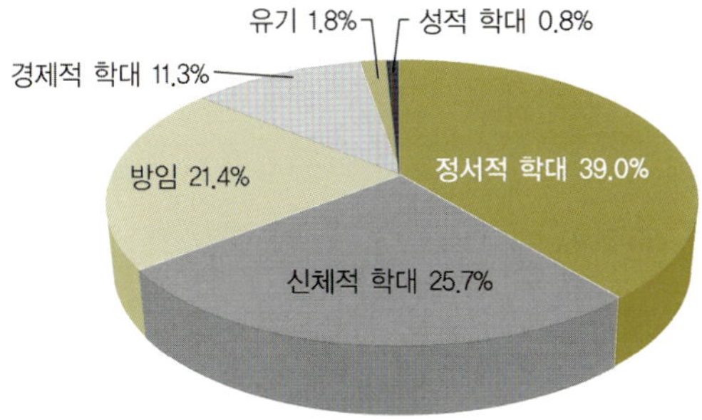

| 그림 10-2 | 2010년 유형별 노인학대 현황(보건복지부, 2011)

3) 노인학대의 위험요인(원인)

1970년대부터 수행된 노인학대 관련연구는 주로 노인학대를 발생하게 하는 위험요인에 초점을 두었다. 노인학대의 원인(causes)이라고 표현하기보다 주로 위험요인(risk factors)이라는 전문용어가 보편적으로 사용되고 있다. 이는 노인학대 연구가 각기 다른 연구방법(개념화, 조작화, 측정대상, 측정방법 등)을 활용하고, 윤리적인 문제로 인하여 사회과학적 실험조사연구를 하는데 있어 한계가 있어 원인이라고 규정할 수 있는 과학적 근거가 미약하기 때문이다(Ansello, 1996; Schiamberg & Gans, 1999). 노인학대 위험요인에 대한 검토는 효과적으로 노인학대 문제에 개입하고, 학대위험이 높은 노인의 일반적 특성에 대해 파악할 수 있는 데 기여한다. 노인학대 위험요인은 일반적으로 학대 가해자의 특성과 학대 피해자의 특성으로 구분할 수 있다(Kim, 2003).

가정에서 발생하는 노인학대 가해자의 특성으로 성격장애 문제, 수발부담, 수발 스트레스, 과거의 좋지 못했던 세대 간의 관계, 사회적 지지 미흡 등이 있다(Bonnie & Wallace, 2003). 가족구성원이나 수발자가 알코올 및 약물남용, 자기통제 미흡, 정신장애, 정서장애 등의 문제가 있을 때 노인을 학대할 가능성이 높다. 일상생활을 독립적으로 수행하기 어려워 돌봄이 필요한 노인을 보호하는 가족구성원이 부양부담이나 부양 스트레스로 인해서 노인을 학대하게 된다. 국내외 노인학대연구에서 부양부담과 스트레스가 노인학대를 일으키는 가장 영향력이 높은 요인으로 보고되고 있다(Lee, 2009). 노인을 학대한 가해자가 과거에 노인에게 학대를 경험했거나 노인과 가해자가 오랫동안 좋지 못했던 관계의 유지도 노인학대를 일으키는 요인이다. 마지막으로 노인을 돌보는 가족구성원에 대한 사회적 지지가 부족한 경우에 노인학대가 발생할 위험이 높아진다. 사회적 지지를 받지 못하는 가족수발자 집단이 사회적 지지를 받는 집단보다 학대할 위험이 실제적으로 높은 것으로 조사되었다(Choi & Mayer, 2002). 특히 공식적 사회적 지지라 할 수 있는 사회복지서비스의 부족으로 인하여 가족수발자의 부담을 줄여주는 역할을 하지 못해 학대하는 사례가 많았다.

아래 <표 10-1>은 2007년에 노인보호전문기관에서 상담한 노인학대 사례에 대한 원인에 대해 제시하고 있다. 주로 가해자의 성격장애 문제와 부양부담이 가장 높은 학대원인임을 말해주고 있다.

〈표 10-1〉 노인학대 가해자의 원인

구 분	건 수	비 율
성격장애 문제[1]	1,426	39.7%
신체질환 및 장애	70	2.0%
정신질환 및 장애	144	4.0%
경제적 의존성	368	10.3%
알코올질환 및 약물오·남용	287	8.0%
실 직	121	3.4%
피해자 부양부담	967	26.9%
부부갈등	206	5.7%
계	3,589	100.0%

출처 : 보건복지부(2008). 가족갈등이 노인학대를 부르다. 보건복지부 노인지원과.

학대를 경험한 노인의 특성으로는 성별, 결혼상태, 연령, 신체적 건강, 인지적 건강, 거주형태, 사회적 고립 등이 있다(Wolf & Pillemer, 1989). 대부분의 연구에서 여성노인, 고령노인, 신체적 및 인지적 건강상태가 나쁜 노인, 결혼한 노

1) 분노, 고집스런 성격, 자신감 결여, 지나친 경계, 사회적 반응의 결핍, 적대적 행위, 충동적 성격, 폭력적 성격, 사회적 고립, 정서적 욕구불만 등이다(보건복지부, 2008).

인, 가족과 동거하는 노인, 사회적으로 고립된 노인이 학대위험이 높은 것으로 조사되고 있다(Bonnie & Wallace, 2003). 최근 들어서는 농촌노인과 도시도인이 학대유형별로 서로 상이하게 학대를 경험할 수 있다고 밝혀지고 있다. 예를 들어, 농촌에 거주하는 여성노인이 신체적 학대, 심리적 학대, 경제적 학대를 도시거주여성노인에 비해 경험할 수 있는 위험이 높다고 한다. 반대로 도시거주노인은 농촌거주노인에 비해 방임될 수 있는 위험이 높다(Dimah & Dimah, 2003).

노인학대는 한 가지 위험요인이 원인으로 작용하기보다는 여러 개의 요인이 서로 복합되어 작용하여 발생한다. 노인학대가 발생하는 현상이 다차원적이고, 복잡한 특성을 갖고 있기 때문이다(Schiamberg & Gans, 1999). 따라서 노인학대 위험요인에 대한 파악은 단순하게 한 가지 요인의 위험 정도가 높다고 하여 노인학대를 일으켰다고 진단하기보다 여러 가지 요인이 어떻게 복합적으로 작용했는지를 평가해야 할 것이다. 특히 근래 들어 노인에 대한 부정적 인식이나 편견이 높아져 노인차별주의가 확산되어 노인학대의 발생을 높이는 사회문화적 요인에 대해서도 고려해야 한다.

4) 노인학대의 징후

노인학대의 징후(sings of abuse)는 노인이 일반적으로 학대사실을 숨기거나 최소화하려는 경향을 보이기 때문에 노인상담가와 노인관련 실천전문가가 매우 민감하게 파악할 수 있어야 한다. 이를 위해서는 먼저 노인학대 유형별로 징후에 대해서 이해해야 한다. 다음은 미국 노인복지국(U.S. Administration on Aging)의 노인학대센터(National Elder Abuse Center)에서 노인학대를 의심할 수 있는 징후로 제시한 것이다(NEAC, 2010). 다음의 노인학대 유형별 증후는 반드시 노인이 학대피해를 경험했다는 의미이기보다는 학대징후가 있으니 추가적인 진단이나 조사가 필요함을 말한다.

〈표 10-2〉 노인학대의 징후(warning signs of elder abuse)

학대유형	징 후
신체적 학대	• 손목과 발목, 가슴 주위, 팔 아래 부위에 마찰에 의한 상처 • 때리기, 밀기, 차기, 주먹으로 치기 등으로 발생한 멍든 상처 • 피부탈색, 고의적으로 남겨진 화상상처 • 골절, 찢긴 상처, 찰과상 등
심리적 학대	• 쉽게 놀라거나 당황함 • 동요나 떨림 • 대화를 회피하거나 주저함 • 받아들이기 어렵거나 모호한 설명, 이해하기 힘든 행동 등
경제적 학대	• 은행계좌의 이상 • 노인의 집에 우송되는 은행통지서의 정지 • 노인이 물질제공 시 즐거움의 감소 • 재정상태에 관한 보호제공자의 과도한 관심 • 노인과 친분을 과시하는 친지의 행동 • 가족, 오랜 친구, 사회적 접촉으로부터의 노인의 고립 • 노인에 대하여 평생을 보장하는 보호에 대한 약속 • 집 혹은 주요 자산에 대한 양도의 요구 • 수표, 문서 등 도장의 불일치 • 부적절한 재정관리계획 • 재정관리에 관한 받아들이기 어려운 설명 등
성적 학대	• 가슴 또는 음부 주변의 멍든 상처 • 설명하기 어려운 성병감염 • 설명하기 어려운 질 또는 항문의 출혈 • 찢어지거나 피가 묻은 속옷 • 노인이 성적 학대에 관한 직접적인 언급 등
방 임	• 심각한 영양부족 혹은 탈수현상 • 처방전과 불일치하는 혈액수준 • 야뇨증, 피부발진, 창백한 피부, 눈동자의 함몰 • 안경, 보청기, 의료도구의 부족 • 비위생적이거나 열악한 주거환경 등

2. 노인학대 대응 및 예방

1) 노인학대 의심사례 대응 : 노인보호전문기관 및 사법기관에 신고

노인학대의 징후를 통해 학대가 의심되는 사례가 있으면 적절한 노인관련 기관에 신고해야 한다(<그림 10-3> 참조). 노인복지법에 의해 누구든지 노인학대를 알게 될 때에는 즉시 노인보호전문기관 또는 수사기관에 신고할 수 있다. 하지만 의료기관에서 의료업을 행하는 의료인, 노인복지시설의 장 및 종사자, 장애인복지시설에서 장애노인에 대한 상담, 치료, 훈련 또는 요양을 행하는 자, 가정폭력관련상담소의 상담원 및 가족폭력피해자보호시설의 종사자, 노인복지상담원 및 사회복지전담공무원은 반드시 신고해야 할 의무가 있다.

For immediate help(빠른 조치)

Phone now
지금 전화하세요!

✓ 노인보호전문기관 : 전국 어디서나 국번 없이 **"1577-1389"**

or

✓ 경찰서 및 사법기관에 연락

그림 10-3 **노인학대 의심사례 신고방법**

노인보호전문기관에서 학대문제를 개입하고 있으며, 주요 사업으로는 ① 상담사업(노인학대 긴급 신고전화 24시간 운영, 학대의심사례에 대한 신속한 대처 및 현장조사, 피해노인의 응급조치 및 적절한 안전조치), ② 사례관리(피해노인의 학대유형, 가족 및 주변환경의 특성에 따른 다양하고 전문적 상담 및 서비스를 제공, 학대행위자의 특성에 따른 다양하고 전문적 상담 및 서비스 제공, 자체 사례회의 운영), ③ 예방교육사업(학대피해노인, 학대행위자 및 일반인 대상 노인학대 예방교육 실시, 의료인, 노인관련 복지시설종사자, 사회복지전담공무원 등의 노인학대예방교육실시), ④ 홍보사업(캠페인, 노인학대사진전

개최, 언론매체를 통한 사업홍보 및 사회인식 강화, 홍보물 제작 및 배포), ⑤ 지역사회 네트워크 구축(응급센터, 경찰, 의료, 법률, 행정 및 사회복지 관련기관과의 긴밀한 협력관계 형성, 지역사회, 주민, 자치단체 및 이웃 등 지역사회망 연계, 각 분야별 전문가로 구성된 노인학대사례판정위원회 및 자문위원회 구성 및 운영, 각 분야별 전문가로 구성된 노인학대 '자문위원회' 구성 및 운영), ⑥ 인적자원 개발 및 육성(노인학대 전문상담원 양성, 노인학대 지킴이 운영, 자원봉사자 모집 및 관리) 등이다(부산동부노인보호전문기관, 2010). 노인학대가 판정되었을 때에는 지속적 상담을 통한 심리 및 정서적 지지, 일시 보호서비스, 경제지원서비스, 의료적 처치, 법률 상담 및 의뢰, 사회복지기관 및 서비스 연결, 가족지원서비스, 정보제공 및 타 기관 의뢰, 가해자 지원 및 교육 서비스 등이 제공된다.

2) 노인학대 예방을 위한 대응방법

노인학대 예방을 위한 대응방법은 노인 개인차원, 가족차원, 지역사회 차원으로 나눠서 장려되는 것(DOs)과 지양되는 것(DON'Ts)으로 구분할 수 있다(Douglass, 1989).

먼저 개인차원에서 노인은 연령이 증가할수록 친척과 친구들과의 사회적 지지망을 유지하며, 증가시켜야 한다. 주거지를 이동했을 때도 과거의 친구 및 이웃과의 관계를 유지하기, 소모임 그룹을 만들기, 친구들을 집으로 초대하기, 사회적 활동에 관한 기회를 증가하기, 할 수 있는 한 오랫동안 지역사회활동에 참여하기, 개별 전화기 및 우편주소 사용하기, 갖고 있는 소유물을 정돈하기, 연금이나 소유한 돈을 직접 관리하기 등을 학대발생의 예방을 위해 노인이 해야 할 필요가 있다. 또한 과거폭력이나 알코올중독 경험이 있는 사람과 같이 살지 않기, 집을 정돈되지 않은 채 비우지 말기, 현금, 보석 등을 두지 말기, 믿지 않는 사람과 계약하지 말기, 개인적 자산내역을 남이 상세히 알지 않도록 하기 등도 노인학대 예방을 위해 하지 말아야 하는 행동이다.

가족차원에서 노인학대 예방을 위한 대응방법은 친척과 가까운 관계를 유지하기, 집안의 어르신과 몸이 아프게 되었을 때 대처방안 논의, 도움을 받을 수 있는 사회적 및 개인적 자원 찾기, 동의를 받고 노인이 갖고 있는 재산에 대해 알아두기, 가족수발의 어려움을 인지하고 미리 준비하기, 가족 내의 지지체계를 확립하기 등이다. 또한 잘 모르는 기관이나 타인에게 노인의 간호를 의뢰하지 말 것, 노인이 독립적으로 일상생활을 하지 못할 때까지 기다리지 말기, 가족구성원과 나쁜 관계가 없어질 거라고 가정하지 말기, 알코올중독 및 개인적 문제행동이 없어질 거라고 기대하지 말기, 자신의 한계나 역할 중복에 대해 미리 대처하기, 노인의 사생활을 침해하지 않기 등이 효과적인 노인학대 예방을 위해 하지 말아야 할 것에 대한 내용이다.

마지막으로 지역사회 차원에서 노인학대 예방을 위한 대응방안은 수발을 제공하고 있는 가족을 위한 직접적 도움, 지역사회 차원에서 노인복지서비스에 적극참여, 공공 및 사적 기관의 근무자 중 수발하는 가족구성원인 경우 도와주기, 사회적 지지 프로그램이나 전문가를 활용하고 늘리기, 수발자를 위한 교육 및 훈련제공(부담대처기술), 노인학대의 발생을 인지하고 적극적으로 개입하기 등이다. 특히 노인을 보호하고 있는 가정에 대해 무관심하지 말 것, 노인보호가 시설이나 병원에서만 이뤄지는 거라고 가정하지 말 것, 노인학대 등 가정 내에서 일어나는 폭력을 가볍게 여기지 말 것, 노인이 보이는 문제행동을 단순히 나이 때문이라고 가정하지 말 것 등이 지역사회 차원에서 노인학대 예방을 위해 하지 말아야 하는 대응방안이다.

3. 노인학대 피해자 상담과정

상담은 대화와는 달리 전문적 훈련을 받은 상담자가 스스로 해결하지 못한 문제를 갖고 있는 내담자 간에 이루어지는 전문적 협력관계라 할 수 있다. 노인학대상담에서 학대를 받은 노인에게 문제를 해결하는 과정은 상담자와 내담자인 학대노인과의 직접적 대면을 통한 전문적 조력관계를 형성하게 된다.

또한 학대문제의 해결이나 예방을 위해서 개입해야 하는 학대 가해자에게도 상담자가 전문적 대면관계를 형성해야 한다. 노인학대상담은 학대를 받은 노인과 노인을 학대한 가해자로 구분하게 된다. 하지만 이 장에서는 노인에 초점을 두고 있기 때문에 학대를 받은 노인에 대한 상담을 중심으로 접근하고자 한다.

1) 노인학대상담의 접수 및 상담을 위한 준비

(1) 접수 및 의뢰

노인학대상담의 접수 및 의뢰는 본인(피해자), 학대행위자, 친척(배우자, 자녀, 손자녀, 형제, 자매 등), 타인(이웃, 친구 등), 기관(경찰서, 119, 의료기관, 관공서, 사회복지기관 및 시설 등)을 통해 방문, 전화, 인터넷 등을 이용하여 이뤄진다. 노인학대행위는 노인의 생존에 직접으로 영향을 미치는 문제이므로 학대사례가 접수되면 최대한 빠르게 상담이 이뤄져야 한다.

(2) 학대피해 노인 건강진단

노인학대상담의 첫 번째 과정은 학대를 받은 노인의 건강상태를 평가하는 것이다. 경우에 따라서 노인의 건강이 매우 심각해진 상태에서 상담의뢰가 온다면 이는 상담이 우선되기보다는 치료를 받을 수 있도록 의료기관으로 먼저 연결하는 것이 필요하기 때문이다. 노년기에 주로 발생하는 장애가 알츠하이머, 파킨슨병, 심장혈관 질환, 관절염, 호흡기 질환, 뇌졸중, 통증, 실금, 소화장애 등으로 만성질환과 급성질환을 갖고 있는 노인이 많으며, 일반적으로 노인학대는 신체적 및 인지적 건강상태가 좋지 못한 노인에게 발생하는 비율이 매우 높으므로 건강상태의 확인이 매우 중요하다. 따라서 건강상태의 확인을 위해 내담자에 관련한 의학정보를 모으는 일을 해야 하며, 상담자도 노인관련 질환에 대해서 숙지하고 있어야 한다.

상담자는 두 번째로 학대를 받는 노인(내담자)의 인지기능을 평가해야 한다. 학대피해 노인의 경우 인지적 기능이 저하되어 학대를 당하고 있어도 알지 못하는 사례가 자주 보고되고 있기 때문이다. 건강한 노인도 가장 믿고 의지해왔던 가족으로부터의 학대로 인한 심리적 충격으로 인지 및 정서 기능이 저하되어 자기가 학대를 받고 있음을 인지하지 못하는 상황에 처하기도 한다. 상담자의 인지기능의 점검은 상담치료를 위한 고지된 동의서를 작성하기 위해서도 필요하며, 노인의 인지적 손상이 매우 심각한 사례에는 노인의 의사결정과정을 도울 수 있는 보호자(가족 및 친구)에게도 연락을 해야 한다. 이때 학대가해자로 의심되는 사람은 제외시켜야 할 것이다. 인지검사를 위한 평가도구로는 한국형 정신평가 척도(Korean Mini Mental State Examination : MMSE-K)를 활용하는 것을 추천한다. 이 척도는 시간 지남력, 기억등록, 기억회상, 주의집중 및 계산, 언어능력, 그리기 영역으로 구성되어 있다(박종환 · 권용철, 1989). 학대를 받은 노인이 정신적으로 충격을 받았다는 점을 고려하여, 일반노인보다 인지기능평가를 덜 엄격하게 적용해야 할 것이다.

(3) 상담 동의서 작성

학대를 받은 노인은 상담치료전문가와 상담치료에 관하여 고지된 동의서를 작성해야 한다. 성공적인 상담결과는 내담자와 상담자 간 초기의 강력한 동맹이 가장 좋은 예언(요인)이 되고 있다(Scogin, 2000). 노인에게 학대는 다른 사람에게 말하기가 매우 어려울 수 있으므로, 내담자가 말을 할 수 있는 상담환경을 조성하는 것도 매우 중요하다. 따라서 학대피해 노인이나 보호자와 상담치료전문가 사이에 고지된 동의서를 작성하는 것은 상담을 위한 동맹관계를 형성하고, 내담자의 자기결정권을 보장해 줘야 하는 윤리적 책임을 수행하게 된다. 특히 상담자는 내담자인 피해노인이나 학대노인 보호자에게 상담치료의 목적, 내용, 진행과정, 상담을 받음으로써 얻게 되는 혜택, 상담을 통해 발생할 수 있는 피해 등에 대해서 자세하게 설명해 줘야 한다. 다음은 노인학대상담을 위한 내담자 동의서 양식이다(이민홍, 2011).

〈표 10-3〉 노인학대상담을 위한 내담자 동의서 사례

<table>
<tr><td colspan="2">노인학대상담 내담자 동의서

행복노인상담실은 신체적 · 정신적 · 정서적 · 성적 폭력, 경제적 착취, 방임 및 유기 등으로 고통받은 어르신에게 상담을 통해 건강한 삶을 살 수 있도록 도와 드리고 있습니다. 상담을 하시기 전에 다음 사항에 대해 유의하여 주시길 바랍니다.

1. 본 상담의 목적은 어르신에게 행해지는 모든 형태의 잘못된 대우나 학대적인 행동이 앞으로 일어나지 않도록 도와 드리는 것입니다.
2. 상담은 문제의 심각성에 따라 1회기부터 10회기까지 이뤄질 수 있으며, 상담할 때마다 약 1~2시간 정도의 시간이 소요됩니다.
3. 상담에서 어르신과 가족에 관한 질문으로 당황스럽거나, 불편하시게 느끼실 수도 있습니다. 경우에 따라서는 가족에게 법률적 위반관계를 밝히기도 합니다.
4. 상담에 참여하지 않는다고 해서 본 기관(시설)을 이용 못하시는 것은 절대 아닙니다.
5. 저희 상담소에서는 어르신의 모든 상담내용에 대해 비밀보장을 원칙으로 합니다.</td></tr>
<tr><td colspan="2">☑ 위의 내용에 대해 동의합니다.</td></tr>
<tr><td>____________ 2013년 월 일
내담자(보호자) 서명 및 날짜</td><td>____________ 2013년 월 일
상담자 서명 및 날짜</td></tr>
</table>

2) 문제확인 : 학대유형 및 피해상황 조사

상담을 위한 문제의 확인은 보건복지부의 노인학대예방센터 업무지침서의 학대유형 및 피해상황 서식지를 활용할 수 있다(<표 10-4> 참고). 학대를 당한 노인에 대해 학대상황에 대한 심층면접조사는 노인에게 부정적 영향을 미칠 수 있으므로 학대유형 및 피해상황을 간략하게 접근하는 것이 더 효과적이다.

〈표 10-4〉 학대유형 및 피해상황(보건복지부 업무수행지침)

학대 유형 및 정도	□ 신체적 학대	□외상없음 □부종 □멍듬 □할큄 □꼬집힘 □물어뜯김 □찢김 □경미한 출혈 □머리카락 뽑힘 □목졸린 흔적 □묶은 흔적 □유해한 약물투여 흔적 □감금 □삠(접질림) □골절 □탈골 □인대손상 □고막파열 □화상 □복부출혈 □호흡곤란 □두개골 골절 □경뇌막 혈종 □신체떨림(수전증) □뇌손상 □의식장해 □뇌사 □사망 □기타
	□ 언어·정서적 학대	□무관심 □소리지름 □비하된 언어 □이유없는 짜증과 화 □심한 욕설 □대꾸 안 함 □무시 □모멸감 □고의적 따돌림 □언어적 협박 및 위협 □흉기로 위협 □과대한 요구 □생활기구 제한 □기물파손 □물건던짐 □사회적 활동제한 □사용공간 제한 □생활기구 사용제한 □쫓아냄 □집 못 들어오게 함 □나가지 못하게 함 □기타
	□ 성적 학대	□성적 수치심 유발행위 □성적 수치심 유발환경 □성희롱 □성추행 □성폭행 □강제적 성행위 및 강간 □기타
	□ 재정적 학대	□인감도용 □연금 및 생계급여 등 수입에 대한 착취 □강제적인 명의변경 □부양전제 증여후 부양의무 불이행 □현금갈취 □동산갈취 □부동산갈취 □재산권사용제한 □유언장 허위 작성 □의사표현능력이 없는 노인의 재산갈취 □불완전한 의사표시상태에서 노인의 재산갈취 □신용카드 명의도용 및 도용 □노인임금 채무 불이행 □기타
	□ 방임	□의료적 방임(치료받아야 하는 상황) □보장기구(보청기, 당뇨체크기구 등) 제공거부 □필수생활비, 생계비 지원·단절 □비위생 거주환경 □개인위생 방치(와상, 치매 등 거동 불가능 노인) □난방 단절 □주거환경 안전사고 위험 □거동 불가능 노인에게 충분치 못한 식사제공 □영양실조 □탈수상태 □연락두절 □왕래두절(1년 이상) □노인의 배회 □신변위험 상태 방치 □죽게 내버려 둠 □가출 후 찾지 않음 □기타
	□ 자기방임	□의도적으로 신변청결 및 기본 생활 회피 □의도적으로 식사거부 □의도적으로 기본적인 care 거부로 건강문제 발생 □의료적 행위 거부로 생명에 위험 초래 □자해 □자살기도 □사망 □기타
	□ 유기	□노인 길, 시설, 낯선 장소에 버려짐 □반감금 형태의 시설에 입소됨 □사망 □기타
발생빈도		□거의 매일 □2~3일에 한 번 □일주일에 한 번 □2주일에 한 번 □1개월에 한 번 □6개월에 한 번 □1년에 한 번 □일회성 □기타
학대기간		□10년 이상 □5년 이상 □2년 이상 □1년 이상 □6개월 이상 □1개월 이상 □1주 이상 □1주 미만 □일회성
발생장소		□가정내 □생활시설 □병원 □사회복지기관 □공공장소 □기타
발생장소 주소		(도, 시) (시, 군, 구) (동, 읍, 면)
학대 발생 요인 (해당 사항 모두 체크)	피해자 요인	□인성문제 □정신질환 □실직 □알코올문제 □약물문제 □경제적 의존성 □스트레스 □신체질환 및 장애 □사회적 고립 □부부갈등
	학대 행위자 요인	□신체적 의존성 □정신적 의존성 □인성문제 □정신질환 □알코올중독 □약물중독 □과거 행위에 대한 가족들의 분노 □경제적 기여 상실 □스트레스 □폭력행위 □사회적 고립
	가족-환경요인	□학대행위자-피해자 갈등 □가족갈등 □자녀 간 갈등 □형제·친족 간 갈등 □재산관련 갈등 □원치 않는 피해자 부양 □부담과 스트레스 많은 피해자 부양 □학대행위자 및 가족의 경제적 어려움
	기 타	□특성 없음 □파악 안 됨 □기타

위와 같이 노인학대 유형 및 피해상황을 파악하는 서식지를 활용해도 되고, 상담자가 노인학대에 피해경험을 내담자에게 듣고 학대유형 및 피해상황을 정리해도 된다. 상담자가 구조화된 면접방법으로 내담자에게 학대경험에 대해 질문하게 된다. 하지만 학대와 같은 위기상황에서는 문제의 원인이나 양상을 지나치게 밝히는 데 초점을 두기보다는 현재 문제를 해결하는 데 무게중심을 둬야 할 것이다.

3) 상담과정

노인학대상담은 위기개입의 형태로 이뤄지기 때문에 내담자가 현실치료를 활용하는 것이 효과적일 수 있다. 현실치료는 네 가지 단계로 상담환경 조성, 문제 및 욕구탐색(욕구 · 바람 · 지각 탐색하기), 개입단계(전 행동과 행동방향 탐색하기, 욕구 · 바람 · 지각에 대한 자기평가하기, 계획하기), 상담회기 및 종결로 구성된다(Wubboling, 2000). 상담자는 네 가지 단계를 순서대로 진행하기보다는 상담과정에서 필요에 따라 선택적으로 활용해야 한다.

(1) 상담환경 조성

효과적인 노인학대상담을 위한 상담환경의 조성방법으로 첫째, 친근감을 가지고 학대를 받은 노인의 이야기를 경청해야 한다. 이는 학대 피해자인 노인이 상담자가 자신의 문제를 해결해 줄 수 있는 바람직한 방법을 찾는 데 도움을 줄 수 있는 사람이라고 믿을 수 있게 해야 한다. 둘째, 내담자가 학대 피해상황이나 가해자와의 과거 관계에 대해서만 초점을 두고 설명하지 않게 해야 한다. 현재 상황을 해결하는 데 도움이 되지 않는 한 이야기하는 것을 최소화시키는 것이 좋다. 셋째, 내담자가 직접통제 가능한 현재의 생각과 활동요소들을 연결하도록 해야 한다. 학대피해 노인이 우울이나 죄책감에 빠져있기보다는 자신이 통제할 수 있는 행동에 초점을 두어야 한다. 넷째, 내담자가 하기로 한 약속을 이행치 않을 때 변명을 받아들이기보다는 내담자의 자기선택과 책임으로 연결시켜 문제를 해결하는데 내담자가 가능하면 스스로 할 수 있게 한다. 마지막으로 내담자(학대노인)를 벌하거나 비판하지 않으면서 내담자의 행동선택에 대한 결과(consequences)를 인지할 수 있게 도와줘야 한다.

상담환경 조성을 위한 상담자에 대한 권장사항은 주의를 기울이는 행동하기, 항상 침착하고 예의 바를 것, 항상 신념을 가질 것, 항상 열성적일 것, 항상 확고할 것, 항상 진실하기, 판단을 보류하기, 가능한 한 건전한 유머를 사용하기, 자기답게 상담하기, 자기 자신을 개방하기, 은유적 표현에 귀기울이기, 주제에 귀기울이기, 요약하기와 초점 맞추기, 결과를 허용하거나 떠맡기기, 침묵을 허용하기, 윤리적이기, 상담자는 내담자를 비판하거나 처벌하지 말고 논쟁하지 말기, 어렵지만 내담자를 쉽게 포기하지 말기 등이다(김인자, 2005).

(2) 문제 및 욕구탐색 : 욕구 · 바람 · 지각 탐색하기

학대피해자인 내담자가 무엇을 원하는지 탐색해야 한다. 먼저, 가해자에 대해 법의 위반으로 인해 처벌을 원하는지 아니면 인간관계의 상실로 인해 회복적 관계를 가지고 싶은지 물어봐야 한다. 노인학대는 주로 가족구성원[2)]에 의해 발생하기 때문에 학대피해 노인은 가족과의 관계회복을 통해 문제를 해결하기를 바랄 수 있다. 따라서 학대를 받은 노인에게 무엇이 어떻게 바뀌기를 바라는지 욕구, 바람, 지각 등을 구체적으로 물어봐야 한다. 이 과정을 통해 내담자의 욕구가 구체화되어 문제해결을 위한 대처가 내담자의 중심으로 수행될 수 있다.

또한 학대가해자뿐만 아니라 다른 가족구성원들은 어떻게 되기를 바라는지에 대해서도 내담자에게 질문을 해야 한다. 학대 받은 노인의 가족구성원들이 바라는 욕구도 반영하기 위한 과정이다. 우리나라 문화에서는 개인만을 위한 선택보다는 가족이 원하는 것과의 일치 여부도 매우 중요하게 가치를 둔다. 따라서 학대피해 노인으로 하여금 자신의 바람과 가족의 바람을 고려할 수 있어 효과적인 대처방안을 선택하는 데 기여하게 된다.

2) 보건복지부 2008년 보도자료에 의하면, 노인학대 가해자는 아들 63.1%, 며느리 12.4%, 딸 11.9%, 배우자 7.6%로 대부분 가족구성원이다.

(3) 개입단계 : 전 행동과 행동방향 탐색하기, 자기평가하기, 계획하기

내담자에게 학대로 인해 우울하거나, 혼란스럽거나, 화가 났거나, 무기력했거나, 죄책감이 들거나 등의 상황에 처하게 되었을 때 무엇을 했는지 물어봐야 한다. 만약 학대를 경험한 이후에 자식을 잘못 가르친 것이 자신의 죄이므로 자신만을 탓하고 있다고 가정해 볼 수 있다. 이때 상담자는 내담자에게 어르신의 지금 행동이 어르신에게 도움이 됩니까? 혹은 어르신이 지금 하고 있는 것이, 어르신이 진정으로 원하는 것을 얻는 데 도움이 됩니까? 등의 질문을 통해 자신의 행동을 스스로 평가하게 해야 한다. 이를 통해 자신의 행동이 문제해결에 도움이 되지 않음을 깨닫고 새로운 대안을 찾도록 상담자가 도와줘야 한다.

학대로 인한 위기상황에 처한 내담자가 자신을 위해 무엇을 해야 할지 모르겠다고 할 때에는 상담자는 내담자에게 적합한 대안에 대해 이야기를 해줘야 한다. 예를 들어, 학대피해 노인에게 현재 가족에게 우선 분리하는 것이 개인의 안전을 확보할 수 있으므로, 일시보호서비스나 시설보호에 대한 정보를 제공할 수 있다. 경제지원서비스, 의료적 처치, 법률 상담 및 의뢰, 사회복지기관 및 서비스 연결(예 도우미, 말벗, 식사, 간병 서비스, 사례관리 등), 가족지원서비스, 가해자 지원 및 교육 서비스 등 학대피해 노인이 원하는 방향으로 갈 수 있는 대안에 대해 알려주고, 내담자가 선택하게 유도해야 한다.

마지막으로 내담자(학대피해 노인)가 상담과정을 통해 문제해결을 위한 계획을 상담자와 함께 수립했다면, 이 과정에서 몇 가지 사항을 반드시 고려해야 한다. 첫째, 내담자가 원하는 욕구가 충족될 수 있는 계획인지 확인한다. 둘째, 가능하면 단순하고, 현실적으로 내담자가 실현할 수 있는 수준에서 정해야 한다. 셋째, 내담자에게 실천할 수 있도록, 구체적으로 작성해야 한다(예를 들어, "언제, 어디서, 누가, 무엇을, 어떻게, 왜" 등이 포함되어야 한다).

(4) 상담회기 및 종결

상담회기는 문제의 심각성과 해결 정도에 따라서 1회부터 10회까지 다양하게 진행될 수 있다. 장기적으로 상담회기가 수행되기보다는 5회기 미만의 단기상담이 주를 이루고 있다. 노인학대상담은 주별로 학대피해 노인과 실천계획을 세우고 실행 정도를 점검하는 방법으로 문제가 해결되도록 한다. 학대노인에 대한 상담의 종결이 이루어지더라도 학대가 재발생 할 수 있기 때문에 정기적으로 사후방문이나 전화연락을 통해 확인해야 할 것이다.

4) 노인학대사례 상담연습

〈사례개요〉 과거 시집살이와 부양부담으로 시모를 학대한 며느리
며느리에게 맞으며 집에서 쫓겨나는 상황을 목격한 이웃이 상담을 의뢰하였다. 응급상황으로 판단하고 즉시 현장조사를 실시한 결과 피해자의 신체 전반에 멍이 있었고 얼굴에는 꼬집힌 자국으로 추정되는 상처들이 있었다.

(1) 상담환경 조성

① 학대노인과의 신뢰적인 관계를 형성한다

☑ 상담자는 학대노인과의 신뢰적인 관계형성을 위한 구체적인 방법(주의를 기울이는 행동하기, 항상 침착하고 예의바를 것, 항상 신념을 가질 것, 항상 열성적일 것, 항상 확고할 것, 항상 진실하기, 판단을 보류하기, 가능한 한 건전한 유머를 사용하기, 자기답게 상담하기, 자기 자신을 개방하기, 은유적 표현에 귀기울이기, 주제에 귀기울이기, 요약하기와 초점 맞추기, 결과를 허용하거나 떠맡기기, 침묵을 허용하기, 윤리적이기, 상담자는 내담자를 비판하거나 처벌하지 말고 논쟁하지 말기, 어렵지만 내담자를 쉽게 포기하지 말기 등)을 활용해야 한다.

(2) 문제 및 욕구탐색 : 학대노인의 욕구 · 바람 · 지각 탐색하기(Want)

① 노인학대 문제진단 : 보건복지부 노인보호전문기관의 학대유형 및 피해상황 서식지 활용

☑ 상담자는 학대유형 및 정도, 발생빈도, 학대기간, 발생장소, 발생장소주소, 학대 발생요인(피해자 요인, 학대행위자 요인, 가족환경적 요인 등)에 대해 사정한다.

② **욕구탐색** : 무엇을 원하는지? & 무엇이 어떻게 바뀌기를 바라는지?

☑ 상담자는 학대노인에게 지금의 상황에서 어떻게 바뀌기를 원하는지 구체적으로 물어봐야 한다.

- 다른 상담과 달리 문제의 원인을 사정하기보다는 문제가 어떠한 형태로 변하기를 바라는 지를 중점적으로 탐색해야 한다.

1. 마음이 편해졌으면 좋겠다.
2. 학대를 한 며느리와의 관계가 좋아지고 싶다.
3. 지속적으로 보호를 받았으면 좋겠다.

(3) 개입단계 : 학대노인의 전행동과 행동방향 탐색하기, 자기평가하기, 계획하기

① 내담자의 했던 행동과 자기평가

☑ 상담자는 학대노인에게 문제해결을 위해 지금까지 사용했던 행동에 대해 효과적이었는지에 대해 자기평가를 할 수 있도록 유도한다.

내담자의 대처방법	자기평가	
	긍정적	부정적
1.		
2.		
3.		

② 내담자와 상담자의 실천계획과 자기평가

☑ 상담자는 학대노인에게 문제를 해결하기 위해 효과적일 수 있는 대안에 대해 계획하고 스스로 평가할 수 있도록 한다. 학대노인이 문제해결을 위한 대안에 대해 전혀 모르거나, 학습된 무기력으로 인해 저항할 때는 상담자가 노인에게 적합한 대안을 제시할 수 있다.

실천계획	자기평가	
	긍정적	부정적
대안 1.		
대안 2.		
대안 3.		

③ 실천계획의 실행의 점검

☑ 학대노인과 문제해결을 위해 수립했던 실천계획의 실행 정도와 이를 통해 발생한 긍정적 및 부정적 결과에 대해 주기적으로 평가하고, 효과가 없다고 판단되었을 때는 실천계획을 재수립한다.

실천계획	실행 정도 평가		
	실행 정도	긍정적 및 부정적 결과	재계획 설정
계획 1.			
계획 2.			
계획 3.			

(4) 상담회기 및 종결

– 개입과정은 상담에 대한 최종평가와 상담자와 학대피해 노인 간의 전문적 원조관계를 종결한다.

– 학대노인에 대한 상담의 종결이 이루어지더라도 학대가 재발생 할 수 있기 때문에 정기적으로 사후방문이나 전화연락을 통해 확인해야 할 것이다.

* 저자노트 : 본 교재에 실린 노인학대 상담내용이 2010년 노인복지관 노인전문상담 매뉴얼의 "학대받는 어르신이 오셨는데 어떻게 해야 할까요?"와 일부 겹침을 밝힌다. 이는 한국노인복지관협회에서 원고를 의뢰받았을 때, 현재 집필 중인 노인복지상담론 책의 일부를 요약해서 제출했기 때문이다.

CHAPTER

11 자살을 생각하는 노인을 위한 노인복지상담

학·습·목·표

1. 노인자살의 개념, 발생(실태), 위험요인, 징후 등에 대해 이해할 수 있다.
2. 노인자살 의심사례를 발견했을 때, 적절하게 대응할 수 있다.
3. 노인자살 예방을 위한 대응방법에 대해 이해할 수 있다.
4. 노인자살 예방을 위해 상담하는 과정에 대해 이해하고, 실제적으로 적용할 수 있다.

다음은 자살을 생각하는 노인에 대한 상담사례이다.

(부적절한 반응)
내담자 1 : 사는 게 너무 힘들고, 오늘 딱 죽었으면 좋겠구먼.
상담자 1 : 왜 자꾸 죽고 싶은 생각이 드세요?
내담자 2 : 농약을 마시고 죽을까, 목을 맬까. 어떻게 죽을까 …
상담자 2 : 자살하는 건 좋지 않은 것 같아요.

(적절한 반응)
내담자 1 : 사는 게 너무 힘들고, 오늘 딱 죽었으면 좋겠구먼.
상담자 1 : 어르신 어떤 이유에서 그런 생각이 드세요?
내담자 2 : 농약을 마시고 죽을까, 목을 맬까. 어떻게 죽을까 …
상담자 2 : 구체적인 방법을 생각해 보신 것이 언제부터셨어요?

1. 노인자살의 이해

최근 들어, 우리나라는 노인인구의 증가와 함께 노인자살자 수와 자살률은 빠르게 증가하고 있다. 우리나라 노인자살자로 인한 사망은 지난 2011년 한해 노인자살은 4,400명이었고, 하루에 12명의 노인이 세상을 떠난다는 것이다. 노인자살은 사회적·문화적 특성, 효를 중시하는 우리나라의 전통을 고려할 때 자살을 감추려 하고 알려지기를 꺼려하는 현실 때문에 자살통계에서도 누락되는 비율이 적지 않으며, 자살의 범위를 자살생활과 자살시도까지 포함하여 생각한다면 노인자살 문제는 매우 심각한 사회문제가 되고 있다.

노인자살이란 65세 이상된 노인층에서 자살생각, 자살시도, 자살행위에 이르는 연속적(spectrum) 개념이다. 노인은 삶의 마지막 단계를 보내는 시기이므로 자살과는 별로 상관없을 것이라고 통념적으로 생각한다. 생애주기의 마지막 단계인 노년기는 지금까지 살아온 인생을 정리하면서 자아통합을 추구하고 죽음의 질에 관하여 생각해야 할 시기이나 노년기에 적지 않은 사람들이 여러 가지 신체적, 경제적 혹은 정서적인 어려움을 동시에 겪고 있다. 이로 인해 절망감에 빠지게 되고 자살은 종종 이에 대한 해결방안으로 여겨진다. 노인층에서의 자살 성공률은 그 어느 연령층보다도 높게 나타나고 있다. 이러한 결과는 다른 연령층에서의 자살이 대부분 충동적인 행동의 결과이지만, 노인의 자살은 일정 기간 심사숙고하여 결정한 필사적 해결대안이라는 것을 시사한다(서혜경, 2009).

1) 노인자살의 개념 및 발생률

자살을 뜻하는 영어, suicide라는 단어는 라틴어에 어원을 둔 sui와 cide의 합성어이다. sui는 '스스로', '자신의'라는 뜻이고, cide는 caed에서 전환된 것으로, '죽이다'는 뜻을 지니고 있어 자살(Suicide)이란 '자기가 죽게 될 것을 알면서도 주어진 상황을 피하지 않고 죽는 것', '스스로 죽음을 의도하고 죽는 것'이라는 의미를 담고 있다. 즉, 자신이 죽게 되리라는 것을 알고도 주어진 상황을 피하지 않고 죽는 것, 스스로 죽음을 의도하고 죽는 것이라는 의미를 담고 있다. 세계보건기구(WHO)의 정의에 의하면, 자살이란 치명적인 결과를 초래하는 자살행위를 뜻하며, 자살행위란, 어느 정도의 자살하려는 의도를 갖고 또한 자살동기를 인지하여 자기 자신에게 가한 상해라고 하였다(박재황 · 노용환 · 위대한, 2001).

우리나라 노인자살 발생률이 경제협력개발기구(OECD) 가운데 1위이며, 특히 독거노인들이 일반노인들보다 자살률이 세 배나 많다. 전체 자살자에서 노인이 차지하는 비율은 다른 일반 연령층에 비해 그다지 높지 않았으나, 65세 이상 노인들의 자살율은 2008년 706명, 2009년 808명, 2010년 899명으로 매년 크게 증가하는 추세이다. 특히 75세 이상의 고연령층에서의 자살률이 현저하게 증가하였으며, 지난 10년 동안 네 배나 증가하였다. 성별로 비교하면 연령이 증가할수록 남녀 자살율의 차이가 더 벌어지고 있다. 모든 연령대에서 남성노인이 여성노인에 비해 훨씬 높은데, 세 배 가량 남성노인의 자살이 훨씬 높다.

남녀노인 모두 연령이 높아질수록 자살성공율도 높아진다. 60~85세까지 각 연령 5년차를 기준으로 볼 때 1995년의 경우 평균 10% 증가율을 보인 반면, 2005년 경우 평균 30%의 증가율을 보여 10년 전에 연령상승에 따른 자살성공률의 비율도 크게 증가하고 있다(통계청, 2010).

2) 노인자살의 위험요인

노인자살은 여러 가지 상실요인이 복합적으로 작용하여 발생한다. 메켈토쉬(Maintosh, 1992)는 노인들에게 자살위험조건이 되고 있는 여러 요인을 통해 자살을 이해하고자 하였으며, 아노미적 자살과 이타적인 자살은 은퇴와 배우자 상실, 운동력, 이동성 감소, 점차 사라지는 사회적 역할과 사회적 소외로 인해 기인하는 것으로 어떤 자살의 경우 노인 스스로가 자기를 보호할 수 없을 때, 즉 가족에게 부담이 되지 않기 위해 자살을 시도할 수도 있다고 하였다. 이 외에 자살에 영향을 미칠 수 있는 요건들로 결혼상태나 동거자 여부, 직업상태 등을 들 수 있으며, 시력이나 청력상실 또는 자기관리능력 상실이나 의료상태에 의해 결정되는 이동성 수준 등이 포함된다. 이러한 노인자살 위험요인은 생물학적 요인, 심리적 요인, 사회환경적 요인으로 나누어 볼 수 있다.

첫째 생물학적 요인이다. 대다수 연구가 자살을 수행한 젊은 연령층과 중년기 환자에 국한되어, 노인인구의 자살에 대한 생물학적 연관성을 다룬 연구는 드물다. 그러나 세로토닌 체계는 일관되게 자살에 영향을 미치는 것으로 나타났는데, 세로토닌은 우울의 병태생리에서 하는 역할과는 비교적 독립적으로 자살에서도 역할을 하고 있다. 또한 세로토닌 수치는 정신분열병을 가진 환자의 자살 시에 감소되었다. 세로토닌 대사산물인 뇌척수액 내 HIAA의 낮은 수치는 자살행위와 강하게 연결되며, 대사 감소의 정도는 자살기도의 치사율과 관련된다. 자살을 성공적으로 수행한 사람에게서 전전두 피질(ventral prefrontal cortex)에 있는 시냅스전 세로토닌 수용체 표지(presynaptic serotonin receptor markers)의 농도 감소에 대한 관찰이 세로토닌 기능과 자살 간의 관계를 입증하고 있다. 자살을 수행한 사람의 뇌구조에 대한 신경병리학적 연구는 팽창된 뇌실과 대뇌위축과 같은 비특이적 양상을 나타낸다고 보고하고 있다. 이 결과는 기분장애로 진단된 환자에 대한 신경해부학적 연구와 일치한다. 그리고 자살을 수행한 노인환자의 뇌조직에 대한 사례대조연구에서 알츠하이머병을 가진 자살 희생자는 대조군보다 뇌조직의 신경병리학적 비특이적 양상이 더욱 자주 보여진다. 유연성, 시냅스 재생의 저하와 같은 대안적 설명과 신경전달물질의 선택적 재생이 자살의 생물학적 근거로써 제공되었다. 그러나 자살의 신경생물학적 근거를 밝히기 위해서는 더 많은 연구가 필요하다.

둘째 심리적 요인이다. 노인은 심리적으로 대개 우울상태에 빠지는데 이러한 우울상태는 노년기에 있는 노인이면 누구나 경험할 것이다. 이 시기는 가족은 물론 환자에게 지극히 어려운 시기이다. 노인에서는 배우자와 사랑하는 가족 또는 친지의 상실이 원인이 되어 감정의 저하가 일어나는 경우가 많은데, 그 외에는 사회적 고립, 활력의 감퇴, 문명의 자각, 노화에 따른 신체적 조건의 저하가 모두 우울상태를 야기하는 요인이다. 자살을 생각하거나 자살을 기도하는 사람의 80% 정도는 우울상태가 나타났다. 한 조사(Conwell, 2002)에 따르면, 자살노인의 71~95%가 정신과적 질환이 있었다. 이 중에서 대부분은 우울을 가지고 있었다. 자살에 실패하면 얼마 있다가 자살을 시도한다. 자살을 생각하고 있는 사람은 자살할 기미를 나타내거나 죽고 싶다는 기분을 털어놓기도 한다. 이와 같은 모습이 나타나면 가볍게 넘기지 말고 자살의 기미를 주의깊게 살펴야 한다. 반면 일반적으로 자살을 결심하면 환자의 행동이 변하여 우울상태가 회복된 것처럼 보일 수 있다. 이러한 변화에 대하여 오해를 불러일으키기 쉬우므로 노인을 주의깊게 관찰하고 모든 행동의 변화를 기록, 보고한다. 그 외에도 정신병적 질환, 성격장애, 불안장애, 치매, 절망감 등도 자살과 관련이 있다.

셋째, 사회환경적 요인이다. 사회환경적 요인이 노인의 자살에 미친 영향은 각 나라의 문화와 가치관에 따라 차이를 보인다. 일반적으로 노인의 자살에 영향을 미치는 사회환경적 요인으로는 사회적 고립과 고독감이 주로 보고된다. 전 세계적으로 전체인구 중에서 노인이 차지하는 비율이 증가하고 있으며, 그 중에서 홀로 사는 노인이 많아지고 있다. 이러한 현상은 우리나라의 경우도 마찬가지이며, 사회적 고립은 자살로 인한 사망과 매우 밀접한 관계를 가지고 있다. 노인의 고독은 자존감과 삶의 가치를 저하시키기 때문에 특수한 문제가 된다. 사회적으로 고립된 생활을 하고 있는 노인은 미국노인의 10~20%에 달하고 있다. 자살의 원인은 다양하지만, 고독한 노인에서 자주 발생하는 편이다. 따라서 사별한 노인이 그렇지 않은 노인에 비해 자살위험이 2~3배 더 높다. 외로움과 소외감, 축적된 상실감, 퇴직, 자녀들과의 헤어짐, 독립성의 감소 등, 이 또한 노인의 자살에 유의한 영향을 미친다. 통계청(2010) 자료에 의하면, 65세 이상 노인들은 다른 연령집단에 비해 질환으로 인해 자살충동을 가장 많이 느꼈고, 그 외에도 경제적 어려움으로 인해 자살충동을 느끼는 비율이 높게 나타났다. 그리고 선행연구들(김현순 · 김병석, 2008; 육성필, 2008; 정호영 · 노승현, 2007)은 노인자살에 중요한 영향을 미치는 위험요인으로 다른 사람에 대한 의존, 시설에의 수용, 원하지 않는 보호에 대한 두려움, 자기 가치감의 감소, 신체적 기능수준, 스트레스, 역할상실, 경제 불안정, 성인자녀와의 관계, 외로움, 시설에의 입소와 독신 등을 보고하였고, 다양한 노인문제로 어려움을 겪고 있는 노인들이 이러한 문제에 적절하게 대처하지 못할 때 자살을 생각할 가능성이 큰 것으로 나타났다. 그러나 자살에 영향을 미치는 요인은 복합적인 것으로 한 가지 경우는 드물다. 임상역학 연구는 자살 가능성을 증가시키는 일관된 위험요인들을 다음과 같이 제시하고 있다.

〈표 11-1〉 노인자살의 위험요인

○ 연령(특히 75~85세)
○ 최근의 개인적 상실(특히 1년 이내의 배우자 사망)
○ 낮은 사회·경제적 상태
○ 남자
○ 독신
○ 신체질환
○ 만성통증
○ 경제적 상실, 사회적 상실, 복합적 상실
○ 물질남용(알코올, 처방된 약물, 처방되지 않은 약물, 불법의 물질)
○ 자살의 가족력
○ 자살을 시도한 기왕력
○ 기관수용에 대한 공포 또는 의존성 증가에 따른 공포
○ 최근의 우울
○ 사회적 고립
○ 만성적인 수면문제
○ 우울증상(노인자살의 50~70%)
○ 충동성

출처 : 최영희 외(2010). 노인과 건강. 서울 : 현문사.

3) 노인자살의 징후

노인층에서 발생하는 자살은 다른 연령에서 발생하는 자살과는 다른 특성이 있다. 노인에게 발생하는 자살은 계획적이고 심사숙고하고, 충동적이지 않고 도움을 청하는 것이 아니며, 의도적이고 단호한 결정이며 우울과 절망에서 벗어나는 것에 초점을 둔다. 또한 정말 죽기를 바라는 마음으로 자살을 시도하고, 회생 가능성이 낮은 더 치명적인 방법을 선택한다. 자살을 시도해 본 노인들은 결국 자살을 할 가능성이 매우 높다. 미국의 경우 자살을 시도한 노인의 70% 이상이 사망하기 수개월 전에 40%는 1주 전에, 20%는 사망 당일에 의사를 방문한 것으로 보고되고 있다. 따라서 사전에 종종 노인의 자살경고 사인을 알아차리고 이를 예방하는 것이 중요하다. 자살을 방지하기 위해서는 자살할 소지가 어느 정도 있는가를 평가하여 자살 위험성이 있는 노인을 확인하는 것이 중요하다. 이를 위해서는 개인력 조사와 정신상태검사를 철저히 실기

해야 한다. 자살에 대한 구체적인 언급을 하는 등 자살의도가 있을 때는 응급적인 보호수단이 강구되어야 할 것이다. 자살 위험성이 확인된 노인은 혼자 두어서는 안 되고, 정신과 전문의에게 의뢰하거나 입원치료를 한다. 자살위험이 있는 대상자를 사정하는 데 사용되는 일련의 질문들을 알고 있어야 한다.

〈표 11-2〉 **자살위험 대상자를 위한 질문 목록**

○ 최근에 가장 어려웠던 일은 어떤 일이었습니까? ○ 그 일 때문에 도피할 생각이 들었습니까? ○ 만약 그렇다면, 어떤 방법입니까? ○ 죽음이 매력적으로 여겨지는 때가 있습니까? ○ 자신을 해칠 생각이 있습니까? ○ 자해할 경우 어떤 방법을 사용할 것입니까? ○ 그 계획을 수행하는 데 필요한 물건(약물, 로프, 공간의 밀폐)을 구했습니까? ○ 과거 자해를 시도했거나 시도할 생각을 한 적이 있습니까? ○ 여태까지 자해하지 못하게 하는 요인은 무엇입니까? ○ 앞으로 자해를 막을 수 있는 것은 무엇이라고 생각합니까?

출처 : 최영희 외(2010). 노인과 건강. 서울 : 현문사.

비록 모든 질문이 대상자에게 모두 필요하고 적절한 것은 아니지만, 노인 자살 예방을 담당하는 자가 일하는 상황에서 사용할 수 있는 일련의 사정을 위한 질문목록을 기억하고 있는 것이 중요하다. 자살사정의 기본 요소는 자살사고, 과거의 자살미수, 대상자의 자살계획, 계획의 치명성, 계획수행의 유용성, 물질남용의 공존, 경험하고 있는 절망의 범위에 대한 평가를 포함한다.

자살을 예측하는 것은 매우 어렵다. 노인의 자살위험성을 평가하는데 사용할 수 있는 적절한 도구는 아직 개발되지 않았다. 노인은 상대적으로 젊은 사람에 비해 자살의도를 전달하지 않기 때문에 자살하려는 노인을 찾아내는 것은 더 어려운 일이다. 그러나 노인이 자살행동을 하려는 것이 확인되면, 적극적으로 개입을 해야 한다. 초기의 단계는 최근과 과거의 자살생활의 정도와 구체적인 면을 확인하기 위해 더 구체적인 평가를 해야 한다.

- 자살위험성이 확인된 경우에는 적절한 안전대책이 취해져야 한다. 안전대책은 대상자의 자살계획의 특수성, 대상자의 인간관계 정도에 맞게 수립해야 한다. 외래에서 대상자의 안전을 보장할 수 없는 경우에는 입원

이 필요하다.

- 자살사고의 가능성 있는 대상자에게 환경적인 예방이 중요하다는 것을 인지해야 한다. 또한 대상자와의 치료적 관계를 유지하는 것이 자살예방에 도움이 된다. 자살대상자는 자살에 대한 대안적인 방법을 찾는데 익숙하다. 자살사고의 가능성에 대해 대상자에게 질문하여 대상자의 생각을 마음 속에 감추어 두지 못하게 한다.
- 때로는 자살 위험성이 있는 대상자에게 자해하지 않겠다는 내용을 구두서약이나 문서로 받아두는 것도 유용하다. 자살행동의 즉각적인 위험을 넘긴 후에는 대상자 자신에게 자살예방계획을 세우도록 한다. 자살예방계획은 자살이 아닌 다른 것을 생각할 대안과 대상자가 자살사고를 다시 경험할 경우 취할 특정 단계를 포함한다. 이 계획은 자해 위험성에 대한 문제해결 접근법을 적용하도록 대상자를 격려하며, 그럼으로써 그들의 통제력을 증가시킨다.
- 노인자살을 예방하기 위해 노인의 자해위험성 사정, 노인 우울증의 조기 확인 및 치료, 노인자살의 예방에 초점을 둔 지역사회 프로그램 개발, 자살 위험성에 대해 다른 상황에서 노인과 일하는 건강전문직의 교육이다.

노인복지시설, 재가노인복지시설 종사자 등 노인복지에 종사하는 직원을 대상으로 노인자살예방 및 정신건강증진 교육의 실시가 필요하다. 그러나 특정인 외에도 일반인을 대상으로 자살 및 우울증에 대한 교육과 홍보를 할 필요가 있다. 자살이 생사를 선택할 수 있는 개인의 고유한 자유에 속하는 영역이 아니라 병적인 현상이며, 자살의 주요한 원인이 우울증과 관련이 있고, 우울증의 치료가 자살을 예방할 수 있는 효과적 방법이라는 것을 일반인에게 알려야 한다.

자살시도가 실패한 자살시도자들은 일반적으로 여러 가지 이유로 혼란을 경험한다. 자살시도에 대한 주변사람들의 반응과 대처, 자살시도로 파생된 문제의 양상과 심각 정도, 자살을 시도하고자 했던 요인의 변화 정도, 그리고 죽음 가까이 다가갔던 자신의 목숨에 대한 재인식 수준 등에 따라 자살실패 이후 경험하는 혼란과 죄책감은 자살경험을 극복하는 계기가 되기도 하고,

다시 자살의 재시도라는 위기상황으로 재진행되기도 한다. 따라서 급성의 자살위기를 평가하고 관리하기 전에 관련종사자는 다양한 진단적 평가를 실시해야 한다.

2. 노인자살 대응 및 예방

노인의 자살을 대응하고 예방하기 위해서는 통합적 사고와 생애주기적 관점을 토대로 다양한 자살 위험요인을 감소시키고, 보호요인을 강화하기 위한 다차원적인 접근이 요구된다.

서혜경(2009)에 따르면, 생애주기별 서비스 범주별 자살대응 및 예방대책을 설명하였다.

〈표 11-3〉 서비스 대상별 자살대응 및 예방대책

구분	내용
사회환경적 접근 (지역사회 대상)	• 공동체 의식 강화 • 경제성장율 제고 및 실업률 감소 • 개인 워크아웃제도 등 신용불량자에 대한 대책 • 인터넷 자살 사이트 단속 폐쇄 • 고층건물 및 강다리 관리 강화 • 수면제, 독극물 판매의 적절한 규제 • 생명존중문화조성 • 매스컴의 선정적 자살보도 억제 • 자살위험도 모니터링 체계 구축
정신건강증진 (일반인구 대상)	• 일반국민 대상의 정신건강의 중요성 홍보 • 정신보건센터에서 스트레스 관리 프로그램 제공 • 직장 정신보건사업(직무 스트레스 관리) 시행
자살위험요인 예방 (정신건강위험인구 대상)	• 배우자 사망, 독거노인, 만성질환자 대상 우울증예방 프로그램 및 사회지지 체계 연결사업
자살위험자 조기발견 및 조기개입 (자살위험자 대상)	• '우울증 선별의 날' 등 국가적인 행사로 우울증에 대한 조기발견 분위기 조성 • 정신보건센터의 조기발견체계 구축 • 자살상담 등 정신건강전화 구축 • 인터넷 상담 활성화 • 생명의 전화 활성화 • 생명의 전화 상담 이후 정신보건센터의 연계 활성화 • 자살징후에 대한 주민교육 홍보 • 정신과 치료상담에 대한 편견 감소 홍보
자살시도자 치료 및 사후관리 (자살시도자 대상)	• 정신보건센터 상담전화 및 생명의 전화와 119 연계 강화 • 우울증 및 자살시도 대상자의 치료연계 및 사례관리 강화 • 저소득층에 대한 정신과 치료비 지원 • 자살시도로 응급실에서 치료받은 자에 대한 정신과 치료 강화

Conwell(2004)은 자살을 예방하기 위한 전략으로 예방의 대상에 따라 보편적인 예방, 선택적인 예방, 집중적인 예방의 세 가지로 분류하였는데, 이 분류기준과 Bronfenbrenner의 다체계 관점을 통합하여 사회복지적 차원에서 노인자살 예방 정책의 대안의 근거될 수 있는 노인자살예방모델을 노인자살예방협회(2008)에서 제안하였다. 첫째, 노인자살 대응 및 예방은 궁극적인 대상이 누구이어야 하는가에 대한 사회적 합의와 정책목표 방향성을 제시해야 한다. 둘째, 국가적 차원에서의 노인자살 대응 및 예방을 위한 장기적이고 단계적인 전략과 각 지방자치단체를 중심으로 하는 현장중심의 실천적 전략의 일치성을 확보하는 것이다. 이는 자살이라는 개인의 행위를 사회적 차원에서 어떻게 보호할 것인가에 대한 궁극적인 전략과 합의의 효과를 극대화하기 위해 반드시 충족되어야 한다. 셋째, 노인자살의 복합적 특성과 이로 인해 파급되는 영향력에 효과적으로 대응하기 위해서는 통합적인 관점에 기반한 노인자살 대응 및 예방 전달구조를 명확히 하는 것이 선행되어야 한다. 마지막으로 노인자살대응 및 예방의 실천적 성과를 좌우하는 전문인력의 확보와 이들에 대한 지속적인 교육, 훈련 전략이 필요하다. 더불어 경제적 어려움에 대한 소득보장지원, 노인취업알선, 건강유지와 질병 등에 대한 의료보장제도, 계속적인 가정보호가 가능한 지역중심의 재가노인복지사업의 확충, 고독함, 소외감, 상실감을 극복할 수 있는 다양한 여가 프로그램 확충, 노인복지회관 등의 노인종합복지센터의 설립 등이 필요하다. 노인자살을 적극적으로 예방할 수 있는 "사랑의 전화", "노인의 전화", "생명의 전화", "한국노인의 전화" 등의 다양한 노인전용 전화상담서비스나 자살예방센터 등의 프로그램 도입이 필요하다.

3차적 정책대안 : 사회통합 지원
노인의 사회적 가치 및 역할제고를 위한 지역교육과 인식변화
노인우울 및 자살에 대한 편견해소를 위한 지역사회 인식변화
노인일자리, 문화 및 여가생활지원 등 사회참여기회 확대

2차적 정책대안 : 대처지원
생애주기적 관점에서 중·장년의 만성질환 및 노후대비 준비전략
사회복지관, 정신보건센터, 장기요양보호사, 의료인 등 노인전문가
및 지원인력에 대한 노인자살 인식 및 대응능력 향상전략
지역중심의 자살관리 직·간접/긴급·위기서비스 네트워크 구축전략

1차적 정책대안 : 기초생활지원
1단계. 생계지원 : 소득보전 및 만성/퇴행성질환 치료, 간병지원
2단계. 정서지원 : 고독, 우울감 등 부정적 감정의 경감을 위한 지역 및 공식·비공식체계의 정서지원
3단계. 안전지원 : 학대, 차별 등 노인의 생활위기 경감을 위한 지원

출처 : 한국자살예방협회(2008). 사회복지적 노인자살예방정책 대안구조.

┃그림 11-1┃ 노인자살예방정책 대안

3. 노인자살 위기개입

자살은 회복할 수 없는 치명적인 사건이지만, 많은 경우에 자살은 예방할 수 있다. 사회복지사는 실천현장에서 자살의 위험이 있는 청소년, 노인 혹은 정신장애인 등을 만날 수 있다. 하지만 대부분의 사회복지사들은 자살개입에 대한 지식과 기술을 갖추지 못하고 있는 현실이다. 따라서 다음에서는 위기개입의 하나로써 자살에 대한 개입방법에 대해 살펴본다.

1) 자살에 대한 잘못된 믿음

① 대부분의 자살은 하나의 갑작스런 외상적 사건에 의해 일어난다

대부분의 경우, 자살에 기여하는 사건들이나 감정은 상당기간에 걸쳐 일어난다. 따라서 주변사람들이나 전문원조자들은 자살의 위협이 있는 사람에게 원조를 제공할 기회를 가진다.

② 대부분의 자살, 특히 청소년 자살은 사전경고 없이 일어난다

자살의 위험이 있는 대부분의 사람들은 자살로 이끄는 사건들에 대한 반응과 감정에 대해 경고신호들을 보낸다. 이런 경고신호들은 말, 신체적 신호, 감정적 반응, 행동적 단서의 형태로 나타난다.

③ 자살의 위험이 있는 사람과 자살에 대해 이야기해서는 안 된다

자살에 대해 이야기함으로써 자살의 위험은 오히려 감소한다. 자살 가능성을 규명하기 위한 가장 좋은 방법은 자살에 대해 직접 묻는 것이다. 자살에 대해 생각하고 있는 사람과 이에 대해 개방적으로 이야기하고 솔직한 관심을 보인다면, 자살의 즉각적인 위험을 예방할 수 있다.

④ 자살에 대해 이야기하는 사람은 자살하지 않을 것이다

자살을 시도하는 대부분의 사람들은 이를 행동으로 옮기기 전에 자신의 의지에 대해 직접적 혹은 간접적으로 이야기한다. 하지만 다른 사람들이 이를 심각하게 받아들이지 않는다면, 이는 자살을 촉발하는 요인이 될 수도 있다.

⑤ 치명적 결과를 가져오지 않는 자살시도는 주의를 끌기 위한 행동이므로 도움을 제공할 필요가 없다

치명적이지 않는 자살시도는 절박하게 도움을 요청하는 행동일 수 있다. 이런 경우 도움을 제공하지 않는다면, 자살의 위험은 더욱 증가할 수 있다.

⑥ 자살하는 사람들은 정말 죽기를 원한다

자살하는 사람들의 대부분은 죽기 바로 직전까지도 자신의 의사에 대해 확신하지 못한다. 일부 사람들은 죽기를 원하지만, 다른 일부 사람들은 돌이킬 수 없는 상황에서도 살기를 원하기도 한다.

⑦ 이전에 자살을 시도한 사람은 다시는 자살하지 않을 것이다

자살을 시도했던 대부분의 사람들이 다시 자살을 시도하지 않는 것이 사실이지만, 자살을 시도했던 상당수의 사람들이 다시 자살을 시도하는 것도

사실이다. 따라서 이전 자살행동은 자살위험을 증가시키는 주요 예측변인이다.

⑧ 자살하는 사람들은 문제를 해결하기 위한 쉬운 방법을 선택한 것이며, 따라서 도움 받을 자격이 없다

자살을 시도하는 대부분의 사람들은 문제를 해결하기 위한 자원이 일시적으로 고갈된 상태에서 현실에 적응하기 위한 능력에 한계에 도달한 사람들이며 이들은 누군가와 자신의 상황에 대해 나누고 싶어 한다.

2) 자살의 예측변인

자살과 관련한 요인들은 연령, 성별, 스트레스, 증상들, 자살생각, 자살계획, 이전 자살행동, 자원 등 매우 다양하다. 하지만 위기상황에서 실제로 자살을 예측할 수 있는 변인으로는 현재 자살계획, 이전 자살행동, 자원을 강조한다.

① 현재 자살계획

자살에 대한 실제 계획을 가지고 있으면 자살의 위험이 증가하며, 계획이 구체적일수록 자살을 유일한 해결책으로 선택할 가능성이 높아진다. 따라서 사회복지사는 클라이언트가 어떤 방법을 계획하고 있는지, 이에 대해 어떤 준비를 하고 있는지, 언제 시행하려고 하는지에 대해 직접 물어봐야 한다.

② 이전 자살행동

자살시도를 빈번히 한 사람일수록 다시 자살을 시도할 가능성이 높아진다. 또한 가족 중에 자살한 경험이 있는 사람들의 자살위험은 증가하는데, 이는 모델링과 모방의 효과로 설명된다.

③ 자원

내부와 외부자원으로 구분하는데 내부자원은 자기 존중감, 자신감, 희망, 신체적·정신적 건강 등을 포함한다. 내부자원이 매우 감소하거나 기능을

수행하지 못하면 자살의 위험이 증가한다. 외부자원은 가족과 친구들, 만족스러운 직업, 전문원조, 사회기관의 지원 등을 포함하고 외부자원을 결핍한 사람은 스트레스 수준이 한계 이상으로 증가하면 자살충동에 매우 취약해진다.

3) 자살위험에 대한 평가

스트레스나 증상에도 불구하고 현재 자살계획을 가지고 있지 않고, 이전 자살행동을 한 적이 없으며, 지지자원을 가지고 있는 사람의 자살위험은 낮은 반면, 이 세 변인들 가운데 하나에 문제가 있는 사람은 중간 정도의 자살위험이 있고, 이 세 변인들 가운데 둘 이상에서 문제가 있는 사람은 높은 정도의 자살위험이 있다.

4) 자살에 대한 개입

자살에 대한 위기개입의 목표는 자살의 발생을 예방하는 것으로 자살의 즉각적인 위험을 줄이고 클라이언트가 지지자원을 활용할 수 있을 때까지 개입하는 것이다. 자살개입은 탐색, 이해, 행동의 세 단계를 통해 이루어진다. 탐색단계에서 사회복지사는 클라이언트의 상황에 대해 탐색하고 관여하여 클라이언트가 자신의 상황을 어떻게 이해하는지 탐색한다.

이해단계에서 사회복지사는 자살의 이유를 클라이언트의 시각에서 이해하고, 자원과 강점에 대해 물어보며 자살위험의 정도를 평가한다. 이 단계에서 사회복지사는 클라이언트가 자신의 문제에 관한 감정을 환기하도록 돕는 것이 중요하다. 마지막으로 행동단계에서 사회복지사는 자살의 즉각적인 위험을 예방하기 위한 행동을 계획하고 실행한다. 행동계획에 대해 클라이언트와 계약하고, 자원에 대해 정보를 제공하며, 주요 타자들을 관여시킨다.

CHAPTER

12 건강한 가족관계를 위한 노인복지상담

학·습·목·표

1. 노인의 삶에 절대적인 영향을 미치는 노년기 가족의 이슈와 가족체계의 중요성을 이해할 수 있다.
2. 노화에 대한 지식, 가족 생애주기 및 가족의 발달단계와 발달과업에 관한 지식을 바탕으로 노인의 문제를 체계적으로 이해할 수 있다.
3. 가족상담과정에 대한 이해를 통해 가족체계 내에서 갈등을 겪는 노인내담자의 환경체계를 변화시킬 수 있도록 노인복지상담을 적용한다.

다음은 결혼생활 내내 남편과 의사소통 방식의 문제로 힘들어하였으며 우울증상을 겪고 있는 노부인의 상담사례이다.

(부적절한 반응)

내담자 1 : 저는 참 잘 못 산 것 같아요. 한다고 했는데 조금만 일이 생기면 모두 내 탓을 하니……. 참고 살아온 날이 다 후회됩니다.

상담자 1 : 그 나이 분들 모두 다 그렇게 말씀하세요.

내담자 2 : 그런데 저희 남편은 유독 좀 심한 편인 것 같아요.

상담자 2 : 다들 그렇게 말씀하시죠.

내담자 3 : 아, 그런가요. 그래도 전 좀 견디기 힘들 정도예요. 남편만 보면 답답하고 화가 나서 제 스스로 조절하기 어려울 정도예요.

상담자 3 : 너무 지나치게 지난 일에 집착하고 계신 것 같아요.

내담자 4 : 아니, 집착한다기보다 제가 살아온 날들이 그렇습니다.

상담자 4 : 본인을 위해서라도 그런 생각을 내려놓으셔야 우울감에서 벗어나실 수 있습니다.

(적절한 반응)

내담자 1 : 저는 참 잘 못 산 것 같아요. 한다고 했는데 조금만 일이 생기면 모두 내 탓을 하니……. 참고 살아온 날이 다 후회됩니다.

상담자 1 : 많이 힘드신 것 같습니다(내담자 수용과 공감적 이해). 남편분과의 관계에서 어떤 점이 힘드셨는지 구체적으로 말씀해 주실 수 있겠어요?(탐색적 질문)

내담자 2 : 남편은 아주 일방적입니다. 모든 것을 혼자 결정하고 아무 것도 얘기하지 않아요.

상담자 2 : 남편분과 의사소통이 어렵다고 말씀하시는 것 같습니다(공감과 반영). 남편분께서 일방적이라고 하셨는데요, 좀 더 말씀해주시겠습니까?(명료화 및 탐색을 위한 질문)

내담자 3 : 그 사람이 자기 자식, 부인보다 자기 부모, 형제가 우선인 사람이란 건 알고 있었지만 제게 아무 상의 없이 노후자금으로 모아둔 돈을 자기 동생에게 빌려주었단 것을 최근에 알게 됐습니다.

상담자 3 : 부인 입장에선 굉장히 놀라고, 배신감을 느끼는 일이었을 것 같습니다(공감과 적극적 경청). 남편분과 그 부분에 대해서 말씀을 나눠보셨나요?

내담자 4 : 아니요. 제가 물어보면 절대 입을 열지 않습니다. 제가 자꾸 우니까 어제는 다 장성한 자식들이 "엄마와 상의 없이 또 그런 일을 했냐"고 아버지를 윽박지르기도 했습니다. 그 꼴도 보고 싶지 않고. 제 마음이 정말 괴롭습니다.

상담자 4 : 자녀분들도 그런 상황을 알고 있군요?

내담자 5 : 그렇습니다. 심지어 큰 아들이 화를 내며 한다는 말이 남편이 그런 사람인 줄 알면서도 진작 단속하지 못한 제 탓이라고 했습니다. 제가 이 나이를 먹고 이런 꼴을 보다니. 남편도 원망스럽고 어느 새 자식들 눈치를 보고 있는 제 처지를 생각하면 참담합니다.

상담자 5 : 정말 힘드시겠습니다. 부인께서 아까 후회되신다고 하신 말씀이 조금이나마 이해가 됩니다. 참 억울하고 화가 나실 것 같습니다. 이렇게 말씀드리기가 조심스럽습니다만 부인이 지금 답답하시고 힘드신 것처럼 가족분들 모두 그렇지 않을까 생각합니다. 아마 부인도 그것을 아시기 때문에 더 괴로우신 것 같습니다(적극적 경청). 부인과 남편, 그리고 자녀분들에 대해서 말씀을 좀 더 나누는 게 필요할 것 같습니다(가족체계를 돌아보게 하기).

가족은 노인의 삶에 가장 중요한 부분을 차지한다(Hiller & Borrow, 1999; Shanas, 1979). 인간은 누구나 심리사회적 지지와 도움이 제공되는 생활환경을 필요로 하는데, 특히 2차적 사회환경과의 유대가 감소되는 노년기에는 가족이 노인의 사회관계의 중심축으로서 삶을 영위하고 자아정체감을 유지할 수 있는 기반이 된다(권중돈, 2010). 노인이 노화로 인한 여러 가지 상실과 변화에 얼마나 잘 적응하며 삶에 만족할 수 있는가는 상당부분 가족과의 관계에 달려있다(홍숙자, 2010; Watson, 1992). 이를 달리 말하면, 노인이 겪는 많은 어려움과 문제는 가족과 관련이 있거나 가족관계의 맥락에서 연유한다고 생각해 볼 수 있다. 예를 들어, 배우자와의 불만족스러운 관계, 성인자녀와의 세대 간 갈등 및 긴장관계, 또는 배우자의 사별로 인한 고독과 소외, 그로 인한 생활상의 어려움 등은 노인의 삶의 질에 직접적인 영향을 미치는 요소들이다.

평균수명의 연장 및 저출산·고령화와 같은 인구학적 구조상의 문제와 가치관의 변화로 인해 가족의 노인부양에 대한 인식의 변화가 급속히 이루어지고 있다. 가족생애주기와 발달과업에 대한 세대 간의 기대가 어긋나면서 노년기 가족원의 노후적응이 더욱 어려워지고 있다.

노인복지상담 시에 상담자는 비록 가족이 문제로 등장하지 않더라도 노인의 가족을 중요한 이슈로써 다뤄야 할 필요가 있다. 노인들은 어느 시기보다 더 가족에 의존하며 그들의 영향을 많이 받기 때문이다(Qualls, 1999). 내담자노인의 문제를 가족의 상호작용의 결과물로 바라보고 노인가족의 구조와 기능에 관해 관심을 기울여야 한다는 말이다. 노인상담자는 노화에 관한 기본적인 지식과 함께, 개별 가족구성원의 발달과업, 그리고 가족생애주기에 따른 가족의 관계적 발달과업에 대한 이해가 필요하다. 이와 같은 관점을 바탕으로 하는 가족상담기법은 상담자로 하여금 노인 삶에 가장 중요한 영향을 미치는 가족관련 요소들에 대한 탐색과 개입방법을 모색하는 데 유용하다(최광현, 2007; Qualls, 1993). 이 장에서는 상담자가 알아야 할 노년기 가족의 이슈에 대해 살펴보고, 가족관련 노인복지상담에 유용한 가족상담에 관한 기본적 지식과 실제에 관해 살펴보고자 한다.

1. 노년기 가족의 이해

1) 노인가족의 생애주기 발달과업

남녀가 결혼을 통해 가정을 이루면서 한 가족의 생활주기가 형성된다. 학자들에 따라 가족생애주기(family life cycle)를 6단계 또는 8단계로 구분하지만(Carter & McGoldrick, 1999; Duvall, 1971), 일반적으로 노인가족은 자녀의 첫 결혼을 기점으로 하는 자녀 진수기 시기부터 시작되며, 자녀를 모두 떠나보내고 부부만 남는 빈 둥우리 시기를 거쳐, 배우자 사망 이후 혼자 남는 시기까지를 노년기 가족시기로 본다.

각 단계의 가족발달은 가족구성원의 개별적 발달과업과 가족 전체로서의 관계적 과업을 함께 고려해야 하는데(이은진 · 배진형 · 김유진 · 박영희, 2008), 노인가족의 발달과업은 노인 가족구성원의 노화 및 질병에 의한 건강과 기능적인 상태의 변화와 깊은 관련이 있다. 이에 따라 노인가족의 발달과업은 신체적・심리사회적 노화에 의한 삶의 전반적인 변화에 적응하는 것과 그에 따른 가족 간의 상호의존적 관계를 재정립하는 것이다. 노년기의 관계적 발달과업이 제대로 이루어지지 않는 경우, 노인은 고독과 소외, 의미있는 역할의 상실로 인한 우울증, 일상생활수행과 안전에 대한 불안, 그리고 노부부 간 갈등 심화 또는 성인자녀에 대한 불만 등을 겪을 수 있다.

2) 노년기 가족관계

일반적으로 노년기 가족관계는 노부부 관계, 노부모와 성인 자녀관계 및 조부모와 손자녀 관계, 그리고 형제－자매를 비롯한 친족과의 관계를 생각할 수 있다(권중돈, 2010; 홍숙자, 2010). 가족문제에 대한 노인복지상담을 살펴보는 이 장에서는 노부부 간 관계, 그리고 성인자녀와의 관계를 중심으로 노년기 가족관계를 살펴본다.

(1) 노년의 부부관계

비유적인 표현으로서 노년기 부부는 '변화의 기로에 서있는 관계'라고 해도 과언이 아니다. 생의 후반기에 접어들면서 노인부부는 삶의 여러 부분에서 상실과 변화를 경험하게 된다. 노화와 질병으로 인한 신체적・기능적인 면의 한계와 장애, 자녀출가 및 은퇴와 함께 본격화되는 사회적 역할의 상실과 변화, 경제적 능력의 저하, 가까운 사람들의 죽음 등 다양한 위기의 시기를 맞이하게 된다.

관계적인 측면에서 보자면, 빈 둥우리 시기의 부부는 더 이상 자녀가 아닌 부부중심의 삶을 사는 것이 중요해진다. 즉, 부부관계의 재정비와 역할조정의 기로에 서있으며, 부부 간 유대의 확대 또는 부부갈등의 심화로 가는 갈림길에 있는 것이다. 반평생을 남편과 아내보다는 엄마와 아빠로서의 역할에 치중해온 노부부가 하루아침에 부부 간 상호작용이 원활하기는 어려울 수 있다. 부부중심으로 앞으로 남은 삶을 꾸려가야 하는데 이 시기 대부분의 부부들은 '쑥스러워서' 또는 '이제 와서 무슨 변화가 있겠는가' 하는 심정으로 굳이 부부관계를 돌아보고자 하지 않을 수 있다. 그동안의 관계가 소원했던 부부의 경우에는 서로가 더욱 낯설게 여겨지면서 외로움이 심해진다.

위에서 언급한 노화와 함께 찾아오는 상실과 변화들에 의해 삶이 한층 힘들어지는 때에 부부 간 관계를 통한 정서심리적 지지가 충분하지 않다면, 노후생활 적응과 삶의 만족이 당연히 낮아질 수밖에 없을 것이다. 부부관계의 재정비를 통해 유대감, 친밀함, 지지를 주고받지 못하면, 노후와 죽음에 대한 두려움과 불안에 빠져 절망과 우울을 겪을 수도 있다. 평균수명이 길어지면서 빈 둥지 기간 또한 연장됨에 따라 부부관계는 그 어느 때보다도 노년기 삶의 만족을 결정하는 중요한 요인이 되고 있다(권중돈, 2010; 한경혜, 2011; Atchley, 1985). 인생 후반기 삶의 변화와 상실에 성공적으로 적응하기 위해서는 부부관계의 재정립이 이루어져야 한다.

(2) 노부모와 성인자녀의 관계

노부부 간의 관계 재정립이 필요한 것처럼, 노년기의 부모와 성인자녀는 그동안의 부모-자녀관계를 점검하고 앞으로의 관계적 발달과업을 새로이 정립할 필요가 있다. 부모-자녀 간 관계는 개인의 일생에서 가장 오래 지속되는 관계로서 애정적 유대감을 기반으로 한다(홍숙자, 2010). 노부모와 자녀 사이의 관계는 노년기 이전의 유대관계, 노부모의 경제 및 건강 상태, 가치관, 그리고 부양기대 등에 따라 달라지며, 일방적인 의존관계보다는 상호 호혜적 관계를 형성하는 것이 중요하다(권중돈, 2010).

나이가 들어갈수록 노부모는 신체적·정서적 의존과 경제적 의존이 필요한 상황이 되고, 성인자녀가 1차적인 지지대상이 된다. 자연스러운 삶의 이치인데, 문제는 노부모와 성인자녀의 생애주기가 다르다는 것이다. 즉, 발달주기 차원에서 노부모와 성인자녀의 신체적·심리적·사회적 발달과업이 다른 관계로 세대 간의 긴장과 갈등이 생긴다. 예를 들어, 노화가 진행되고 가족 내 권력도 약화된 상황에서 세대 간의 부양에 대한 기대와 가치가 다른 경우에 노부모는 소외와 비참함, 낮은 자존감을 경험할 것이다. 성인자녀는 '샌드

위치된' 상황이 버겁고 자신의 부모를 돌보게 된 뒤바뀐 역할(role reversal) 수행을 힘들어 할 것이다(Glasser & Glasser, 1962). 이때, 노부모의 지나친 의존심만큼이나 노부모를 지나치게 보호하고 돌보려는 성인자녀의 행위도 가족 내 갈등을 야기할 수 있다. 노부모를 위하는 행위가 노부모의 의사를 충분히 고려하지 않은 것일 수 있으며, 필요 이상의 부양 스트레스를 느끼게 하고, 노부모, 배우자 또는 동기들 간의 갈등을 조장할 수 있다(Mancini, & Blieszner, 1989). 이러한 갈등이 순조롭게 해결되지 못하면, 노부모에 대한 방임, 부양거부 또는 노인학대로 이어지면서 더욱 심각한 가족갈등과 노인문제로 확산될 수 있다(이장호 · 김영경, 2007).

2. 가족문제에 대한 노인상담의 이해

1) 노인내담자의 문제에 대한 체계적 접근

가족은 하나의 체계를 이루며 그 안에서 가족구성원 모두는 유기적으로 연결되어 있다(Jones, 1995). 각 가족구성원의 상태와 특성은 가족체계 내의 다른 구성원에 의해 영향을 받는다. 다른 가족원과의 관계성이 노인 가족원의 모든 감정이나 행동을 결정하는 것은 아니지만 상당한 영향을 미치는 것은 자명하다. 따라서 상담자는 노년기라는 특수한 시기에 노인이 경험하는 갈등과 문제는 당사자 개인의 발달과업 차원수준에서 기인할 수도 있지만, 노인을 둘러싼 환경과의 상호작용에서 발생할 수도 있음을 이해하는 관점을 갖는 것이 필요하다.

이 장의 처음에 등장한 노부인의 사례를 생각해 보자. <적절한 반응>의 상담자는 노부인이 겪고 있는 우울증이라는 증상을 가족 전체를 통해서 파악하고자 한다. 노부인이 힘들어하는 문제를 그 노부인의 개별적 특성에서 기인된 문제라고 보기보다는 그 노인 가족체계 전체와 밀접한 관련이 있다고 보기 때문이다. 가족은 생활체계 안에서 끊임없는 상호작용을 통해 일정한 행동양식과 언어적 습관, 그리고 가족들 간의 일정한 관계형태를 형성한다.

노부인이 경험하고 느끼는 갈등과 문제는 그 가족체계가 가지고 있는 역기능, 즉 그동안 가족이 유지해온 잘못된 규칙과 의사소통의 유형, 왜곡된 관계 형태 등이 표현된 것일 수 있다. 문제를 개인이 아닌 가족 전체를 통해서 바라보는 이러한 시각은 노인내담자가 갖고 있는 문제에 대해 새로운 이해를 줄 수 있다(서혜경 · 정순둘 · 최광현, 2006). 반대로, 노인가족의 상호작용, 가족구성원 개개인의 스트레스 등을 체계적으로 이해하지 못하면 노인내담자의 욕구를 제대로 파악하기 어려울 수 있다.

2) 노인 가족상담의 목표

가족은 "서로 상호작용하는 인간의 체계"라는 전제를 바탕으로 하는(Jones, 1995) 가족상담은 개인이 경험하는 문제를 개인만의 문제가 아니라 전체 가족의 문제로 이해하고, 가족 간의 직접적 상호작용을 통하여 문제해결과 가족관계 변화를 도모하는 상담기법이다. 이와 같은 가족상담은 노부부의 갈등, 노부모와 성인자녀 간의 관계악화 및 가족의 문제를 해결하는 데 특히 적합하다(권중돈, 2010).

상담자는 가족상담의 관점을 통해 노인내담자가 처한 전반적인 상황과 가족체계를 바라보는 눈을 갖게 되며, 이것은 노인 클라이언트의 문제를 보다 효과적으로 다룰 수 있게 한다. 노년기 가족과의 상담 시에 상담자가 유의할 점은 노인의 건강과 기능상태에 주의를 기울이면서 가족관계와 역동, 그리고 노화에 따른 가족 내의 변화하는 힘의 구조를 살펴보는 것이다(Bonjean, 1988). 노인 상담자는 가족을 한 분석단위(unit of analysis)로 보면서, 가족 내 역학(power), 의사소통 유형과 방식, 상호 관계 맺는 방식, 개별적 및 가족 생애주기별 발달과업, 발달 과도기적 이슈들과 가족의 문제해결방식을 이해해야 한다. 또한 이전 시기의 관계와 패턴이 노년기 가족에도 영향을 미치기 때문에, 오랜 시간 형성된 내담자 가족의 역동과 규칙을 찾아내야 한다(Qualls, 1999).

노인 상담자는 개별적으로 노인내담자에 접근하는 동시에 가족 전체를 상담의 대상으로 삼을 수 있어야 한다. 특히 노부모와 성인자녀 간의 문제에 관한 가족상담의 경우에는 부모와 성인자녀의 관계가 재정립됨으로써, 가족의 체계가 제대로 정립되고, 각 가족원이 자신의 발달시기에 맞는 삶을 살도록 할 필요가 있다. 이러한 맥락에서 노인 가족상담의 목표는 갈등을 겪고 있는 가족체계를 비롯한 노인내담자의 환경체계를 변화시키며, 세대 간의 문제를 분리함과 함께 세대를 이어주는 데에 있다.

〈표 12-1〉 **가족관계에 대한 노인복지상담의 목표**

- 노인내담자가 자신이 제기하는 문제를 가족체계와의 관계 속에서 이해하도록 한다.
- 노인내담자가 노년기의 여러 가지 변화된 상황 속에서 느끼는 불안을 인식하고 노후 삶에 대한 자기 이해를 높이도록 한다.
- 노년기 생애주기에 처한 내담자 자신의 개별적 과업 및 가족발달주기에 따른 가족의 관계적 발달과업을 이해하도록 한다.
- 노부부 간, 그리고 성인자녀와의 관계 재정립을 통해 가족 간의 부정적 상호작용을 줄이고, 긍정적 상호작용을 증가시킨다.
- 노인내담자와 가족이 갖고 있는 문제의 변화를 위한 자원을 활용하도록 한다.

3. 가족관계에 대한 노인상담의 과정

노년기 가족이 겪을 수 있는 가족문제에 대한 사례를 통해 가족관계에 대한 노인상담의 과정을 살펴보고자 한다. 가족상담을 위한 다양한 치료모델들이 있고(예 다세대 가족치료모델, 의사소통 가족치료모델, 구조적 가족치료모델 등), 각 모델들마다 가족문제의 해결 및 변화를 위한 치료과정과 개입방법이 있다. 이 장에서는 각 치료모델의 상담개입을 소개하는데 목적이 있는 것이 아니므로 가족상담의 일반적인 전제를 바탕으로 살펴볼 것이다.

1) 사례연구 : 노년기 가족문제

일흔 다섯 살의 박 할머니는 노인복지관에 다닌다. 최근 갑상선 암 초기 진단을 받았는데, 의사들은 아직 수술이 필요한 단계는 아니라며 약물치료를 권하고 있다. 평생 신체적으로 건강한 삶을 살아왔던 박 할머니는 암 진단에 하늘이 무너져 내리는 것 같고, 갑자기 몸 전체가 아프지 않은 곳이 없는 것만 같다. 게다가 지난 일 년간 우울증세를 겪으면서 일상생활이 어렵게 느껴지고 노인복지관에도 거의 다니지 않게 되었다. 남편이 뇌수술을 받고 회복을 위해 노인병원에 입소한 후로 이런 증세가 생긴 것 같다. 살갑지는 않더라도 믿음직했던 남편은 수술 이후로 많이 변했다. 말을 거의 하지 않고, 우울해 하며, 매일 울음을 보인다. 갑자기 변해버린 남편을 어떻게 대해야 할지 암담하다. 남편이 언제 회복이 될 것인지 알 수 없고, 자신이 무엇을 해야 되는지 아무 생각도 들지 않는다.

큰 아들과 작은 아들이 시간 날 때에 짬을 내어 남편을 방문하고는 있는데, 정기적으로 찾아오는 것은 아니다. 박할머니가 보기에 둘 밖에 없는 자식들이 자기뿐 아니라 아버지에게 별로 관심을 기울이지 않는 것 같다. 아들들이 남편 병원비를 내는 것은 고맙지만, 그것도 형식적이고 의무적인 일처럼 하는 것 같아 도통 마음에 들지 않고 눈치만 보인다. 며느리들과 손자들은 남편 병문안도 거의 오지 않고, 자신의 안부를 물어보지도 않는다. 남편이 저렇게 누워있으니 무시하는 것 같고 괄시하는 것만 같아 속상하다. 예전부터 며느리들과 서로 속내를 드러내는 사이는 아니었다. 그렇지만 이렇게 암담한 데도 자신의 문제를 하소연 할 수 없다고 느끼니 자신의 신세가 처량하고 점점 더 우울해진다. 노인복지관의 친구들처럼 딸이라도 있으면 자신의 문제를 하소연하며 상의할 수 있을 것이라고 생각하니 서글프기만 하다. 인생의 겨울이 이렇게 가혹할지는 상상도 하지 못했다.

2) 노인 가족상담 연습 : 가족사정과 개입

박 할머니는 우울함과 절망감이 심해지면서 잠을 이루지 못하는 날들이 많아졌다. 수면을 위한 약물처방을 받기도 하였지만 그것이 근본적인 해결책이 아니라고 생각한 박 할머니는 노인복지관의 상담실을 찾아 자신의 허망한 마음을 털어놓고자 하였다. 여기서는 노인복지관의 상담자가 박 할머니와 함께 할 수 있는 상담의 과정을 살펴보도록 한다.

(1) 노인내담자 이해하기

우선 박 할머니의 문제와 걱정거리가 무엇인지, 그리고 상담을 하게 된 경위가 무엇인지를 탐색해야 한다. 상담자는 노인내담자의 관심을 진지하게 경청하면서 무엇보다도 박 할머니가 문제에 직면하여 느끼는 슬픔, 우울, 분노, 수치심 등과 같은 감정적 상태를 수용하며 이해하는 것이 중요하다. 내담자의 언어적 의사소통뿐 아니라 비언어적 행동을 통해 드러나는 것에도 주의깊게 관찰한다. 박 할머니가 자발적으로 상담을 요청하였을지라도 정작 자신의 문제를 드러내는 것을 주저하며, 특히 가정 내 문제를 이야기하는 것에 수치심이나 저항을 느낄 수 있다. 상담자는 그러한 노인의 입장을 공감하며 노인내담자와 라포형성이 될 때까지 기다릴 수 있어야 한다.

(2) 라포 형성하기 및 상담자 역할 명확히 하기

상담자나 노인내담자 모두에게 상담의 초기 단계는 신뢰관계를 형성하고, 과연 상담이 어떻게 진행될 것인가를 고민하게 되는 어려움을 겪는 단계이다. 상담자와 내담자 사이에 라포가 형성되기 위해서는 내담자를 향한 상담자의 지지와 수용을 내담자가 느낄 수 있어야 한다. 노인내담자가 상담자로부터 존중을 받고 있으며 도움을 받을 수 있겠다는 마음이 들어야 라포형성이 가능하다.

상담자는 노인내담자와의 라포형성에 방해가 되는 점들을 주의해야 한다. 예를 들어, 상담자 자신의 가족관계에서 걸려있는 관계를 내담자가족에게 투사하는 역전이 문제가 있을 수 있다. 만약 상담자가 시어머니와의 갈등을 겪고 있는 상황이라면 박 할머니와의 상담에 자신의 감정을 투사하지 않을 것이라고 어떻게 장담할 수 있겠는가. 따라서 상담자는 노인내담자를 상담하기 전에 자신의 문제가 상담에 영향을 가능한 미치지 않도록 자기성찰이 필요할 수 있다. 노인내담자를 대하면서 떠오르는 인상 또는 느낌 등에 대한 임상노트나 일지를 작성하는 방법을 활용할 수 있다.

노인내담자를 점차 이해하고 라포를 형성하면서 상담자는 "어떻게 노인 내담자를 도와 문제를 해결할 것인가"와 같은 질문에 어느 정도 그림을 그릴 수 있어야 한다. 함께 문제를 풀어가는 데 도움 또는 조언을 하는 것으로 상담자의 역할을 명확히 한다. 사회복지사가 전통적으로 개인과 함께 일할 때 사용하는 개입기술들을 참고하여 노인상담에 필요한 기술들을 재구성하여 적용할 수 있다.

〈표 12-2〉 임상노트 작성 : 상담자 입장에서 내담자와의 라포형성에 방해가 되는 것들 찾아보기

노인내담자에 대한 인상 기록하기	상담과정을 통해 느낀 전이, 역전이 등 기술

(3) 노인 및 노인가족에 대한 사정

① 노인이 호소하는 문제 파악하기

초기 단계의 작업이 잘 진행되었다면, 즉 노인내담자와 라포형성이 되었다면, 변화가 발생할 수 있는 구조가 어느 정도 마련되었다고 볼 수 있다. 그 다음 단계는 노인이 제시하는 문제가 얼마 동안 지속되었는가를 파악하고, 무엇 때문에 발생했는가에 대한 잠정적인 가설을 세우는 것이다. 상담자가 노인의 문제를 파악하고자 할 때 다양한 문제들이 복합적으로 연결되어 있음을 보게 된다. 따라서 체계적인 관점에서 노인과 노인 가족에 대한 사정이 이루어져야 한다.

노인 가족사정은 노인이 제시하는 문제, 가족체계적 맥락, 가족생활주기, 의사소통, 가족규칙, 가족의 자원과 강점, 그 외에 특별히 고려해야 할 사건들의 내용을 파악하는 것이다(이영분 외, 2008). 구체적으로 다음과 같은 질문을 하면서 노인내담자 문제에 관한 주관적·객관적 정보를 수집한다. 필요한 경우 가계도 및 생태도, 순환적 질문기법 등의 면담기법들을 활용할 수 있다.

〈표 12-3〉 노인이 제시하는 문제를 파악하기 위한 질문

- 박 할머니가 호소하는 문제는 무엇인가?
- 그 문제는 박 할머니 이외에 누구에게 문제가 되는가?
- 문제가 구체적으로 어떻게 나타나는가?
- 언제, 어떻게 문제가 시작되었는가?
- 문제가 얼마나 자주, 언제 주로 발생하는가?
- 박 할머니 또는 가족은 그 문제를 해결하기 위해 시도하였는가? 방법들이 있다면 무엇인가?
- 가족 내에서 문제에 관심을 갖고 변화를 원하는 사람은 누구인가?

② 가족가치 체계 파악하기

사정의 목적은 문제에 대한 이해를 높이고 목표를 설정하며 개입을 계획하

는 데 있다. 실타래같이 엉켜 있는 노인내담자의 문제를 개별적인 과업과 관계적인 과업으로 세부적으로 구분하는 작업을 하기 위해 노인의 가족에 대한 사정이 이루어져야 한다. 질병과 장애를 가진 노인 가족원을 돌보는 역량이 충분한 가족도 있는 반면, 어떤 가족은 노인 가족구성원의 노화로 인한 변화와 관련된 문제에 취약할 수 있다. 상담자는 구체적으로 다음과 같은 질문을 통해 노년기 가족에 대한 사정을 할 수 있다(Blazer, 1984).

〈표 12-4〉 노년기 가족의 가치체계 평가를 위한 질문

- 노화에 대한 가족의 가치는 무엇인가?
- 건강에 대한 가족의 가치는 무엇인가?
- 가족은 노인이 가족 내에서 적극적인 역할을 유지하는 것을 허용하는가?
- 노부부(또는 노부모)의 변화와 적응에 대한 가족의 가치는 무엇인가?
- 노부부에게 부부관계에 대한 가치는 어떠한가?
- 노인이 퇴직한 경우 가족구성원은 지지와 조언, 필요 시 재정적 지원을 제공하고자 하는가?
- 신체적 돌봄이 필요한 노인 가족원은 누가 돌봐야 한다고 생각하는가? 가족은 어느 정도까지 돌봄을 제공할 수 있다고 생각하는가?

(4) 내담자와 함께 문제에 대한 이해 정리하기

박할머니의 우울과 절망감을 이해하기 위해서는 노부부의 신체적 상황뿐 아니라 가족구성원들에 대한 이해가 필요하다. 노부부의 육체적 장애는 가정 내 역할변화를 초래했고 모든 가족원들에게 부담을 지우고 있다. 그런데 박할머니는 우울과 장애를 홀로 견디고 있으며 아들들을 비롯한 가족 전체가 관계적 발달과업에 소홀히 하고 있는 듯하다. 아들 내외들은 노부모의 필요를 돌아보거나 살펴볼 말한 기회를 적극적으로 갖지 않고 있다. 노부부는 젊은 세대의 도움이 절실히 필요하면서도 이를 명확하게 구하지는 않는다. 박할머니가 남편을 어떻게 돌봐야 할지 모르고 당황만 하고 있는 것처럼, 아들 내외 역시 노부모를 어떻게 대해야 할지 모르는 것일 수 있다. 부모세대가 관계하는 방식을 학습하여 자녀세대는 연약한 부모를 어떻게 대해야 할지 모르고 가족 전체로서 서로를 돌보는 것을 두려워하거나 어떻게 하는 것인지도 모르는 것일 수 있다.

박할머니 가족에게는 변화에 따른 역할의 수정과 변화가 없으며, 따라서 문제발생 시에 서로를 위하거나 보살피는 가족의 기능이 제대로 이루어지지 않는 것이다. 이제 막 장애를 경험하기 시작한 박 할머니는 누구의 도움도 없이 이러한 상황을 홀로 맞이해야 한다는 불안감에 신체의 노화와 질병이 더해지면서 우울과 절망이 깊어질 수 있다.

(5) 가족 내 변화를 위한 작업 수행하기

박할머니 가족의 경우처럼, 노부모의 노화와 질병에 따라 가족이 해결해야 할 관계상의 문제뿐 아니라 개별적인 노력이 필요한 일들이 있을 것이다. 이런 가족과의 노인복지상담 시에 상담자는 주요 가족원들이 그들의 상황에서 무엇이 핵심적인 이슈인지에 대한 의견일치를 이끌어내도록 도와야 한다. 서로를 존중하며 각자의 의견과 감정이 솔직히 전달되고 수렴되는 대화의 분위기가 선행조건이다. 이를 바탕으로 그것이 관계에 대한 문제이든, 개별적으로 이뤄야 할 사항이든 가족이 함께 해결해야 할 문제들에 대한 계획을 세우도록 해야 한다.

박 할머니 가족은 노부모를 위해 지금까지와는 다른 관계적 방법을 맺어야 하는데 이 작업은 비단 노부모만을 위한 것이 아니라 모든 가족원을 위한 일이기도 하다. 박할머니를 중심으로 두 아들을 포함하여 가족상담을 진행할 필요가 있다. 상담의 주된 관심사는 가족구성원들이 노화나 장애로 인한 노인 가족원의 필요에 맞추어서 각자의 개인적인 삶도 조금씩 변할 수 있으며 서로의 관계맺음 또한 이에 맞게 변할 수 있는가 하는 점이다.

박 할머니 가족이 전체로서 함께 할 일은 박 할머니의 감정적·신체적 욕구에 관심 기울이기, 가족구성원 간의 입장 헤아리기, 도움을 요청하고 받아들이기, 노인세대 돕는 법 익히기, 노화와 질병이 악화될 때 가족 전체로서 대비하기, 가능한 독립적으로 지내고자 하는 젊은 세대의 욕구를 이해하는 법을 배우기 등이다.

상담자는 가족 내에서 벌어지는 이 과정에 많은 주의를 기울여야 한다. 이 단계에서 상담자는 가족 내의 주변적인 가족구성원(㉖ 며느리)을 상담에 참여시키고, 박 할머니와 가족 간의 가치관의 차이를 검토하며, 가족 간의 갈등 및 그 원인을 탐색하여, 가족 간의 정서적 관계를 표현하도록 도와야 한다. 지금까지 박 할머니 가족이 시도하지 않았던 긍정적 상호작용 방법을 개발하도록 격려하며, 가족체계 내의 변화를 유도해야 한다. 또한 상담자는 필요한 경우 가족구성원들이 지역사회 내에 있는 적절한 외부체계와 연결하도록 돕고 격려해야 한다.

참고문헌

강병근(2008). 노인인권보호에 관한 국제법적 논의. **서울국제법연구**, 15(2), 91-116.

국가인권위원회(2003). **지역사회의 노인학대 실태조사**. 한국노인의 전화.

권문일(1996). 고령자의 퇴직 및 퇴직 후 근로행태 결정요인. **사회복지연구**, 8, 41-67.

권중돈(2004). 노인학대에 영향을 미치는 요인. **한국노년학**, 24(1), 1-19.

______(2010). **노인복지론**. 서울 : 학지사.

권중돈 · 김은주 · 김철중 · 박지영 · 이병만 · 이은영(2008). **노인분야 인권교육교재**. 국가인권위원회.

권중돈 · 조주연(2000). 노년기의 삶의 만족도에 영향을 미치는 요인. **한국노년학**, 20(3), 61-76.

김경애(1998). 인정요법이 치매노인의 행동 및 정서에 미치는 영향. 서울대학교 대학원 석사학위논문.

김경호(2009). 한국노인의 성공적인 노화요인의 구조분석. **한국노년학**, 29(1), 71-87.

김계현(1999). **카운슬링의 실제**. 서울 : 학지사.

김도환(2001). 노인이 지각한 가족지지, 자아존중감 및 우울과의 관계연구. **노인복지연구**, 13, 113-144.

김동배 · 김유심 · 문수경 · 박인아 · 손의성 · 채수진 · 홍은진(2007). **노년기 정신건강 : 노인의 정서문제를 다루는 전문가의 개입전략**(역서). 서울 : 학지사.

김동환(2008). 노인복지상담의 현황과 전망. **복지상담학연구**, 3(1), 55-72.

김미옥 외(2006). 장애인생활시설 인권교육교재 및 프로그램 개발. 국가인권위원회.

김미혜(1999). 노인과 인권. **복지동향, 5월호**, 20-26.

김미혜 · 신경림 · 강미선 · 강 인(2006). 고령화 한국사회의 부양체계 구축을 위한 연구 : 성공적 노후 삶의 유형별 부양체계 분석을 통하여. **한국노년학**, 26(3), 617-639.

김선희 · 김혜경 · 박충선 · 최용민 · 최정혜 · 한동희 · 허영숙 · 현은민 · 홍달아기(2005). **노인학대 전문상담**. 서울 : 시그마프레스.

김성일 · 정용철(2001). 청소년의 우울성향과 가정환경과의 관계. **한국청소년연구**, 12(1), 5-27.

김수영 · 모선희 · 원영희 · 최희경(2009). **노년사회학**. 서울 : 학지사.

김승용(2004). "한국노인 자살률 변동과 사회구조적 요인에 관한 연구". **사회복지정책**, 19.

김애순(2008). **장 · 노년 상담**. 서울 : 시그마프레스.

김유숙(2006). **가족상담**. 학지사.

김인자(2005). **현실요법과 선택이론 : 나의 삶 나의 선택**. 한국심리상담연구소.

김정진(2008). "노인자살에 대한 사회복지인프라 구축" 제5회 서울시자살예방포럼 「노인이 건강한 행복도시 만들기」. 제3주제 발표(2008.10.20). 서울시광역정신보건센터, 대한노인회, 서울시연합회.

김주연(2008). 장애인의 인권보장에 관한 고찰. **인권복지연구**, 4, 131-155.

김주현(2009). 연령주의(ageism) 관점을 통한 노년의 이해. **사회와 역사**, 82, 361-391.

김주현 · 박경숙 · 손정인 · 이상림 · 최인희(2011). 국제법상에 나타난 보편적 인권규정과 노인 인권. **법과 사회**, 40, 249-278.

김진혁(2004). "최근 자살의 실태분석 및 예방대책에 관한 연구. **한국공안행정학회보**, 17.

김춘미 · 최승범(2006). 재가 치매노인 가족의 대처과정과 복지서비스 개선방향. **한국지역혁신논집**, 1(1), 97-128.

김태식(2006). 노인상담 서비스 전달체계인식에 관한 연구. 광운대학교 대학원 박사학위논문.

김태원(2010). 노인상담 욕구에 관한 연구. 한서대학교 대학원 석사학위논문.

김태현(1994). **노년학**. 서울 : 교문사.

김태현 · 김동배 · 김미혜 · 이영진 · 김애순(1998). 노년기 삶의 질 향상에 관한 연구. **한국노년학**, 18(1), 150-169.

김형수(2000a). 노인자살의 이해와 일차적 예방. **한국인구학**, 23(2).

______(2000b). 노인과 자살. **노인복지연구**, 10.

______(2002a). 한국노인의 자살생각과 관련요인 연구. **한국노년학**, 22(1). 대한신경정신의학회 편(1997). 신경정신과학. 서울 : 하나의학사.

김형수 · 모선희 · 유성호 · 윤경아(2009). **현대노인복지론**. 학지사.

김혜경 · 도미향 · 문혜숙 · 박충선 · 손홍숙 · 오정옥 · 홍달아기(2011). **가족복지론**. 공동체.

대한노인정신의학회(1998). **노인정신의학**. 중앙문화사.

모선희 · 김근홍 · 박영란 · 박왕호 · 변재관 · 임병우(2004). **경제적 · 사회적 · 문화적 권리 NAP수립을 위한 노인권 기초현황조사**. 밝은노후를 만들어가는 사람들의 모임.

문형표 외(2006). 인구구조 고령화의 경제 · 사회적 파급효과와 대응과제. 한국개발연구원.

박경숙(2000). 노동시장의 연령차별구조와 고연령층의 취업생활. **노동경제논집**, 24, **특별호**.

박경숙 · 김주현 · 손정인 · 이상림 · 최인희(2009). **노인인권실태조사**. 국가인권위원회.

박선아(1997). 노인 정신질환자의 상실감회복을 위한 무용요법. **대한무용학회논문집**, 20, 71-89.

박신영(2007). 고령자 주거복지와 정책방향. 한국노인복지학회 2007년 춘계학술대회 자료집.

박은숙 · 김순자 · 김소인 · 전영자 · 이평숙 · 김행자 · 한금선(1998). 노인의 건강증진 행위 및 삶의 질에 영향을 미치는 요인. **대한간호학회지**, 28(3), 638-649.

박재간 · 손홍숙 · 서경석 · 박정희 · 이호선 · 최정윤 · 백상창 · 손화희 · 박충선(2006). **노인상담론**. 경기 : 공동체.

박재간 · 손홍숙 · 박정희 · 이호선 · 최정윤 · 백상창 · 정문자 · 손화희 · 박충선 · 이성희(2011). **노인상담론**. 경기 : 공동체.

박재학 · 김정훈 · 이순배 · 이희정(2010). **노인상담론**. 서울 : 파워북.

박재황 · 노용환 · 위대한(2001). 농어촌과 지방도시에서 노인자살 기도자에 대한 임상분석. **대한응급의학회지**, 12(2).

박종한(2007). **성공적인 노년을 위하여**. 서울 : 비봉출판사.

박종환 · 권용철(1989). 노인용 한국판 Min-Mental State Examination(MMSE-K)의 표준화 연구 : 구분점 및 진단적 타당도. 신경정신의학, 28, 508-513.

박지영(2004). 노인정신건강의 특성과 임상적 개입방안 : 지역사회 중심으로. 한국정신보건사회사업학회 춘계학술대회. 기획주제발표.

______(2007). 노인자살생존자의 자살경험에 관한 연구. 정신보건과 사회사업, 27.

______(2007). 노인자살의 경험적 의미와 생존하고 있음에 대한 재해석 : 노인자살생존자의 경험 중심으로. 한국정신보건사회사업학회 추계학술대회. 기획주제발표.

______(2008). 노인자살생존자의 경험고찰 : 노인자살생존자의 자살경험을 통한 임상적 이해. 제5회 서울시자살예방포럼 「노인이 건강한 행복도시 만들기」 제1주제 발표(2008.10.20). 서울시광역정신보건센터, 대한노인회, 서울시연합회.

배지연(2004). 노인의 자살 : 생태체계적 관점의 고찰. 사회과학논문집, 22(2).

______(2004). 노인자살에 관한 사례분석 : 신문기사내용을 중심으로. 노인복지연구, 23.

보건복지가족부(2006). 노인복지시설 인권보호 및 안전관리지침.

보건복지부(2004). 치매상담메뉴얼.

_________(2008). 가족갈등이 노인학대를 부르다. 보건복지부 노인지원과.

_________(2011). 노인학대 신고자 보호 강화한다. 보건복지부 노인정책과.

_________(2013). 2013 노인보건복지사업안내.

_________(각년도). 국민기초생활보장 수급자 현황.

보건복지부 · 서울대병원(2008). 2008년 전국 치매유병률 조사.

___________________(2012). 2012년 전국 치매유병률 조사.

보건복지부 · 한국보건사회연구원(2012). 2011년 노인실태조사.

부산동부노인보호전문기관(2010). 기관 주요 사업. www.bs1389.or.kr.

서동우(2001). 자살에 의한 사망, 자살행동 및 자살시도의 현황과 변화추이. 보건사회연구, 21(1).

_____(2003). 우리나라 자살률의 현황과 정신보건센터의 역할. 2003년 지역사회정신보건사업 2차 관계자 워크숍 자료집.

_____(2005). 생명존중 및 자살에 대한 국민태도조사. 2005년 한국자살예방협회 심포지움. 서울 : 한국 자살예방협회.

서혜경(2009). 노인죽음학개론. 서울 : 경춘사

서혜경 · 정순둘 · 최광현(2006). 노인상담. 서울 : 집문당.

서화정(2005). 노인자살예방을 위한 사회사업 개입전략 – 노인자살의 영향요인분석을 중심으로–. 부산대학교 대학원 박사학위논문.

석상훈(2012). 국제비교를 통해 본 한국노인의 소득분배와 빈곤의 실태. 연금이슈 & 동향 분석, 2012–제2호, 1-8.

석재은(2009). 노인돌봄 공적 재가서비스 이용에 따른 노인과 가족 간 관계변화에 대한 사례연구. 가족과 문화, 21(1), 29-61.

석재은 · 유은주(2007). 노인의 경제적 부양과 신체적 부양 : 가족의무와 국가책임의 균형. 가족법연구, 21(1), 31-56.

신동준(2002). 살인과 자살의 문화적 사회구조적 원인. 한국사회학, 제38집 제4호. 한국사회학회

신영전(2006). 국내 자살증가의 원인분석 및 정책개발을 위한 사회, 경제학적 연구 : 다학제적 접근 및 국제비교. 한영대학교 의과대학 건강증진사업지원단.

심재호(2005). 노인의 인권과 사회복지. 복지동향, 5, 20-26.

안 진(2007). 노인인권의 발달과 현황에 관한 소고. 인권법평론, 109-134.

엘리자베스 라이커트 저, 국가인권위원회 사회복지연구회 역(2008). 사회복지와 인권. 도서출판 인간과 복지.

연병길 · 류성곤(2001). 노인 자살의 조기 발견과 예방. 노인정신의학, 5(2).

오인근 · 오영삼 · 김명일(2009). 여성노인의 사회적 관계망이 우울에 미치는 영향 연구 – 건강 증진 행위의 매개효과를 중심으로-. 한국가족복지학, 14(1), 113-136.

우국희(1999). 노인학대 개념정립을 위한 비판적 고찰. 상황과 복지, 16, 183-212.

원영희 · 이금룡 · 김 욱 · 최혜지 · 한은주(2006). 노인에 대한 사회차별 실태조사 : 개인적 및 제도적 차별경험을 중심으로. 국가인권위원회 연구용역보고서.

육성필 외(2011). 노인자살 위기개입. 서울 : 학지사.

윤찬중(1998). 고령자 인권침해와 법제간의 문제점에 관한 연구. 우원사상논총, 6, 185-206.

이가옥 · 이지영(2005). 고령자 고용정책의 대응전략에 대한 비판과 시민권(citizenship)의 원리를 통한 대안 모색. 한국노년학, 25(2), 171-193.

이광헌(2004). 자살환자의 치료. 생물치료정신의학, 10(1).

이덕남 역(2010). 행복의 조건 : 하버드대학교 인생성장보고서. 조지 베일런트 저. 서울 : 프런티어.

이민수 · 최윤경 · 정인과 · 곽동일(2000). 한국 도시지역의 노인성 우울증 역학조사. 노인정신의학, 4920, 154-163.

이민홍(2006). 장애노인 수발자의 학대충동에 영향을 미치는 요인 : 사회적 지지를 중심으로. 한국사회복지연구, 14, 77-96.

_____(2011). 잠재적 클라이언트의 프로그램참여 동의능력평가 지침서 개발 및 동의능력수준에 영향을 미치는 요인에 대한 탐색적 연구. 한국사회복지교육, 16, 1-23.

이신숙 · 이경주(2002). 노인의 일상적 스트레스, 사회적 지지, 심리적 적응에 관한 연구. 한국노년학, 22(1).

이성희(2001). 알기쉬운 치매 Q & A. 서울 : 선육출판사.

_____(2012). 노인치매와 케어매니지먼트. 숭의여자대학교 대표브랜드사업 교육자료집.

이연호(2005). 노인학대 위험요인과 피해. 한국학술정보.

이영분 · 신영화 · 권진숙 · 박태영 · 최선령 · 최현태(2008). 가족치료 : 모델과 사례. 서울 : 학지사.

이은진 · 배진형 · 김유진 · 박영희(2008). 사례중심 가족치료와 사회복지실천(역서). 서울 : 학지사.

이장호 · 김영경(2006). 노인상담 : 경험적 접근. 서울 : 시그마프레스.

__________(2007). 노인상담 : 경험적 접근. 서울 : 시그마프레스.

이혜원 역(2005). 인권과 사회복지 실천. UN Centre for Human Rights 저. 학지사.

이호선(2005). 노인상담. 서울 : 학지사.

_____(2009). 노인상담. 서울 : 학지사.

_____(2010). 노인상담. 서울 : 학지사.

_____(2010). 노인과 노화. 서울 : 시그마프레스.

_____(2012). 노인상담. 서울 : 학지사.

이훈구(1997). 행복의 심리학. 서울 : 법문사.

인권법교재발간위원회 편저(2006). 인권법. 아카넷.

임정수 · 김주한 · 김재광 · 서화정 · 홍두호 · 이상이 · 김철웅(2008). 국내 자살원인 실태 조사 및 자살예방체계 구축에 관한 연구. 가천의과학대학교 건강증진사업지원단.

장선철(2008). 노인상담에 관한 연구동향 분석. 사회과학논총, 23(2), 1-22.

장지연(2003). 고령근로자의 경제활동과 은퇴. 한국노동연구원.

장혜경 외(2006). 가족 내 돌봄노동 실태조사. 한국여성개발원.

정미경 · 이규미(2009). 한국노인 상실감 척도 구성 및 타당도 검증에 관한 연구. 한국심리학회지 : 상담 및 심리치료, 21(2), 397-415.

정미경(2006). 노인을 위한 동년배 관계향상 집단상담 프로그램의 효과. 아주대학교 대학원 석사학위논문.

정종두(1998). 자살에 대한 이론적 접근. 서원대학교 교육대학원 교육논총.

정희연(2001). 노인 자살의 신경생물학. 노인 정신의학, 5(2).

조애저(2008). 노인학대 실태와 정책방안. 보건복지포럼, 9월호, 16-29.

조애저 · 김승권 · 김유경(1999). 노인학대 실태에 관한 사례연구. 한국보건사회연구원.

조운희(2008). 노인요양시설 입소노인의 인권이 종사자 학대충동에 미치는 영향. 노인복지연구, 41, 429-450.

조해경(2002). 성공적 노화에 관한 연구. 연세대학교 대학원 박사학위논문.

조효제(2007). 인권의 문법. 후마니타스.

최광현(2006). 노인문제 해결을 위한 노인복지상담연구. 대한케어복지학, 제1권 제3호, 121-136.

_____(2007). 노인내담자를 위한 체계적 가족상담적 접근. 한국기독교상담학회지, 11, 235-260.

최광현 · 서혜경 · 정순둘(2006). 노인상담. 서울 : 집문당.

최규련(2008). 가족상담 및 치료. 경기 : 공동체.

최성재 · 장인협(2010). 고령화사회의 노인복지학. 서울대출판문화원.

최성재 · 김미혜 · 서혜경 · 양철호 · 이성국 · 이수한 · 장 현(2002). 지역사회에서의 노인학대 실태조사. 국가인권위원회 연구용역보고서.

최영희 외(2010). 노인과 건강. 서울 : 현문사.

최원기(2004). 청소년 자살의 사회구조적 원인 연구. 사회복지정책, 18.

최정윤(2005). 심리검사의 이해. 서울 : 시그마프레스.

최혜경 · 권유경 역(2001). 성공적인 노화 : 새로운 노년문화를 위한 지침서. 존 로우 · 로버트 칸 저. 서울 : 신정.

통계청 홈페이지(www.nso.go.kr).

통계청(2010). 2009년 사망원인통계결과. 서울 : 통계청.

_____(2011a). 장래인구추계 : 2010-2016년.

_____(2011b). 2011년 한국의 사회동향.

_____(2012a). 대한민국 인구 5천만 명.

_____(2012b). 2012 고령자통계.

통계청. 사회통계조사. 각 년도.

한경혜(2011). 100세 시대 가족, 관계지형의 변화. 제69차 여성정책포럼 자료집. 한국여성정책연구원.

한국일보(2012.09.10) 기사.

한국자살예방협회(2008). 노인자살예방을 위한 실천적 정책 수립방안을 위한 연구.

한정란(2005). 노인교육의 이해. 서울 : 학지사.

허준수 · 유수현(2002). 노인의 우울에 영향을 미치는 요인에 관한 연구. 정신보건과 사회사업, 13.

현외성 · 하정미 역(2003). 노인상담연습. McDonald, P. A. & Haney, M. 저. 경기 : 양서원.

홍숙자(2010). 노년학개론. 서울 : 하우.

Anderson, D. N.(2001). Treating depression in old age : the reasons to be positive. *Age Aging, 30*, 13-17.

Ansello, E. E.(1996). Causes and theories. In L. A. Baumhorer & S. C. Bell(Eds.), *Abuse, neglect and exploitation of older persons : Strategies for assessment and intervention*(pp.7-30). Baltimore, MD : Health Professional Press.

Arciniegas D. B., Anderson, C. A.(2002) Suicide in neurologic illness. *Curr Treat Options Neurol*, *4*(6), 457-468.

Atchley, R. C.(1985). *Social forces and Aging*(4th ed.). Belmont, CA : Wadsworth.

__________(2000). *Social forces and aging*(9th ed.). Belmont, CA : Wadswarth Thompson Learning.

Bankoff, E. A.(1993). Social support and adaptation to widowhood. *Journal of Marriage and Family, 11*, 827-839.

Barrow, S., Lindon M.(1997). Suicidality and tiredness of life among very old persons : result from the Berlin Aging Study(BASE). *Arch Suicid Res*, *3*, 171-82.

Bass, D. M., & Bowman, K.(1990). The impact of an aged relative's death on the family(pp.333-356). In K. F. Ferraro(Ed.), *Gerontology : Perspectives and issues*. New York : Springer Publishing, Co.

Beautrais, A. L.(2002). A case control study of suicide and attempted suicide in older adults. *Suicide Life Threat Behav*, *32*, 1-9.

Beck et. al.(1979). 우울증의 인지치료. 원호택 외 공역. 서울 : 학지사.

Beck, A. T., et. al.(1975). *Hopelessness and suicidal behaviour : An Overview*. *JAMA 234*, 1146-1168.

Birren, J. E.(1959). Principles of research on aging. In J. E. Birren(Ed.), *Handbook of aging and the individual*. Chicago : Univ. of Chicago Press.

Blazer, D. G.(1984). Evaluating the family of the elderly patient. In D. G. Blazer & I. C. Siegler(eds.)(pp. 13-31). *A family approach to health care in the elderly*. Menlo Park, CA : Addison-Wesley.

Bonjean, M.(1988). Psychotherapy with families caring for a mentally impaired elderly member. In C. S. Chilman & E. W. Nunnally(eds.), Chronic illness and disability. *Families in trouble series, Vol. 2*.(pp. 141-155). New York : Sage.

Bonnie, R. J., & Wallace, R. B.(2003). *Elder mistreatment : Abuse, neglect, and exploitation in an aging America*. Washington, DC : The National Academic Press.

Boszomenyi-Nagy, I., & Sparks, G. M.(1984). *Invisible loyalties*. New York : Brunner/Mazel.

Bowlby, J.(1980). *Attachment and loss : Loss, sadness, and depression*. New York : Basic Books.

Brandtstadter, J., & Rothermund, K.(1994). Self-percepts of control in middle and later adulthoo d : Buffering losses by rescaling goals. *Psychology and Aging*, *9*, 265-273.

Bruce M. L., Ten Have T. R., Reynolds C. F., Katz II, Schulberg H. C., Mulsant B. H., Brown G. K., McAvay G. J., Pearson J. L., Alexopoulos G. S.(2004). Reducing suicidal ideation and depressive symptoms in depressed older primary care patients : a randomized controlled trial. *JAMA*, *291*, 1081-1091.

Burgess, E. W.(1960). *Aging in western societies*. Chicago : Univ. of Chicago Press.

Butler, R. N., & Lewis, M. I.(1982). *Aging and mental health*(3rd.). St. Llouis : C. V. Mosby.

Callahan, C. M., Neinaber, N. A, Hendrie H. C, Tierney W. M.(1992). Depression of elderly outpatients; primary care physicians' attitudes and practice patterns. *JGen Intern Med*, *7*, 26-31.

Campbell, A.(1981). *The sense of well-being in America*. New York : McGraw-Hill Publications.

Carter, B., & McGoldrick, M.(1999). *The expanded family life cycle : Individual, family, and social perspectives*(3rd.). Boston, MA : Allyn & Bacon.

Cattell, H.(2000). Suicide in the elderly. *Adv psychiatr treatment*, 6, 102-108.

Centers for Disease Control and Prevention. Web-based Injury Statistics Query and Reporting Sustem (WISQARS)[Online].(2006). National center for injury prevention and control, Centers for Disease Control and Prevention(producer). Available from : URL : www.cdc.gov/ncpc/wisqars.

Chiu H. F., Yip P. S., Chi I., Chan S., Tsoh J., Kwan C. W., Li S. F., Conwell Y., Caine E.(2004). Elderly suicide in Hong Kong－a case-controlled psychological autopsy study. *Acta Psychiatr Scand*, *109*(4), 299-305.

Choi, N. G., & Mayer, J.(2000). Elder abuse, neglect, and exploitation : Risk factors and prevention strategies. *Journal of Gerontological Social Work*, 33(2), 5-23.

Compton, B. R., & Galaway, B., & Cournoyer, B. R.(2005). *Social work processes*. Belmont, CA : Brooks/Cole-Thompson Learning.

Conwell, Y.(2001). Suicide in later life : A view and recommendation for prevention. *Suicide and Life-Threatening Behavior, 31*.

Conwell, Y., & Thompson, C.(2008). Suicidal behavior in elders. *Psychiatr Clin N Am*, *31*, 333-356.

Conwell, Y., Duberstein, P. R., Caine, E. D.(2002). Risk factors for suicide in later life. *Biol Psychiatry Aug 1, 52*(3), 193-204.

Conwell, Y., Lyness, J. M., Duberstein, P., Cox, C., Seidlitz, L., DiGiorgio, A., Caine, E. D.(2000). Completed suicide among older patients in primary care practice : A controlled study. *J Am Geriatr Soc. Jan, 48*(1), 23-29.

Conwell, Y., Suicide. In Rose, S. P, Sackeim, H. A.(Eds.)(2004). *Late-life depression*. New York : Oxford University Press, 95-106.

Cournoyer, B.(2000). *The social work skills workbook*. CA : Wadsworth Publishing, Co.

De Leo D., Carollo, G., Dello Buono M.(1995). Lower suicides rates associated with Tele-Help/Tele-Check service for the elderly at home. *Am JPsychiatry*, *Apr*, *152*(4), 632-634

Dimah, A., & Dimah, K. P.(2002). Gender differences among abused older African Americans and African American abusers in an elder abuse provider agency. *Journal of Black Studies*, *32*(5), 557-573.

Dimah, K. P., & Dimah, A.(2003). Elder abuse and neglect among rural and urban women. *Journal of Elder Abuse & Neglect*, *15*(1), 75-93.

Douglass, R. C.(1989). *Domestic Mistreatment of the Elderly : Towards Prevention*. Washington, D. C. : Criminal Justice Services, AARP.

Duberstein, P. R., Conwell, Y., Seidlitz, L., Lyness, J. M., Cox, C., Caine, E. D.(1999). Age and suicidal ideation in older depressed inpatients. *Am J Geriatr Psychiatry*, *Fall*, 7(4), 289-296.

Duvall, E. R. M.(1971). *Family development*. Philadelphia, PA : Lippincott.

Esping Andersen, G.(1990). *The Three worlds of welfare capitalism*. Princeton : Princeton University Press.

Exner, J. E.(1993). *The Rorschach : A Comprehensive system(Vol. 1)*. Basic foundations. NY : John wiley & Sons, Inc.

Feil, N.(1992). Validation therapy. *Geriatric Nurs*, *13*(3), 129-133.

Featherman, D.(1992). Development of reserves for adaptation to old age : Personal and societal agendas. In N. E. Cutler, D. W. Gregg, & M. P. Lawton(Eds.), *Aging, money and life satisfaction : Aspects of finaneical gerontology*(pp. 135-168). New York : Springer.

Fiske, A.(2000). Arbore P. Future directions in late life suicide prevention. *OMEGA : The Journal of Death and Dying*, *42*, 37-53.

Fitzgerald, H.(1994). *The mourning handbook*. New York, NY : A Fireside Book.

Florio, E. R., Rockwood, T. H., Hendryx, M. S., Jensen, J. E., Raschko, R., Dyck, D. G.(1996). A model gatekeeper program to find the at-risk elderly. *J Case Manag, Fall,* *5*(3), 106-114.

Fontane, P. E., and J. C. Soloman.(Eds.).(1996). Aging well in contemporary society, Part Ⅱ. *American Behavioral Scientist*, *39*(3). Thousand Oaks, CA : Sage. Publications.

Fries, J. F.(1980). Natural death and the compression of morbidity. *New England Journal of Medicine*, *303*(3), 130-135.

Fulmer, T. T., & O'Malley, T. A.(1987). *Inadequate care of the elderly : A health care perspective on abuse and neglect*. New York : Springer Publications.

Gallagher-Thompson, D., Futterman, A., Farberow, N., Thompson, L., Peterson, J.(1999). The impact of spousal bereavement on older widows and widowers(pp. 227-239). *Handbook of bereavement*. Eds. by Margaret S. Stroebe, Wolfgang, Stroebe & Robert Hansson. New York, NY : Cambridge University Press.

Garfein, A. J., & Herzog, A. R.(1995). Robust aging among the young-old, old-old, and oldest-old. *Journal of Gerontology*, *50B*, S77-88.

George, L. K.(1980). *Role transitions in later life*. Monterey, CA : Brooks/Cole Publishing Co.

Glasser, P. H., & Glasser, L. M.(1962). Role reversal and conflict between aged parents and their children. *Marriage and Family Living*, *24*(1), 46-51.

Gordon, R. M., & Brill, D.(2001). The abuse and neglect of the elderly. *International Journal of Law and Psychiatry*, *24*, 183-197.

Gore, C.(1995). *Introduction : Markets, citizenship, and social exclusion, Social exclusion : rhetoric, reality, responses*. Geneva : ILO.

Hartford, M. E.(1980). The Use of group method for work with the aged. *Handbook of Mental Health and Aging,* 906-826.

Healy, L.(2001). *International social work : Professional action in an interdependent world*. New York : Oxford University Press.

Heinemann, G. D., & Evans, P. L.(1990). Widowhood : Loss, change, and adaptation(pp.142-168). in *Family relationships in later life*(2nd ed.). by Timothy H. Brubaker. Thousand Oaks, CA : SAGE Publications, Inc.

Hiller, S., & Barrow, G. M.(1999). *Aging, the individual, and society*(7th ed.). Belmont, CA : Wadsworth Publishing Company.

Holmes, T. H., & Rahe, R. H.(1967). The social readjustment rating scale. *Journal of Psychosomatic Research*, *11*, 213-218.

http://www.un.org/esa/socdev/ageing/un_principles.html

Hunter, R., & Gillen, M. C.(2006). Alcohol as a response to stress in older adults : a counseling perspective. *Adultsspan Journal*, *5*(2), 114-126.

Ife, J.(2000). *Human Rights and Social Work*. Columbia University Press.

Ivey, D. C., Wieling, E., & Harris, S. M.(2000). Save the young, the elderly have lived their lives : ageism in marriage and family therapy. *Family Process*, *39*(2), 163-175.

James, J. W., & Friedman, R.(2009). *The grief recovery handbook*. New York, NY : Collins Living.

Kadushin, A., & Kadushin, G.(1997). *The social work interview*. New York : Colombia University Press.

Kail, R. V., & Cavanaugh, J. C.(2007). *Human development : A life-span view*(4th ed.). Belmont, CA : Wadsworth Cengage Learning

Kim, J. S.(2001). Daughters-in-law in Korean caregiving families. *Journal of Advanced Nursing*, *36*(3), 399-408.

Knight, B.(1986). Therapists' attitudes as explanation of underservice of elderly in mental health : Testing an old hypothesis. *International Journal of Aging and Human Development*, *5*, 261-269.

Lachs, M. S., & Pillemer, K.(2004). Elder abuse. *Lancet*, *364*, 1263-1272.

Lambert-Shute, J., & Fruhauf, C. A.(2011). Aging issues : unanswered questions in marital and family therapy literature. *Journal of Marital & Family Therapy*, *37*(1), 27-36.

Lantz, J.(1993). *Existential family theraphy : Using the concepts of Viktor Frankl*. Northvale, NJ : Jason Aronson.

Larson, D., & Blazer, D. G.(1984). Family therapy with the elderly. In D. G. Blazer & I. C. Siegler(eds.)(pp. 95-111), *A family approach to health care in the elderly*. Menlo Park, CA : Addison-Wesley.

Larson, L.(1978). Thirty years of research on the subjective well-being of older Americans. *Journal of Gerontology*, *33*(1), 109-125.

Lebowitz, B. D., Pearson, J. L., & Schneider, L. S. et. al.(1997). Diagnosis and treatment of depression in late life. Consensus statement update. *Journal of American Medical Association*, *278*(14), 1186-1190.

Lee, M.(2009). A path analysis on elder abuse by family caregivers : Applying the ABCX model. *Journal of Family Violence*, *24*(1), 1-9.

Lee, M., & Kolomer, S. R.(2007). Design of an assessment of caregivers' impulsive feelings to commit elder abuse. *Research on Social Work Practice*, *17*(6), 729-735.

________________________(2005). Caregiver burden, dementia, and elder abuse in South Korea. *Journal of Elder Abuse & Neglect*, *17*(1), 61-74.

Liebermann, P. B., & Jacobs, S. C.(1987). Bereavement and its complications in medical patients. *International Journal of Psychiatric Medicine*, *17*, 23-39.

Lithwick, M., Beaulieu, M., Gravel, S., & Straka, S. M.(1999). The mistreatment of older adults : Perpetrator-victim relationships and interventions. *Journal of Elder Abuse & Neglect*, *11*(4), 95-112.

Lund, D. A., Caserta, M. S., & Dimond, M.(1999). The course of spousal bereavement in later life(pp.240-254). *Handbook of bereavement*. Eds. by Margaret S. Stroebe, Wolfgang, Stroebe & Robert Hansson. New York, NY : Cambridge University Press.

Lund, D. A., Redburn, D. E., Juretich, M. S., & Caserta, M. S.(1989). Resolving problems implementing bereavement self-help groups(pp.203-216). *Older bereaved spouses*. Ed by Dale A. Lund. New York, NY : Hemisphere Publishing Co.

Mancini, J. A., & Blieszner, R.(1989). Aging parents and adult children : Research themes in intergenerational relations. *Journal of Marriage and Family*, *51*(2), 275-290.

Mann, J. J., Waternaux, C., Haas, G. L., Malone, K. M.(1985). Toward a clinical model of Mann, J. J, Petito, C., Stanley, M., McBride P. A., Chin, J., Philgene, A. Amine receptor binding and monoamine oxidase activity in postmortem human brain tissue; effect of age, gender, and postmortem delay. In : *Clinical and Pharmacological Studies in Psychiatric Disorders*, Ed by Burrows, G. D., Norman T. R., Dennerstein L. London : John Libey and Co Ltd, 37-39.

Mannel, R. C., and S. Dupuis, S.(1996). Life satisfaction. In J. E. Birren(Ed.), *Encyclopedia of Gerontology : Age, aging, and the aged*(pp. 59-64). Los Angeles, CA : Center on Aging.

Maris, R. W. et. al.(1992). *Assessment and prediction of suicide*. Mew York : Guilford.

Maris, R. W.(1992). *Overview of the study of suicide assessment and prediction*. New York : Guilford Press(L).

McCall, P. L.(1991). *Adolescent and elderly white male suicide trends*. *Journal of Gerontology*, *46*.

McClain, C. S., Rosenfeld, B., Breitbart, W.(2003). Effect of spiritual wellbeing on end of life despair in terminally ill cancer patients. *Lancet, May 10*; *361*(9369), 1603-1607.

McIntosh, J. L., Santos, J. F., Hubbard, R. W.(1994). *Elderly suicide research, theory and treatment*. Washington DC : American Psychological Association.

Minuchin, S.(1974). *Families & family therapy*. Cambridge, MA : Harvard Univ. Press.

Moss, M. S., & Moss, S. Z.(1995). Death and bereavement(pp.142-168), in *Handbook of aging and the family,* ed by Rosemary Blieszner and Victoria Hilkevitch Bedford, Westport. Connecticut, Greenwood press.

National Elder Abuse Center(2010). *What are the warning signs of elder abuse?*. U. S. Administration on Aging.

Neal, M., & Barton, W. P.(2003). Validation therapy for dimentia. *Cochrance Database of Systematic Review*. Issue 3, Art No. : CD001394.

Nolen-Hoeksema, S.(2008). *Abnormal psychology*. New York, NY : McGraw-Hill Co.

Novack, M.(2006). *Issues in aging*. Boston, MA : Pearsons Education.

Orbach, A.(2003). *Counseling older clients*. Thousands Oaks, CA : SAGE Publications, Inc.

Oyama, H., Goto, M., Fujita, M., Shibuya, H., Sakashita, T.(2006). Preventing elderly suicide through primary care by community-based screening for depression in rural Japan. *Crisis*, *27*(2), 58-65.

Peter, K. D., Kochanek, K. D., & Murph, S. L.(1998). Deaths : Final data for 1996. National vital statistics reports. *Hyattesvile(MD) : National Center for Health Statistics*, 47(9).

Phillipson, C., Walker, A.(1986). *Ageing and social policy : A Critical Assessment*. Gower, Aldershot.

Qualls, S. H.(1993). Family therapy with older adults. *Generations*, *17*(1), 73-74.

__________(1999). Family therapy with older adult clients. *Psychotherapy in Practice*, *55*(8), 977-990.

Rich, P.(2001). *Grief counseling : Homework planner*. New York : John Wiley & Sons, Inc.

Roberts, B. L., Dunkle, R., & Hang, M.(1994). Physical, psychological and social resources as moderators of relationships of stress to mental health of the very old. *Journal of Gerontology, 49*(1), S35-S43.

Rook, K.(1997). Positive and negative exchanges : Weighing their effects in the later life. *Journal of Gerontology*, *52*, 167-169.

Rosow, I.(1974). *Socialization to old age*. Berkeley, CA : Univ. of California Press.

________(1976). Status and role change through the life span. In R. H. Binstock, & E. Shanas(Eds.), *Handbook of aging and the social sciences*(pp. 457-482). NY : D. Van Nostrand.

Rowe, J. W., & R. H. Kahn(1998). *Successful aging*. New York : Dell Publishing a Division of Random House.

Rowe, J. W., & Kahn, R. L.(1998). *Successful aging*. New York : Pantheon Books.

Ruhm, C. J.(1989). Why older americans stop working, *The Gerontologist, 29*(3).

Rutz, W., von Knorring, L., Walinder, J.(2001). Frequency of suicide on Gotland after systematic postgraduate education of general practitioner. Acta Rubenowitz E., Waern, M., Wilhelmson, K., Allebeck, P.(2001). Life events and psychosocial factors in elderly suicides.case-control study. *Psychol Med*, *Oct*, *31*(7), 1193-1202.

Ryff, C. D.(1982). Self-perceived personality change in adulthood and Aging. *Journal of Personality and Social Psychology*, *42*, 108-115.

Sanderg, J. G., & Harper, J. M.(1999). Depression in mature marriage : impact and implications for marital therapy. *Journal of Marital & Family Therapy*, *25*, 393-406.

____________________(2000). In search of a marital distress model of depression in older marriages. *Aging & Mental Health*, *4*(3), 210-222.

Schiamberg, L. B., & Gans, D.(1999). An ecological framework for contextual risk factors in elder abuse by adult children. *Journal of Elder Abuse & Neglect*, *11*(1), 79-103.

Schulz, R., & J. Heckhausen(1996). A Life span model of successful aging. *American Psychologist*, *51*(7), 702-714.

Scogin, F.(2000). *The first session with seniors*. San Francisco, CA : Jossey-Bass.

Seeman, T. E., Berkman, L. F., Charpentier, P., Blazer, D., Albert, M, and M. Tinetti(1995). Behavioral and psychosocial predictors of physical performance : MacArthur Studies of Successful Aging. *Journal of Gerontology*, *50A*(4), M177-M183.

Shah, A. K.(1998). De T. Suicide and the elderly. *International Journal of Psychiatric Clinical Practice*, *2*, 3-17.

Shanas, E.(1979). The family as a social support system in old age. *The Gerontologist*, *19*, 169-174.

Shuchter, S. R., & Zisook, S. The course of normal grief(pp.23-43). *Handbook of bereavement*. eds. by Margaret S. Stroebe, Wolfgang, Stroebe & Robert Hansson. New York, NY : Cambridge University Press.

Shugarman, L. R., Fries, B. E., Wolf, R. S., & Morris, J. N.(2003). Identifying older people at risk of abuse during routine screening practices. *Journal of American Geriatric Society*, *51*(4), 24-31.

Skegg, A.(2005). Human rights and social work. *International Social Work,* *48*(5), 667-672.

Spitzer, R. L., Kroenke, K., & Linzer, M.(1996). Health-related quality of life in primary care patients with mental disorders : Results from the Prime-md 1000 Study. *Psychosomatics*, *37*(2), 169.

Steffens, D. C., Blazer, D. G.(1993). Suicide in the elderly. In Jacobs, D. G.(Eds.). *The Harvard medical school guide to suicide assessment and intervention*. San Tallmer, M. "Symptoms and Assessment of Suicide in the Elderly Patient." Philadelphia : The Charles Press.

Strawbridge, W. J., Cohen, R. D., Shema, S. J. G., & A. Kaplan(1996). Successful aging : Predictors and associated activities. *American Journal of Epidemiology*, *144*, 135-141.

Stroebe, W., & Stroebe, M.(1987). *Bereavement and health : The psychological and physical consequences of partner loss*. London : Cambridge University Press.

United Nations(1999). Principles for the older persons.

__________(2002) *Report of the second world assembly on aging*.

Vienna International Plan of action on ageing. http://www.un.org/ageing/vienna_intlplanofaction.html

Waern, M., Rubenowitz, E., Wilhelmson, K.(2003). Predictors of suicide in the old elderly. *Gerontology Sep-Oct*, *49*(5), 328-34.

Walsh, F.(2002). A family resilience framework : Innovative practice applications. *Family Relations*, *51*(2), 130-137.

Watson, W. L.(1992). Family therapy. In G. M. Bulecheck & J. C. Mccloskey(eds.), *Nursing interventions*(pp. 379-391). Philadelphia, PA : W. B. Saunders.

Wechsler, D.(1944). *The measurement of adult intelligence*(3rd ed.). Baltimore : Williams & Wilkins.

Wethington, E., & Kessler, R. C.(1986). Perceived support, received support, and adjustment to stressful life events. *Journal of Health and Social Behavior*, *27*, 78-89.

White, S. W.(2000). Elder abuse : Critical care nurse role in detection. *Critical Care Nursing Quarterly*, *23*(2), 20-25.

Wisocki, P. A., & Averill, J. A.(1987). The challenge of bereavement(pp.312-321). *Handbook of clinical generontology,* eds. Laura L. Carstensen & Barry, A. Edelstein. Pergamon General psychology series, New York : Pergmon Press.

Wolf, R. S.(1988). Elder abuse : Ten years later. *Journal of American Geriatric Society, 36*, 758-762.

________(1997). Elder abuse and neglect : Causes and consequences. *Journal of Geriatric Psychiatry*, *30*(1), 153-174.

________(2000). The nature and scope of elder abuse. *Generations*, *24*(2), 6-12.

Wolf, R. S., & Pillemer, K. A.(1989). *Helping elderly victims : The reality of elder abuse*. New York : Columbia University Press.

Wong, D. F., Wagner, H. N., Jr, Dannals, R. F., Links, J. M,, Frost, J. J., Ravert, H. T., Wilson, A. A., Rosenbaum, A. E., Gjedde, A., Douglass, K. H., et. al.(1984). Effect of age on dopamine and serotonin receptors measured by positron tomography in the living human. *Science, Dec 21*, *226*(4681), 1393-1396.

Worden, J. W.(1991). *Grief counseling & grief therapy*. New York : Springer Publishing Co.

____________(2009). *Grief counseling & grief therapy*. New York : Springer Publishing Co.

World Health Organization(1998). The world health report : Life in the 21th century. *A Vision for All.* Geneva : World Health Organization.

Wubbolding, R. E.(2000). *Reality therapy for the 21st century*. Philadelphia, PA : Brunner-Routledge.

Yoon, J. H.(2005). The Analysis of structure and behavior about causes that exclude contingent workers from social insurance in Korea. *Korean Social Security Studies, 21*(3), 123-157.

저/자/약/력

■ **원영희**

University of Florida 졸업, 사회학 박사
현 한국성서대학교 사회복지학과 교수

■ **전혜정**

Univeristy of Wisconsin-Madision 졸업, 철학 박사
현 연세대학교 아동가족학과 교수

■ **김주현**

서울대학교 대학원 졸업, 사회학 박사
현 서울대학교 연구교수

■ **한은주**

성신여자대학교 대학원 졸업, 가족학 박사
현 화성시 건강가정지원센터 센터장

■ **이호선**

연세대학교 대학원 졸업, 상담학 박사
현 서울벤처대학원대학교 사회복지상담학과 교수

■ **김원경**

University of Georgia 졸업, 심리학 박사
현 고려사이버대학교 상담심리학과 교수

■ **정미경**

아주대학교 대학원 졸업, 교육학 박사
현 아주대학교 교육대학원 겸임교수

■ **김미령**

University of Wisconsin-Madison 졸업, 철학 박사
현 대구대학교 지역사회개발·복지학과 교수

저/자/약/력

■ **손화희**

고려대학교 대학원 졸업, 이학 박사

현 숭의여자대학교 가족복지과 교수

■ **이민홍**

University of Georgia 졸업, 사회복지학 박사

현 동의대학교 사회복지학과 교수

■ **배나래**

대구대학교 대학원 졸업, 철학 박사

현 건양사이버대학교 요양시설경영학과 교수

■ **김유진**

Loyola University, Chicago 졸업, 사회복지학 박사

현 경북대학교 사회복지학과 교수

노인복지상담

|공저자| 원영희 · 전혜정 · 김주현 · 한은주 · 이호선 · 김원경
정미경 · 김미령 · 손화희 · 이민홍 · 배나래 · 김유진

|1판 1쇄 발행| 2013년 7월 10일
|1판 2쇄 발행| 2015년 7월 20일
|1판 3쇄 발행| 2020년 8월 25일

|발행인| 김동훈
|발행처| 공동체

|주소| 경기도 고양시 일산동구 호수로 358-39, 동문타워 I 905호(백석동)
|전화| 031) 920-8305(대표)
|팩스| 031) 920-8308
|e-mail| compub@naver.com
|출판등록| 2005년 10월 6일
|등록번호| 제396-2005-36호

|ISBN| 978-89-6352-386-6
정가 16,000원